“十二五”辽宁省重点图书出版规划项目

海南大学科研启动基金资助项目（KYQD(SK)1719）研究成果

国家自然科学基金项目（71662009）研究成果

第16辑 三友会计论丛

SUNYO ACADEMIC SERIES IN ACCOUNTING

Research on Multidimensional Evaluation of Performance and Application of Commercial Banks

商业银行多维绩效评价与应用研究

刘斌 王恩山 著

东北财经大学出版社 | 大连
Dongbei University of Finance & Economics Press

图书在版编目（CIP）数据

商业银行多维绩效评价与应用研究 / 刘斌，王恩山著. —大连：东北财经大学出版社，2018.8

（三友会计论丛 · 第16辑）

ISBN 978-7-5654-3258-3

Ⅰ. 商…　Ⅱ. ①刘… ②王…　Ⅲ. 商业银行-企业绩效-研究　Ⅳ. F830.33

中国版本图书馆CIP数据核字（2018）第165899号

东北财经大学出版社出版

（大连市黑石礁尖山街217号　邮政编码　116025）

网　　址：http：//www.dufep.cn

读者信箱：dufep@dufe.edu.cn

大连图腾彩色印刷有限公司印刷　　东北财经大学出版社发行

幅面尺寸：170mm×240mm　字数：238千字　印张：16.75　插页：1

2018年8月第1版　　2018年8月第1次印刷

责任编辑：李智慧　王　斌　　责任校对：王　娟

封面设计：冀贵收　　版式设计：钟福建

定价：48.00元

教学支持　售后服务　　联系电话：（0411）84710309

如有印装质量问题，请联系营销部：（0411）84710711

本书的研究得到了“辽宁省企业博士后资助项目”和“大连市企业博士后工作资助项目”的资助。同时，本书也是海南大学科研启动基金资助项目（项目编号：KYQD（SK）1719）、国家自然科学基金项目（71662009）的研究成果。

出版者的话

随着我国以社会主义市场经济体制为取向的会计改革与发展的不断深入，会计基础理论研究的薄弱和滞后已经产生了越来越明显的“瓶颈”效应。这对于广大会计研究人员而言，既是严峻的挑战，又是难得的机遇。说它是“挑战”，主要是强调相关理论研究的紧迫性和艰巨性，因为许多实践问题急需相应的理论指导，而这些实践和理论在我国又都是新生的，没有现成的经验和理论可资借鉴；说它是“机遇”，主要是强调在经济体制转轨的特定时期，往往最有可能出现“百花齐放，百家争鸣”的昌明景象，步入“名家辈出，名作纷呈”的理论研究繁荣期和活跃期。

迎接“挑战”，抓住“机遇”，是每一个中国会计改革与发展的参与者和支持者义不容辞的责任。为此，我们与中国会计学会财务成本分会、东北财经大学会计学院联合创办了一个非营利的学术研究机构——三友会计研究所，力求实现学术团体、教学单位、出版机构三方的优势互补，密切联系老、中、青三代会计工作者，发挥理论界、实务界、教育界三方面的积极性，致力于会计、财务、审计三个领域的科学研究和专业服务，以期为我国的会计改革与发展做出应有的贡献。

三友会计研究所的重大行动之一就是设立了“三友会计著作基金”，用于资助出版“三友会计论丛”。它旨在荟萃名人力作及新人佳作，传播会计、财务、审计研究与实践的最新成果与动态。“三友会计论丛”于1996年推出第一批著作；自1997年起，本论丛定期遴选并分辑推出。

采取这种多方联合、协同运作的方法，如此大规模地遴选、出版会计著作，在国内尚属首次，其艰难程度不言而喻。为此，我们殷切地希望广大会计界同仁给予热情支持和扶助，无论作为作者、读者，还是作为评论者、建议者，您的付出都将激励我们把“三友会计论丛”的出版工作坚持下去，越做越好！

东北财经大学出版社

三友会计论丛编审委员会

序

绩效考核评价是会计学科研究领域的重要组成部分，商业银行绩效考核一直是商业银行核心研究领域的热点。

两位作者先后于东北财经大学会计学院博士毕业，分别进入大连银行博士后工作站和大连理工大学博士后流动站从事博士后科研工作，致力于化解商业银行绩效评价研究领域的难点。两位作者将博士阶段的学术积累和博士后期间的工作经验充分运用到本书论著的内容中，深入领会中国商业银行绩效考核与应用的共性，精心设计考核模型和考核制度，本书即是两位作者在该领域的学术积淀。

本书通过构建商业银行“多维绩效评价”的概念，将商业银行绩效评价分解为三个层面的具体绩效评价内涵，即：商业银行组织机构的绩效考核、商业银行特定业绩中心或特殊业务成果测评、商业银行员工工作业绩评价。并且，本书分别设计了三维绩效考核模型、全面业绩评价模型、薪酬考核和支付模型对商业银行的总体绩效进行多维评价，具有创新性。

本书适合商业银行计划财务部门、稽核审计部门参考，亦适合会计学科领域的研究生、青年学者和其他有兴趣的读者阅读。

希望两位作者以本书的出版为契机，将更多的工作经验和学术积累联合奉献给读者，谱写校企联合、合作创新的新篇章！

李延喜

2018年4月

前言

商业银行多维绩效评价与应用研究，立论于商业银行多维绩效评价与应用，首先，需要厘定商业银行多维绩效评价的基本内涵。其次，从商业银行三大类绩效考核层面出发，对商业银行公司层面、特殊业务层面和人员绩效考核层面的多维绩效评价予以探讨。再次，在上述三大类绩效考核层面的具体研究中，主要探讨上述三大类绩效考核层面下，绩效考核具体的考核模型、指标设置、计分方法与指标赋权方法。不容忽视的是，商业银行绩效考核的监管机制是绩效考核生存和发展的土壤，因此也一并探讨。最后，结合商业银行绩效考核的特点、三大类绩效考核评价的总体框架以及商业银行绩效考核的应用环境，探讨上述三大类绩效评价的具体应用，同时，进行其他外延性研究。以上研究共同构成商业银行多维绩效评价的组成部分。

本书选题的理论意义和实用性在于：其一，理论意义。本选题在追踪商业银行绩效评价研究发展方向和考核手段的基础上，结合商业银行在绩效评价方面的实际应用，提出和完善适用于商业银行多维绩效评价的指标体系、计分方法和赋权方法。在评价方法的系统性、评价标准和方法方面均有一定理论贡献。其二，实践意义。本选题以商业银行为切入点，紧紧围绕商业银行绩效评价三个层面业务实际，以商业银行在绩效评价建设中所积累的成功经验为基础，提出的多维绩效评价的评价标准、指标设置、计算方法、赋权方法、应用成果都具有可操作性和实用性。其三，普适性。我国数量众多的商业银行具有很大的相似性，商业银行多维绩效评价不但适用于某类商业银行，对整个商业银行群体均有重要的借鉴作用。

本书通过对商业银行多维绩效评价的潜心研究，在商业银行多维绩效评价与应用的研究领域做了如下有益的探索和创新：

第一，构建了商业银行“多维绩效评价”的概念和内涵。“多维绩效评价”主要从商业银行绩效评价的内容角度进行定义：其一，企业（全行）组织机构的绩效考核，即总行（总公司）到分支机构的各级绩效评价和考核机制，以及绩效考评的综合应用机制。其二，商业银行特定业绩中心的成绩或特殊业务成果测评。其三，对商业银行各级分支机构个体员工过去的工作行为及取得的工作业绩进行评价。

第二，依据商业银行多维绩效评价三个层面的具体绩效评价内涵，即商业银行组织机构的绩效考核、商业银行特定业绩中心或特殊业务成果测评和商业银行员工工作业绩评价，分别设计了三维绩效考核模型、全面业绩评价模型、薪酬考核模型和薪酬支付模型对商业银行的总体绩效进行多维评价。

第三，本书提出的三维绩效考核模型，在借鉴平衡计分卡注重多方平衡优点的同时，将指标维度分为“核心、战略、管理”三个方向，并设有示例性的二级维度和三级维度，可以使不同管理基础的各类银行组织机构快捷清晰地设置出自己需要的考核指标体系。

第四，本书构建的适用于商业银行特定业绩中心和特殊业务成果的全面业绩评价模型，以BSC和EVA为构建平台，将EVA作为财务层面主要指标并建立多层次EVA中心，合理选择BSC中的关键指标，此外，还注重业绩评价与日常管理的结合，能够对商业银行特定业绩中心和特殊业务成果进行精确评价。

第五，本书设计的薪酬及支付模型结合组织机构的绩效考核，即以三维绩效考核模型为基础，设置了员工超额奖励的规定系数和目标值修正系数进行调整，并根据考核总得分最终评定级次，用于薪酬考核及支付基数的计算。

第六，本书设计的薪酬支付模型，主要基于薪酬考核模型所计算的支付基数，并根据中国银行保险监督管理委员会2010年《商业银行稳健薪酬监管指引》的要求，设计了绩效薪酬延期支付锁定限期和延期发放方案，具有实用性的特点。

第七，针对各类商业银行实际需求，本书从考核机构、考核制度创新、激励机制等角度，设计“绩效考核委员会”“秘书组”、多维考核制度创新方案、非物质激励等，阐释与商业银行多维绩效评价相适应的绩效考核管理机制。

第八，本书提出“绩效考核关键岗位备份”，具体可包括：(1) 绩效考核关键岗位轮岗；(2) 绩效考核委员会的备份和监督；(3) 秘书组的备份和监督。

总之，商业银行多维绩效评价，针对商业银行经营管理的实际需要，根植于改革开放以来数十年商业银行发展的实践经验，是从实际出发大胆创新的管理智慧。商业银行多维绩效评价也是一个开放的理论体系，模型设计、评价内容、计分方法、赋权方法上的多样性和评价机制上的灵活性等既方便具体银行落实其独特的经营战略，又使该评价机制对其他各类型商业银行的绩效评价工作具有普遍借鉴意义。

本书的写作分工如下：刘斌负责第1、8、9、10章及全书的整合工作；王恩山负责第5、6、7、11章；第2、3、4、12章由刘斌、王恩山共同完成。

本书的部分观点具有总结性，源于商业银行绩效考核理论发展和同业经验借鉴的脉络；部分观点具有创新性，包括构建了商业银行“多维绩效评价”的内涵，构建了三维绩效考核模型、全面业绩评价模型、薪酬考核模型和薪酬支付模型；部分观点还可能存在局限性。因此，本书很可能存在错误和纰漏，恳请读者批评、指正！

作　者

2018年4月

目录

第 1 章

导　论

导论的内容为全书的纲要，从研究背景、研究对象、研究意义、研究方法与研究创新的角度，介绍商业银行多维绩效评价与应用研究的研究框架、研究内容及创新点。

1.1 研究背景

近期，随着存款利率浮动区间加大，利率市场化步伐加快，以及互联网金融、金融脱媒和资本监管的压力，商业银行的市场竞争进入白热化阶段。商业银行绩效考核评价经过近年来的不断发展，已经建立了一套相对全面的绩效管理体系。

商业银行绩效考核，是商业银行为落实监管要求和实现自身发展战略，通过建立考评指标、设定考评标准，对考评对象在特定期间的经营成果、风险状况及内控管理进行综合评价，并根据考评结果改进经营管理的过程。商业银行绩效考核的具体过程，是商业银行为了实现金融企业经营目标，运用特定的标准和指标，采取科学的方法，一方面对公司（总行或分、支行）层面或特定业绩中心的成绩或成果进行测评，另一方面也是对个体员工过去的工作行为及取得的工作业绩进行评估。因此，商业银行绩效考核着眼于对被考核主体过去进行评价，但对其将来也会产生影响。

绩效考核一直是全国各类商业银行持续经营发展的关键因素，高效的绩效考核体系、有效的绩效考核执行方式、多样灵活的人员绩效考核，带给各类商业银行在全国范围内的迅速发展、布局和成长。绩效考核是指挥棒，既是落实战略规划的指挥棒，也是体现管理艺术的指挥棒。改善绩效考核体系是各商业银行落实转型战略、实现管理精细化的关键环节。如何从实际出发，借鉴先进管理理念和同业经验，设计更加科学合理的绩效考核目标体系及实现路径，正成为各商业银行面临的重要课题。

然而，商业银行创新业务的高速成长和市场环境的变化引发了其绩效考核评价方式的滞后，研究和完善适用于不同业务、不同利润中心的多维绩效考核评价模式、方法和操作方式具备实用价值。

本书立论于商业银行多维绩效评价的基本内涵，深入至全行公司层面、特殊业务层面和人员绩效考核层面，三大类考核层面的指标设置、计分方法与指标赋权方法，同时包含其他外延性研究，是上述背景下商业银行绩效评价管理实践的理论结晶。

1.2 研究对象

本书的研究项目以商业银行的绩效评价为主要研究对象，兼论其在具体环境中的应用，各研究对象形成有机的运转机理，如图1-1所示。

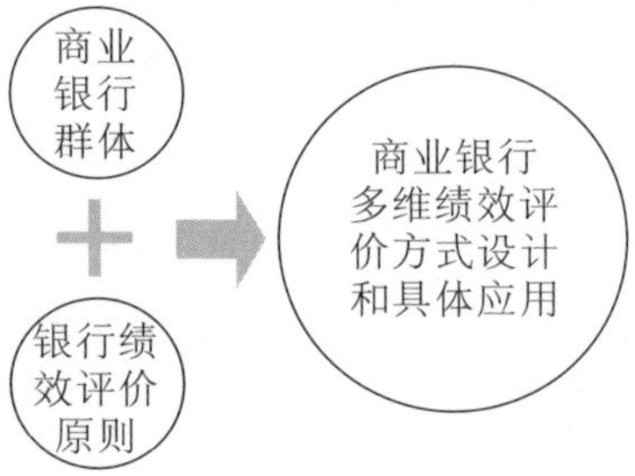

图1-1 本书研究对象机理图

1.2.1 商业银行群体

商业银行（Commercial Bank），其概念源于区分于中央银行和投资银行，是一个以营利为目的，以多种金融负债筹集资金，以多种金融资产为经营对象，具有信用创造功能的金融机构。我国商业银行的类别主要包括：

第一，国有控股商业银行，其代表为中国工商银行、中国农业银行、中国银行、中国建设银行、交通银行等。

第二，全国性股份制商业银行，其代表为浦发银行、招商银行、中信银行、光大银行、华夏银行、民生银行、兴业银行、广发银行、平安银行、渤海银行、恒丰银行、浙商银行等。

第三，城市商业银行和农村商业银行，如北京银行、大连银行、上海银行、重庆银行、青岛农商银行、大连农商银行等，该类别数量庞大。

1.2.2　商业银行绩效评价原则

商业银行按照中国银行业监督管理委员会分别于2010年2月发布的《商业银行稳健薪酬监管指引》、2012年6月发布的《银行业金融机构绩效考评监管指引》、2016年10月发布的《商业银行合规风险管理指引》等法规政策要求，持续构建实施了更加完整的绩效考核评价体系，包括对所属组织机构的考核体系，对不同利润中心的考核，以及对管理人员合规绩效的考核制度。

商业银行在进行绩效评价的过程中，总体以树立稳健绩效观为基础，结合商业银行自身实际，不断完善绩效考评制度体系，建立健全从银行董事会、高管层到主要负责部门的管理机制、从总行（总公司）到分支机构的传导机制以及绩效考评的综合应用机制，充分发挥对稳健经营和科学发展的引导作用。

1.2.3　商业银行多维绩效评价方式设计和具体应用

商业银行多维绩效评价总的原则是建立有效的激励约束机制，转变发展方式，实现审慎经营。商业银行多维绩效评价指标设计总体上应包括五大类：合规经营类指标、风险管理类指标、经营效益类指标、发展转型类指标、社会责任类指标。商业银行多维绩效评价的考评机制应当根据现代金融企业制度和内部管理体制特点，建立科学合理的绩效考评组织架构，完善工作制度，明确职责分工，强化绩效考评的体制机制保障。

1.3 研究思路与研究意义

1.3.1 研究思路

本书的研究立论于商业银行多维绩效评价与应用。首先，需要厘定商业银行多维绩效评价的基本内涵。其次，从商业银行三大类绩效考核层面出发，对商业银行公司层面、特殊业务层面和人员绩效考核层面的多维绩效评价予以探讨。再次，在上述三大类绩效考核层面的具体研究中，主要探讨上述三大类绩效考核层面下，绩效考核具体的考核模型、指标设置、计分方法与指标赋权方法。不容忽视的是，商业银行绩效考核的监管机制是绩效考核生存和发展的土壤，因此也一并探讨。最后，结合商业银行绩效考核的特点、三大类绩效考核评价的总体框架以及商业银行绩效考核的应用环境，探讨上述三大类绩效评价的具体应用，同时，进行其他外延性研究。以上研究共同构成商业银行多维绩效评价的组成部分。总之，本书着力于商业银行实际，总结和升华商业银行在绩效评价中所积累的成功经验，积极探索和试图解决商业银行在绩效评价建设中遇到的问题。

1.3.2 研究意义

本书选题的理论意义和实用性在于：

其一，理论意义。本书在追踪商业银行绩效评价研究发展方向和考核手段的基础上，结合商业银行在绩效评价方面的实际应用，提出和完善适用于商业银行多维绩效评价的指标体系、计分方法和赋权方法。在评价方法的系统性、评价标准和方法方面均有一定理论贡献。

其二，实践意义。本书以商业银行为切入点，紧紧围绕商业银行绩效评价三类层面业务实际，以商业银行在绩效评价建设中所积累的成功经验为基础，提出的多维绩效评价的评价标准、指标设置、计算方法、赋权方法、应用成果都具有可操作性和实用性。

其三，普适性。我国数量众多的商业银行具有很大的相似性，商业银行多维绩效评价不但适用于某类商业银行，而且对整个商业银行群体均有重要的借鉴作用。

1.4 研究方法与研究创新

1.4.1 研究方法

本书的研究方法可以总结如下：

1.规范研究法

根据商业银行的价值观念及其对应的会计、风险管理理论对多维绩效评价的基本内涵、考核框架和行为结果进行理论分析，并对产生这一结果的制度或政策进行判断和升华。

2.案例研究法

本书紧扣商业银行实践，选用商业银行数据与评价标准为蓝本，因此，本书是典型的多案例研究。然而，本书也是开放的理论与实践研究作品，因此，作者在理论创新、大数据应用和普适性借鉴方面也做了诸多努力。

3.实证研究法

本书的部分章节使用了历史数据、同业数据和上市公司的大数据，因此，实证研究方法也是本书数据处理和分析结果的依据。

4.定性分析与定量分析相结合的方法

定性分析为定量分析提供指导，定量分析为定性分析提供确实的佐证。本书在多维绩效评价的考核设置研究中多次使用了定性分析，在多维绩效评价的具体应用中多次使用了定量分析。因此，定性分析与定量分析是相互辅助和印证的关系，在诸多具体的研究问题中本书将定性分析与定量分析相结合。

1.4.2 研究创新

本书通过对商业银行多维绩效评价的潜心研究，在商业银行多维绩效评价与应用的研究领域做了如下有益的探索和创新：

第一，构建了商业银行“多维绩效评价”的内涵。“多维绩效评价”主要从商业银行绩效评价的内容角度进行定义：其一，企业（全行）组织机构的绩效考核，即总行（总公司）到分支机构的各级绩效评价和考核机制，以及绩效考评的综合应用机制。其二，商业银行特定业绩中心的成绩或特殊业务成果测评。其三，对商业银行各级分支机构个体员工过去的工作行为及取得的工作业绩进行评价。

第二，依据商业银行多维绩效评价三个层面的具体绩效评价内涵，即商业银行组织机构的绩效考核、商业银行特定业绩中心或特殊业务成果测评和商业银行员工工作业绩评价，分别设计了三维绩效考核模型、全面业绩评价模型、薪酬考核模型和薪酬支付模型对商业银行的总体绩效进行多维评价。

第三，本书提出的三维绩效考核模型，在借鉴平衡计分卡注重多方平衡优点的同时，将指标维度分为“核心、战略、管理”三个方向，并设有示例性的二级维度和三级维度，可以使不同管理基础的各类银行组织机构快捷清晰地设置出自己需要的考核指标体系。

第四，本书构建的适用于商业银行特定业绩中心和特殊业务成果的全面业绩评价模型，以BSC和EVA为构建平台，将EVA作为财务层面主要指标并建立多层次EVA中心，并合理选择BSC中的关键指标。此外，还注重业绩评价与日常管理的结合，能够对商业银行特定业绩中心和特殊业务成果进行精确评价。

第五，本书设计的薪酬及支付模型结合组织机构的绩效考核，即以三维绩效考核模型为基础，设置了员工超额奖励的规定系数和对目标值修正系数进行调整，并最终根据考核总得分评定级次，用于薪酬考核及支付基数的计算。

第六，本书设计的薪酬支付模型，主要基于薪酬考核模型所计算的支付基数，并根据银监会2010年《商业银行稳健薪酬监管指引》的要求，设计了绩效薪酬延期支付锁定限期和延期发放方案，具有实用性的特点。

第七，针对各类商业银行实际需求，本书从考核机构、考核制度创新、激励机制等角度，设计“绩效考核委员会”“秘书组”、多维考核制度创新方案、非物质激励等，阐释与商业银行多维绩效评价相适应的绩效考核管理机制。

第八，本书提出“绩效考核关键岗位备份”，具体可包括：（1）绩效考核关键岗位轮岗；（2）绩效考核委员会的备份和监督；（3）秘书组的备份和监督。

1.5 研究内容与结构框架

本书遵循了如下程序：第一，描述研究背景，界定研究对象。第二，回顾相关文献和同业经验，明确理论系统和实践系统的参照。第三，提出商业银行内部控制多维评价研究设计方案，从内涵、指标设置、计分、赋权、信息沟通与信息披露、监管机制等方面详细探讨。第四，将评价结果如何运用于内部审计、内部审计报告和内部控制整改等问题予以一并研究。第五，总结内部控制多维评价在L银行①的应用效果和向其他各类银行推广的普适性。根据研究基本框架，如图1-2所示，本书对研究内容做如下结构安排：

第1章为导论。首先，对本书的研究背景、研究对象进行确认和界定。其次，对本书的研究思路与研究意义进行介绍。再次，介绍本书的研究方法和研究创新。最后，对本书的研究内容及研究框架进行说明。

第2章为文献综述与同业经验。本章向读者大致介绍商业银行多维绩效评价领域的最新科研成果，以及中国不同类别商业银行绩效考核评价大致的经验做法，为其后各章研究的具体内容做铺垫。

第3章为商业银行绩效评价的理论基础。首先，介绍企业绩效评价的基础理论。其次，介绍商业银行绩效评价体系设计理论。其目的是为商业银行多维绩效评价理论与应用做理论铺垫。

第4章为商业银行多维绩效评价概述。首先，论述商业银行多维绩效评价的基本假设。其次，阐述商业银行多维绩效评价的基本内涵，形成本书研究的理论框架。

① L银行是一个虚拟的商业银行集合体，用于案例研究，详见第5章。

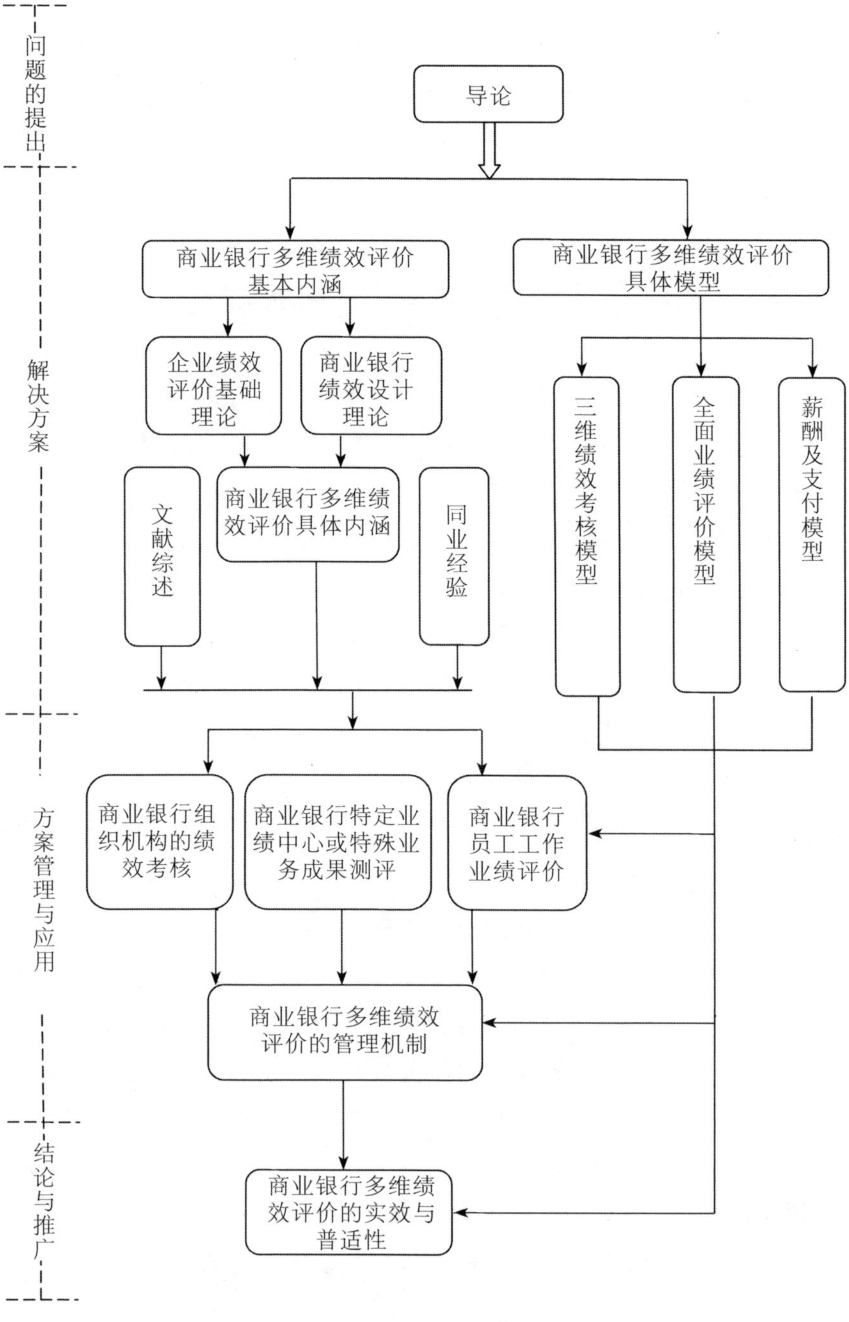
问题的提出
解决方案
方案管理与应用
结论与推广
导论
商业银行多维绩效评价基本内涵
商业银行多维绩效评价具体模型
企业绩效评价基础理论
商业银行绩效设计理论
文献综述
商业银行多维绩效评价具体内涵
同业经验
三维绩效考核模型
全面业绩评价模型
薪酬及支付模型
商业银行组织机构的绩效考核
商业银行特定业绩中心或特殊业务成果测评
商业银行员工工作业绩评价
商业银行多维绩效评价的管理机制
商业银行多维绩效评价的实效与普适性

图 1-2　本书结构图

第5章为商业银行组织机构的绩效考核——三维绩效考核模型。本章介绍了三维绩效考核模型的维度概念、三维绩效考核模型的主要特征、三维绩效考核模型的理论贡献与实践价值以及三维绩效考核模型的评价体系设计。

第6章为三维绩效考核模型的指标设置。本章内容具体包括：三维绩效考核模型的指标设置原则、“核心”维度的绩效考核指标设置、“战略”维度的绩效考核指标设置、“管理”维度的绩效考核指标设置。

第7章为三维绩效考核模型的计分方法和赋权方法。本章内容具体包括：三维绩效考核模型的计分方法、三维绩效考核模型的赋权方法。

第8章为特定业绩中心或特殊业务成果测评——全面业绩评价模型。首先，介绍全面业绩评价模型的构建。其次，进行特殊业务业绩评价的实证检验。再次，阐释全面业绩评价模型在特定业绩中心的应用。最后，论述全面业绩评价模型的优势和局限性。

第9章为商业银行员工工作业绩评价——薪酬及支付模型。本章分别介绍薪酬考核模型和薪酬支付模型的具体设计。

第10章为国有商业银行总行机关部门绩效考核方案。国有控股商业银行有一个共同特性，即都是从事业单位转制为商业银行，其内部治理保留了事业单位机关部门的特性。因此，对国有商业银行总行机关部门绩效考核，有其特殊方法。本书设计的国有商业银行总行机关部门绩效考核方案，能够为商业银行多维绩效评价提供有益的补充。

第11章为商业银行多维绩效评价的管理机制。本章内容具体包括：设计总行绩效考核委员会和秘书组；阐述多维绩效评价的考核制度体系创新；论述物质激励与非物质激励。

第12章为商业银行多维绩效评价与应用研究的实效与推广。本章主要总结上述方法体系的结论，以及在L银行实践中的应用效果。商业银行多维绩效评价存在普适性，可以向同类及其他类型的商业银行予以推广。

总之，商业银行多维绩效评价，针对商业银行经营管理的实际需要，根植于改革开放以来数十年商业银行发展的实践经验，是从实际出发大胆创新的管理智慧。商业银行多维绩效评价也是一个开放的理论体系，模型设计、评价内容、计分方法、赋权方法上的多样性和评价机制上的灵活性等既方便具体银行落实其独特的经营战略，又使该评价机制对其他各类型商业银行的绩效评价工作具有普遍借鉴意义。

第 2 章

文献综述与同业经验

本书的部分观点具有总结性，源于商业银行绩效考核发展和同业经验借鉴的脉络，本章即是综述总结前人的研究成果和中国银行业绩效考核的同业经验。

2.1 文献综述

2.1.1 国外研究文献综述

商业银行绩效评价经过近年来的不断发展，已经建立了一套相对全面的绩效管理体系。在以往的绩效评价研究中，Alexander Wole提出的沃尔评分法以及Farrell（1957）提出并由Charnes、Copper等（1978）提炼应用的数据包络分析法（DEA）是现行商业银行绩效评价方法的理念来源。沃尔评分法重在选取衡量指标和赋权；DEA重在多目标规划与有效性分析。其后，David Cole将杜邦分析体系引入商业银行绩效评价，在分解核心财务指标进行层次分析方面立意独到。需要特别关注的是，Ohlson（1995）提出的剩余收益定价模型、Stern Stewart公司主导的经济增加值（EVA）指标，以及Robert、David提出的平衡计分卡（BSC）理论，在商业银行绩效评价中也逐渐趋于主流。

21世纪以来，Harker、Zenios（2000）以跨学科和国际视角研究了影响金融机构非利息业务绩效的影响因素。对于非利息业务与创新业务的效率量度、效率基准、绩效影响因素的识别、绩效监管等综合因素进行了分析，他们认为创新业务的风险管理和营运效率存在内在关系，并且中间业务作为创新增长方式给绩效考核主体增加了考核难度。Stiroh（2004）运用金融业和金融控股企业1997—2002年的数据分析发现，金融业创新业务和金融控股企业创新业务增加了上述企业风险调整后的利润波动和绩效考核的难度，使得非利息收入的风险增加，绩效考核方式需要重新调整。Chang-Hee等（2011）研究了韩国互联网金融的绩效评价，他们发现2001—2008年的B2B等电子商务市场，电子商务担保成本由190亿韩元显著增加到31万亿韩元，但是在绩效管理中并未体现。他们的研究重点是设计KPI权重用于测量B2B等电子商务担保中介服务的性能，通过设计5维KPI权重提出对互联网金融服务保障的重点管理业绩考核的标准。Sun等（2011）研究认为商业银行已经越来越重视中间业务等创新业务的发展，传统业务系统的计算方式无法满足中间业务的计算需要，因此，有必要通过重新设计适合于业务需求和工作流程的系统才能提高中间业务绩效考核的效率。Sangeetha（2012）探讨使用CAGR（年复合增长率）方法评价发展中国家地方商业银行手续费收入等中间业务的财务表现。研究表明，发展中国家地方商业银行的创新业务业绩受到管理方向和策略的影响，有些则有效地通过提高中间业务收入和利润照顾股东利益。然而，更多银行能够表现出它们的效率却是有效的成本管理占主导地位。实证结果表明，CAGR可以用于发展中国家地方商业银行的创新业务业绩评价。Nzewi（2016）研究了尼日利亚三角洲银行业的战略意图和组织绩效考核，发现该地区组织绩效考核的方式与商业银行的战略意图是紧密结合的。

综合绩效评价是商业银行绩效评价实践的发展趋势，往往分别由内控部门、外部评级机构和商业银行监管部门共同参与，因此，所采用的绩效分析手段和方式也逐渐多样化。对于绩效分析手段，包括统计计量、专家集体评判、多元回归法等。在绩效分析方法中，骆驼评级（CAMEL[①]）是

① CAMELS评价体系包括：资本充足率（Capital Requirement）、资产质量（Asset Quality）、管理水平（Management）、盈利能力（Earnings）、流动性（Liquidity）、市场敏感性（Sensitivity of Market Risk），首字母组合形成CAMELS。

一种典型的综合绩效评价方法，受美国UFIRS所推崇。该方法主要从资本充足率、资产质量、管理水平、盈利能力、流动性五方面测评商业银行绩效。后来，随着金融资产的市场价值对风险的影响越来越大，又增加了市场敏感性指标，从而构成了现在正在使用的CAMELS评价体系。

2.1.2 国内研究文献综述

国内研究文献依照商业银行组织机构绩效考核评价、创新业务和中间业务等特殊业务绩效考核评价、个人成果和薪酬绩效考核评价三个方面的最新研究进展予以综述。

对于商业银行组织机构绩效考核评价，迟国泰、朱战宇和徐琤（1999）建立了流动性、安全性和盈利性统一的经营绩效综合评价模型，通过选取银行不同财务报表、不同“三性”分类的23个指标，赋权、加总、分析得出银行的综合业绩状况。杨宝臣、刘铮和高春阳（1999）引入DEA对中国的商业银行进行绩效评价，并以某银行几年的业务为例进行了案例研究。孙涤（2002）运用平衡计分卡对商业银行的业绩进行评价，设计出了适合于商业银行的平衡计分卡，概括出了商业银行在平衡计分卡的各个维度中所主要关注的指标。关新红（2003）在对国外先进理论做了大量的分析的基础上，对我国商业银行运用经济增加值的绩效评价体系的发展提出了有益的建议，对EVA的实施进行了可行性论证，认为改进我国商业银行绩效评价的有效方法是基于EVA的风险调整的绩效评价。李建军（2004）根据平衡计分卡的模式构建了我国商业银行的综合绩效评价体系，并以此为基础对国内外商业银行绩效情况做了实证研究。孔宁宁和唐杰（2010）以中国沪深两市14家上市银行的数据为基础，结合银行业的特殊性和中国商业银行的实际情况，对其经济增加值进行了计算，并且研究了经济增加值的影响因素，实证结论得出经济增加值与资产规模、存货比、资本充足率相关性不强，与外部治理显著正相关，与固定资产比例及不良货款率显著负相关。

近几年，商业银行绩效评价前沿有了新的变化，董银霞（2014）将具有时序性特征的全局主成分分析法引入商业银行经营绩效评价中，对国内上市商业银行的经营绩效及其变化特征进行实证分析。研究结果表明，运用该方法得到的评价结果较好地反映了样本银行经营绩效在空间和时间上的总体发展水平和趋势。毛艺林（2015）探讨了商业银行绩效考核的三棱镜模型和可行性条件，并就如何应用绩效三棱镜的程序和步骤进行了详细叙述。文章以A银行为案例，详细论述商业银行应用绩效三棱镜模型构建基于利益相关者绩效评价体系的过程与步骤，并对应用绩效三棱镜模型得出的绩效评价的结果进行分析评价。许莉、路程、朱珠和曹东（2015）对财政部发布的《金融企业绩效评价办法》的实施难点进行了探讨，分析了商业银行不同利益主体与评价目标的矛盾冲突，并提出应构建分层次的绩效评价体系框架。居尔宁、朱颖、刘之一和胡瑞霞（2015）采用因子分析法对我国沪深股市16家上市商业银行的13个财务指标进行降维处理，列示了我国上市商业银行的经营绩效得分及排名。研究结果表明，财务指标因子分析只能代表商业银行发展的一部分现实情况，而不是全部内容。卢李、袁静雅和李虹含（2016）运用EVA方法测算和评价了我国12家上市商业银行近7年的经营绩效，发现我国商业银行EVA绩效有显著性增加，但股东真正的回报率REVA并未体现出明显的增长趋势。实证分析后发现资本充足率、非利息收入和营业费用率对REVA的影响较大，而对传统指标存贷比、资产总额的影响不显著。

对于商业银行创新业务和中间业务等特殊业务绩效考核评价，范曙光（2004）认为中间业务绩效评价应注重中间业务与资产负债业务、中间业务之间组合的绩效考核。中间业务创新中广泛开发客户资源、加强开发与营销的联动功能、科学合理地制定定价策略以及建立中间业务发展的风险防范控制体系等，均与创新绩效评价方法密切相关。闫泽涛（2007）提出基于主成分赋权的多层次递级集成思想的商业银行绩效评价方法，把资产负债业务和中间业务经营业绩区别开来分别进行评价，进行多层次递级集成商业银行的绩效评价值。闫泽涛和张根文（2008）采用线性部分和非线性部分加总集成的价值函数作为绩效评价价值函数形式，运用主成分赋权的方法对指标进行赋权，并将商业银行的业务区分为中间业务和资产负债业务分别进行评价，最后综合集成银行的绩效评价体系。而在此基础上，王志鹏（2010）将平衡计分卡应用于商业银行中间业务绩效评价。丁忠明和张琛（2011）运用数据包络分析法研究包括中间业务绩效评价在内的

15家国内外银行的经营效率，他们发现国有商业银行、股份制银行、国外商业银行中间业务的效率和绩效评价存在显著差异。丁增稳（2009）基于商业银行绩效评价的缺陷，重建了一种多维度绩效评价体系。在该体系中，中间业务作为各部门与产品、分行与支行的重要定量指标，同样凸显其在绩效评价体系中的重要作用。张建斌（2012）讨论了商业银行绩效评价与业务创新的关系，发现了业务创新的绩效考评特点。无独有偶，中间业务的扩张性发展往往具有创新性，因此，该研究中使用的业务创新、绩效评价方法和中间业务考核评价密切相关。吴晓云和王峰（2012）研究了银行的新业务战略与银行不同战略群组绩效之间的关系及其作用机制。他们发现商业银行新业务战略的程度通过成本收入比的中介作用对绩效产生正向影响；股份制商业银行群组的绩效要明显优于大型国有商业银行群组，发展新业务无法有效分散绩效波动风险。齐芯和吴佳龙（2013）以交通银行为例，发现我国商业银行中间业务存在成本控制水平较低的问题，这对绩效评价带来负面影响。上述研究丰富了中间业务绩效评价的层级和内容，然而未将诸如Nzewi（2016）所研究的商业银行战略和诸如商业银行的经济成本等其他因素考虑在内。

对于商业银行个人成果和薪酬考核评价，陈学彬（2005）对中国商业银行薪酬激励机制、评价薪酬水平的标准和完善薪酬激励机制等问题进行了讨论，提出了以ROA/NP修正的薪酬利润率评价银行人力资本使用效率和薪酬水平的合理程度。蒋海、朱滔和李东辉（2010）认为因受到严格监管，商业银行的治理机制和激励契约设计与一般企业存在明显差异。他们从银行多重委托代理和多任务性的治理特征入手，并在Holmstrom & Milgrom（1991）模型框架下，揭示商业银行最优激励契约均衡条件，同时进一步探讨了我国上市银行的最优激励契约设计问题。肖文东和华猛（2011）在预算管理框架内，构建了薪酬激励、声誉激励和晋升激励三种激励约束机制，进而得出了相关政策性结论。张鹏和周莹（2011）认为商业银行薪酬政策是否满足内部公平性和外部竞争性的基本要求直接关系到该政策的激励效果，进而影响到自身的行业竞争能力。周立和赵玮（2012）建立了一个银行薪酬激励约束的博弈模型，分析薪酬激励机制的决定和约束因素，并运用中国16家上市商业银行2001—2010年的面板数据对其进行了检验。李江涛、秦玉霞和纪建悦（2016）对我国商业银行员工薪酬激励有效性进行了实证研究，发现我国上市商业银行员工薪酬激励处于相对无效状态，建议应注重发挥其他激励方式的作用。

2.2 同业经验

西方银行业的快速发展经历了上百年的历程，尤其是第二次世界大战以来，银行业绩效评价大致经历了三个主要发展阶段。我国自改革开放以来，商业银行绩效评价则经历了跨越式发展，积累了宝贵经验。他山之石可以攻玉，积极借鉴同业好的做法是商业银行进行绩效评价工作的捷径。

2.2.1 西方商业银行绩效评价经验

1.西方银行绩效考核发展的三个主要阶段

西方商业银行绩效考核是随着管理理论、管理会计和管理技术手段的不断发展而逐步得到改进、完善的。西方商业银行绩效考核的发展大致经历了三个主要阶段，即：单一绩效考核主体阶段、二元绩效考核主体阶段和全面绩效考核阶段。

（1）单一绩效考核主体阶段。在这一阶段，管理理论在工业企业和银行经营管理上的应用处于不断完善的过程；管理会计还处于萌芽阶段，由传统的成本确认、计量逐步向标准成本法过渡。商业银行业主既是所有者又是管理者，银行财务管理职能比较原始，还是一个核算会计报告的角色，控制成本增长和最大限度地降低成本成为这一时期企业经营管理的重心。受管理理论的影响和管理技术的制约，商业银行绩效考核主要以成本绩效考核为主，以成本最小化为激励目标，并在管理理论发展和管理技术改进的推动下，逐步向以利润指标为核心的财务绩效考核发展，利润最大化目标逐步取代成本最小化目标。

（2）二元绩效考核主体阶段。随着现代企业理论发展和现代企业制度兴起，推动工业企业和银行绩效考核由单一绩效考核主体向二元绩效考核主体阶段发展。在二元绩效考核主体阶段，商业银行的经营管理和绩效考核主要呈现以下几个特点：

一是商业银行所有权与经营权分离，现代企业制度已经成为企业制度代表，银行也向商业银行制转变，利润最大化普遍成为商业银行经营管理的目标。

二是激励理论、委托代理理论和内部控制理论等管理理论被广泛应用到企业经营管理中，推动绩效考核快速发展。商业银行所有权与经营权分离后，企业经营管理的最大问题是委托人和代理人的目标及行为能否达到一致。委托代理理论认为，由于委托人和代理人信息不对称，从而产生代理人不以委托人利益最大化为目标的问题，必须建立一个适当的激励机制，在满足参与约束和激励相容的条件下，促使代理人不断地努力经营，做到代理人与委托人目标函数尽可能一致。委托代理理论和内部控制理论的发展和应用，为商业银行绩效考核由单一绩效考核向二元绩效考核发展提供了方法和理论依据。

三是管理会计快速发展，决策会计、控制会计和责任会计均得到发展和完善，并被广泛应用于工业企业和商业银行经营管理中，为二元绩效考核发展提供了技术手段。

四是逐步建立了以商业银行利润最大化为目标，以净资产利润率为核心、其他财务指标为辅助的财务绩效考核体系，净资产利润率综合考虑了投资者和债权人的评价要求，具有明显的二元评价特点。

商业银行二元绩效考核与第一阶段相比，有了突破性发展，但也存在明显缺陷：一方面，它主要从财务角度衡量、评价整个企业的经营业绩，忽视了商业银行的长期发展，容易诱导经营者的短期经营行为；另一方面，它没有涵盖绩效考核的全部内容，忽略资本回报的要求，核算对象和激励导向也比较单一。

（3）全面绩效考核阶段。进入20世纪80年代以后，随着价值管理理论的出现和发展，特别是信息化管理技术的广泛应用，商业银行经营管理理念发生了深刻的变革。

其一，价值管理理论开始广泛应用于商业银行经营管理，价值最大化目标取代利润最大化目标，商业银行经营管理由注重短期经营目标向统筹兼顾长短期经营目标发展，开始实施价值战略管理。

其二，商业银行财务管理已经向价值管理的高级阶段发展，全面成本、全面预算、全面风险和经济资本管理等先进的方法手段被广泛应用于商业银行内部管理。

其三，以利润最大化为目标的财务绩效考核难以适应商业银行价值管理的要求，在管理会计和信息化技术应用的推动下，商业银行的绩效考核进入全面创新阶段，出现了各种先进的绩效考核方法和技术，逐步形成了以财务指标为主、非财务指标为辅的综合绩效考核体系，从短期经营业绩和长期发展战略两方面综合衡量、评价商业银行的经营业绩。

在全面绩效考核阶段，绩效考核对象由单一的机构考核向机构、部门、员工、产品和客户等多维考核发展，激励导向由片面向全方位转变，绩效考核内容由单一的财务指标向财务与非财务指标扩展，并综合运用多种绩效考核方法，建立了比较成熟的绩效考核模型和系统。其中具有代表性的绩效考核体系和模型主要有经济增加值（EVA）绩效考核模型和战略性平衡计分卡绩效考核体系等。

2. 美国商业银行的经验

美国商业银行是全球银行业的榜样，有不少商业银行可以成为全球商业银行绩效评价考核的典范，如美国富国银行、美国化学银行等。本书以美国化学银行为例，对美国商业银行绩效评价的经验进行梳理，窥一斑而见全豹。

美国化学银行（Chemical Bank）是美国密歇根州的第四大银行，资产总规模为30亿美元，分支机构有129家，遍布密歇根州。该银行以经营针对个人的零售银行业务（Retail Banking，即小额储蓄、理财和信贷业务）为主。20世纪90年代以后，美国进入零售银行激烈竞争的年代，银行数量大幅减少。造成这种局面的原因主要有：①利息率较低；②储蓄资金向其他非银行机构（如互助基金）分流；③客户的需求发生变化，要求银行采用高新技术，通过新渠道、新方式和新项目来提供服务，传统服务模式所占的市场份额逐渐缩小；④为了迎合客户的需求，银行需要进行大量的投资，增加经营费用，而这无疑会增加银行的经营风险。

面对上述局面，化学银行的高级管理层认识到必须进行改革。寻找一个合适的战略执行工具便成为化学银行高级管理层的首要工作之一。泰德·弗兰克威廉是银行策略计划和财务部门的管理主任。1992年中期，他参加一个为期一周的关于平衡计分卡的培训。在了解平衡计分卡的概念和内容等基本知识后，他立刻认识到由财务、客户、内部经营过程、学习与成长等四个方面组成的平衡计分卡能清楚地明确战略目标，并准确地将其分解为部门目标和个人目标且能够对之进行适当的计量，这对化学银行的改革是个很有用的方法。

弗兰克威廉让化学银行的策略计划和财务部门的副经理托尼·劳夫蒙特来领导中级管理人员为银行的纽约市场部建立平衡计分卡。由劳夫蒙特领导的小组在工作过程中认识到，仅由中层人员组成的小组是很难把执行指标推进到银行高层的，如果想成功建立和发展平衡计分卡，则必须有总经理迈克尔·荷加迪等银行高层管理者的参与和支持。1993年5月，荷加迪出席了介绍平衡计分卡的会议，他确信平衡计分卡将帮助银行建立起他所要求的文化转变，然而，其他的高层管理者对此却抱有怀疑的态度，平衡计分卡的创立者之一戴维·诺顿也参加了这个会议，并为高层管理者讲解了平衡计分卡，通过讲解，大家在会上统一了思想，一致同意实施平衡计分卡。平衡计分卡构建小组又分成了四个小组，每一个小组的责任是根据化学银行的战略来为平衡计分卡中的一方面确定其相应的目标和指标。

1993年10月，对平衡计分卡四个方面的战略目标全部制定了出来，具体如下：①提高企业利用资金创造财富的能力（财务方面）。②以客户为中心，转换客户/利润组合（客户方面）。③提高经营效率和效益（内部经营方面）。④创造一个有能力的组织（学习与成长方面）。制定了目标之后，接下来的任务是小组为各方面的战略目标开发关键成功因素（Critical Success Factors，CSF）及相应的KPI。

在财务方面，化学银行确定的战略目标是提高企业利用资金创造财富的能力。顺利实现此目标之后，在财务上的典型反映便是费用功效的提高，因此该战略目标的结果CSF是费用功效，其相应的KPI就是费用收益率。而要想实现此目标，银行必须在以下几个关键方面取得成功：一是增加收入；二是降低成本；三是降低风险。因此，关于此战略目标的努力CSF为收入增长、成本降低和风险降低等，相应的KPI为收入增长率、储蓄服务成本和付费业务覆盖率等。

在客户方面，化学银行确定的战略目标是以客户为中心，转换客户/利润组合，增加可获利客户的数量和比重。与该战略目标相连，其结果CSF为顾客满意和市场份额，相应的KPI为顾客满意度和市场占有率。与之对应，该战略目标的努力CSF为客户保持、新客户获得、客户获利能力服务质量等，相应的KPI为客户保留率、新客户获得率、客户获利能力和客户投诉次数等。

在内部经营方面，化学银行确定的战略目标是提高经营的效率和效益，与该战略目标相连，其结果CSF为人均销售和人均利润，相应的KPI为人均销售收入和人均销售利润。与之相对应，该战略目标的努力CSF为新产品收入、目标客户群、分配和服务效率等，相应的KPI为新产品收入比重、人均销售新产品收入、有效市场开发、分配渠道组合、服务方式、服务时间等。

在学习和成长方面，化学银行确定的战略目标是创造一个有能力的组织。与该战略目标相连，其结果CSF为雇员满意和雇员能力，相关的KPI为雇员满意度和雇员工作效率。与之相对应，该战略目标的努力CSF为信息系统、雇员培训和奖励系统等，相应的KPI为信息处理和响应时间、信息覆盖比率、雇员培训天数、责权利对称系数等。

尽管平衡计分卡的应用带来了很多良好的效果，但是它的应用也不是一帆风顺的。化学银行也总是不断地调整和改进平衡计分卡的内容和指标，以便适应银行的实际情况。

2.2.2 我国商业银行的经验

1.我国商业银行绩效评价的发展阶段

我国商业银行绩效考评的发展起步比较晚，基本上是在不断学习和借鉴西方商业银行绩效考评经验和技术的基础上发展起来的。2006年“中国商业银行经营管理高层论坛”将国内商业银行绩效管理的发展模式总结为从规模约束、盈利约束到资本约束，再到新时期管理约束四个阶段：

第一，规模约束下的绩效考核评价。1993年以前，国内商业银行普遍忽略成本因素，一味追求规模增长，并将银行规模大小视为评价标准的模式，因此称为规模约束下的绩效考核，银行缺乏正确的提高绩效的动机和观念，没有构建合理绩效考核体系的动力。

第二，盈利约束下的绩效考核评价。1992—1998年，随着经营管理的规范化，商业银行逐步引入资产收益率和股东权益收益率等指标来进行绩效考核，体现了对盈利水平的关注，此阶段为盈利约束下的绩效考核，商业银行绩效考核发展为以总量指标为主包括盈利能力、资产质量、发展潜力等指标在内的考核体系，采用的考核方法主要是将实际利润与计划利润相比较。

第三，资本约束下的绩效考核评价。1998年以后，国家逐渐加大对金融业的监管力度，在监管机构加大对资本充足率的严格监管后，资本约束下的绩效考核成为导向，国内商业银行普遍引入经济增加值作为核心考核指标并将经济资本作为风险控制管理工具，商业银行逐步完善绩效考核体系以适应银行长期经营战略，考核指标转变为以相对指标为主，考核标准为行业标准值或平均值，并将考核结果与薪酬及激励挂钩。国内商业银行绩效考评指标体系具体示例见表2-1。

21世纪以来，随着内外部经营环境的不断发展以及中国商业银行股份制改造的完成，国内商业银行开始积极主动地借鉴国外先进银行的管理理念和方法，商业银行绩效考评理念、方法和手段发生了深刻变革，逐步建立起一套综合价值创造、风险控制、多维评价的绩效考评体系。

商业银行绩效评价进入资本约束发展阶段，呈现出这样几个特征：

（1）引入价值理念，体现资本约束。近年来，国内商业银行以股份制改造为契机，建立健全公司治理机制，转变管理理念，引入经济资本管理工具，积极探索实施价值管理，价值最大化目标成为国内银行业的共识。绩效考评逐步建立以资本约束为前提，以价值创造为核心的考评指标体系。以工商银行、中国银行、建设银行以及招商银行等股份制银行为代表，其股改后的绩效考评体系中均引入了经济增加值（EVA）、经济资本回报率（RAROC）等价值核心指标。通过设置价值类指标，将经济资本成本纳入绩效考评，引导业务经营树立资本观、注重价值创造。

表 2-1　　国内商业银行绩效考评指标体系示例

对比项目	A银行考核指标	B银行考核指标	C银行考核指标
经济效益	EVA排名 模拟RAROC 人均中间业务收入 人均新增存款	EVA RAROC 存贷利差	EVA RAROC 非利息收入
风险管理	不良资产率 正常关注贷款迁徙率	发放贷款质量 不良贷款额及处置额 不良资产处置贡献度	不良贷款额 贷款向下迁徙率
内部控制	内部控制管理	—	内部控制评价
业务结构	中间业务占比 个人资产占比 非生息资产占比 业务协调发展	中间业务收入 个人贷款新增 外汇业务增长 贷记卡业务新增 电子银行业务增长 小企业贷款新增	非利息收入占比提高幅度 零售贷款利息收入占比提高幅度 中小企业贷款余额占比提高幅度
重视客户	个人高端客户占比 法人优质客户占比	AUM300万元以上个人高端客户新增 客户满意度	金葵花客户增量 中小企业有效客户增幅 批发特色产品业务有效客户 客户满意度
重视员工	—	员工满意度	零售业务专业人才配备 批发业务专业人才配备 员工敬业度 “131”人才流失率
机构建设	城市行竞争力评价	中心城市行网点转型推广	同城网点建设
考核维度	分支机构、部门	分支机构、部门	分支机构、部门
其他项目	13项年度中心工作指标	—	战略执行力评价
加减分项	—	重大案件 产品创新 风险基础管理	案件事故 稽核评价

资料来源：《金融研究》2009年第3期.

（2）注重发展、回报和风险的综合平衡。随着股份制改造的结束，近两年国内商业银行的绩效考评体系和考核方式也发生了明显的变化。如工商银行考评体系按效益管理、持续发展和风险控制等三个层面进行设计；建设银行对一级分行领导班子考评体系按效益、质量、战略和合规等四个层面设计；中国银行按效益指标、风险指标、战略指标和内控与案件等四个层面设计；交通银行按效益、质量、业务发展指标和内部管理与经济资本管理等四个层面设计。各行在追求当期回报的同时，更加注重长期竞争力和风险可控的综合平衡。

（3）非财务指标的重要性日益突出。财务指标主要反映银行历史和现在的经营状况，属于滞后性指标，而非财务指标则反映了商业银行价值战略，属于前瞻性指标。近年来，为突出战略价值，协调长短期经营目标，实现业务增长速度、效益、规模和质量的平衡发展，国内银行业设置了越来越多的非财务指标，如战略执行力评价、员工满意度评价等指标。随着信息管理水平的不断发展，非财务指标的可操作性也越来越强。

（4）绩效考评对象由单一向多维转变。随着信息化技术的发展和广泛应用，管理会计计量方法不断创新，国内商业银行逐步推行精细化管理，初步建立多维成本分摊机制，建立资金内部转移计价模型，并依托信息化管理技术手段，逐步建立分支机构、部门和产品的多维管理会计核算报告体系，为扩充绩效考评对象提供必要条件。绩效考评由单一的分支机构考核向机构、部门考核转变，初步建立二维考评架构。

（5）兼顾外部监管，追求可持续发展。自2001年以来，中国人民银行、中国银监会陆续出台了一系列监管制度和评价办法，加强对国有商业银行的监管。如2001年颁布了《商业银行考核评价暂行办法》，2003年颁布了《中国银行、中国建设银行公司治理改革与监管指引》，2006年颁布了《国有商业银行公司治理及相关监管指引》，2008年颁布了《金融企业绩效考评暂行办法》。随着外部监管日趋严格和经营理念的转变，商业银行自身的风险管理和经营目标发生较大转变，逐步与外部监管目标趋同，绩效考评指标体系直接或间接涵盖了外部监管及评价指标；商业银行在追求自身发展的同时，自觉加强风险控制，追求可持续发展。

第四，新时期管理约束下的绩效考核评价。最近几年，我国商业银行按照中国银行业监督管理委员会分别于2010年2月发布的《商业银行稳健薪酬监管指引》、2012年6月发布的《银行业金融机构绩效考评监管指引》、2016年10月发布的《商业银行合规风险管理指引》等法规政策要求，持续构建实施了更加完整的绩效考核评价体系，包括对所属组织机构的考核体系，对特殊业务中心和不同利润中心的考核，以及对管理人员合规绩效的考核制度。正是不断完善和全面的绩效考核内容，催生了商业银行绩效考核评价向着多维化发展。商业银行多维绩效考核评价正在形成。

2. 工商银行的绩效考核

中国工商银行是目前全球规模最大的银行，其绩效考核评价的成功经验值得商业银行同业学习和借鉴。

工商银行对境内一级分行的业绩评价遵照的是《中国工商银行境内分行行长经营绩效综合考评办法》，考评的对象为境内一级（直属）分行及其行长，各一级分行营业部及其总经理。考核指标体系力求内容全面、重点突出、客观公正、操作简便；考核工作遵循科学性、规范性、公正性和真实性原则；实行综合考评指标与单项排名指标相结合的考评方式。综合考评指标运用统一指标、标准值和指标权重，采用标准差计分方法，对各行进行综合评价，以反映各行的整体经营水平；单项排名指标不设标准值和指标权重，不进行考评打分，只按照指标值的高低进行排名。综合考评指标以绩效价值为核心，设置效益管理、持续发展、风险与内控三类指标。指标标准值参考国际同业及系统内先进水平确定，指标权重依其对经营管理的影响程度分别确定。设置环境调节系数，用以调节经营环境差异导致的各行得分的不可比性。

工商银行各机构对部门的业绩评价遵照的是《中国工商银行总行部门绩效考评办法》。业绩评价体系的框架是：一是分类考评，以总行现有组织框架为基础，根据部门职能定位及其与业务经营的关联程度，将所有部门划分为三类部门，即定性考核部门、定量考核为辅部门和定量考核为主部门，分部门制订考核方案；二是综合评价，根据各部门考评内容的不同特点，采用定量考核与定性评价相结合的方式，综合评价部门经营管理业绩；三是绩效挂钩，将部门业绩评价结果作为部门及其负责人奖金分配的主要依据。考核方式为定量考核为主部门的定量考核权重为70%，定性评价权重为30%；定量考核为辅部门的定量考核权重为40%，定性评价权重为60%；定性考核部门定性评价权重为100%。根据部室类别划分，将定量考核与定性评价的结果分别乘以各自权重，汇总得出各部室综合考评得分。

工商银行各机构、各部门对网点的业绩评价遵照的是《中国工商银行网点经营绩效评价办法》。根据网点经营管理职责，采用定性与定量相结合的方法，建立了以网点业绩定量考核为主，其他指标为补充的网点业绩综合考核评价指标体系。在定量考核指标设计中突出体现“以利润为中心”的网点业绩评价特征，主要包括：拨备后利润等综合效益类指标；存贷款、中间业务收入增量等业务发展类指标；人均利润总额、网点人均业务量、成本收入比、资产负债利差率、有效资产占比、ATM日业务量指标等资源利用效率类指标；单位资产风险拨备支出占比等风险控制类指标；户（账户）均存贷款规模等客户质量类指标等。在定性考核评价指标中集中体现“以客户满意度为中心”的网点服务评价特征，主要涵盖客户满意度、员工满意度、内控，以及大堂整洁度等评价指标。工商银行建立了网点业绩分析制度，通过分析，旨在进一步提升网点管理水平，达到以下目的：全面掌握全行网点盈亏和客户资源情况，评估网点网络布局的合理性与网点的盈利潜力；查找网点经营管理中存在的问题，对投入产出不匹配、业绩较差的网点，要通过分析，发现并纠正在网点布局、资源投入、市场营销、风险管理等方面存在的问题；在条件逐步成熟时，要通过对网点经济资本的核算与分析，在各级行逐步强化资本配置和资本成本的管理理念。

3.南昌银行的绩效评价和管理会计系统

城市商业银行（城商行）和农村商业银行（农商行）是中国银行业的重要组成和特殊群体，近年来，城商行和农商行整体规模继续保持平稳较快增长。农村商业银行的绩效考核评价处于探索阶段，资料和经验相对匮乏，因此，本书以南昌银行为例，作为商业银行同业经验的汲取来源。

南昌银行于1997年12月经中国人民银行批准成立，2008年8月6日更名为南昌银行股份有限公司。注册资本23.82亿元，南昌市财政局为第一大股东。2011年年末总资产881亿元，存款723亿元，贷款340亿元；异地分（支）行9家，南昌地区一级支行16个，营业网点77个；员工2 000余人。2010年8月，南昌银行聘请用友公司帮其建设“管理会计系统”，系统于2011年5月31日上线试运行。该系统通过成本分摊、资金转移定价、盈利分析三个主要功能模块，实现精细化核算、全成本管理的管理会计要求。其中，盈利分析作为一个综合分析系统，不仅对成本进行分析，更重要的是要结合完整的损益要素进行分析，多维度综合分析全行各部门、业务品种、条线、客户经理、行业、客户群的应计利润与实际利润，评价应计利润与实际利润的差异情况，展示部门、业务品种、条线、客户经理、行业、客户群的盈利情况（见表2-2）。

表2-2　**南昌银行绩效评价和管理会计系统应用效果**

模块	上线前	上线后
成本分摊	财务系统仅仅是账务系统，对于各网点、产品、人员的费用并无准确的统计方法	可明晰查询到各个网点、部门、产品、客户经理所承担的费用成本 为每年费用预算提供了可参照的依据 为科学的净利润考核提供了费用数据
资金转移定价	总行粗略地发布一组价格，各分支行自行控制上存下借的期限及规模，发布价格的依据不足	各期限业务品种由总行依据实际资产负债情况生成发布，准确性及精细度大大提高 利率风险从分支行剥离，分支行人员只需集中精力拓展业务，对资产负债结构、资金头寸调整由总行专业人员统筹完成 提供了公平、准确的资金成本价格体系
盈利分析	由于费用成本、资金成本无精细化核算，无法准确判断各个机构、部门、产品、人员的真实盈利能力及盈利水平	准确计算出各个维度的净利润盈利水平 对银行业绩评价、产品盈利能力评估、取舍提供了公平、准确的数据支持

资料来源　用友银行客户事业部.

然而，作为第三梯队的城市商业银行，南昌银行的绩效考核评价整体上处于学习追赶阶段，还存在如下问题：

（1）绩效考核体系设置不科学，考核指标不够全面。我国商业银行还处在追求整体规模增长阶段，注重分支机构盈利能力的考核，利润导向性明显，缺乏分部门的具体综合指标设计，仅将部分财务指标进行简单的权重设置，通过评分的形式进行全行各分支机构的绩效考核。

（2）风险因素未得到充分重视，考核的政策导向有所偏差。商业银行单纯为了达到监管当局的指标要求而计量风险，而没有深入分析银行面临的各种风险的水平，拓展业务、扩大市场份额，而不是规避风险、优化风险，追求单位风险下创造更多的利益。

（3）先进指标的计量能力不足，在内部管理中实际应用有限。这突出地表现在经济增加值（EVA）指标的使用上。在很多城商行中，之所以使用该指标更多的是为了“赶时髦”，对外标榜自己的管理能力，在实际的内部管理中仍使用一些粗浅的指标，如拨备前利润等。在拨备前利润与EVA同时使用时，作为被考核者的分支行往往由于对EVA没有充分的认识，而只关注自己可以把握的拨备前利润。造成这种情况的主要原因是这些先进指标的计算比较困难，没有建立起多维度的内部核算体系，员工不能很方便地查阅这类指标的计算结果。

（4）绩效考核与预算管理、战略管理等的衔接不够紧密，考核结果的激励相容作用不明显。预算往往与绩效考核不衔接，预算只是根据历史业绩进行一定比例的提升，而不能充分挖掘各分支机构的潜在能力，使得经理人员经常“打埋伏”。考核激励机制与战略落实的关系也不是很紧密，有些行中，考核只是为了分奖金有依据。绩效考核落实战略规划的指挥棒作用没有发挥出来。

2.3 文献与同业经验述评

本书的部分观点具有总结性，源于商业银行绩效考核发展和同业经验借鉴的脉络。因此，积极借鉴前人的研究成果和同业积累的经验是商业银行进行绩效评价工作的捷径。

在国外研究文献中，学者们提出的商业银行绩效考核评价方式以组织机构绩效考核为源头，比较经典的绩效评价方法主要有：Alexander Wole提出的沃尔评分法、数据包络分析法（DEA）、杜邦分析体系、Stern Stewart公司主导的经济增加值（EVA）指标以及Robert、David提出的平衡计分卡（BSC）理论。21世纪以来，商业银行绩效考核评价的研究方向开始逐渐细化，如研究非利息业务绩效评价、创新业务绩效评价、互联网金融绩效评价、中间业务绩效评价等。商业银行所采用的绩效分析手段和方式也逐渐多样化。对于绩效分析手段，包括统计计量、专家集体评判、多元回归法等。

国内研究文献综述依照本书论述的三大类主体结构，即商业银行组织机构绩效考核评价、创新业务和中间业务等特殊业务绩效考核评价、个人成果和薪酬绩效考核评价三个方面的最新研究进展做了综述。其一，对于商业银行组织机构绩效考核评价形成了诸多典型范例，如迟国泰、朱战宇和徐琤（1999）建立的经营绩效综合评价模型，杨宝臣、刘铮和高春阳（1999）引入DEA对中国的商业银行进行绩效评价，孙涤（2002）运用平衡计分卡的绩效评价体系，关新红（2003）、孔宁宁和唐杰（2010）运用EVA的绩效评价体系，等等。近几年，商业银行绩效评价前沿有了新的变化，如董银霞（2014）应用的具有时序性特征的全局主成分分析法，毛艺林（2015）应用的三棱镜商业银行绩效考核模型，许莉、路程、朱珠和曹东（2015）提出构建分层次的绩效评价体系框架，居尔宁、朱颖、刘之一和胡瑞霞（2015）采用的因子分析法，等等。其二，对于商业银行创新业务和中间业务等特殊业务绩效考核评价，闫泽涛（2007）、闫泽涛和张根文（2008）分别提出基于主成分赋权的多层次递级集成思想的商业银行绩效评价方法、采用线性部分和非线性部分加总集成的价值函数作为绩效评价价值函数形式综合集成的银行绩效评价方法，丁增稳（2009）构建的一种多维度绩效评价体系，王志鹏（2010）、丁忠明和张琛（2011）分别将平衡计分卡、包络分析法等引入中间业务绩效评价，等等。综述发现，创新业务和中间业务作为商业银行新的业绩增长极，其考核指标在商业银行绩效管理体系中却处于次生地位和较低的水平，这滞后于其高速成长的市场状态和银行决策层的信息需求，也无法适应商业银行当前的战略目标和长远发展。其三，对于商业银行个人成果和薪酬考核评价的研究进展也形成了许多成果，如陈学彬（2005）提出的以ROA/NP修正的薪酬利润率评价银行人力资本使用效率和薪酬水平的合理程度，蒋海、朱滔和李东辉（2010）使用的商业银行最优激励契约均衡条件，肖文东、华猛（2011）构建的薪酬激励、声誉激励和晋升激励三种激励约束机制，周立和赵玮（2012）建立的银行薪酬激励约束的博弈模型，等等。

在商业银行的同业经验中，西方商业银行绩效考核评价的发展历程较长，积累了宝贵的经验。我国商业银行绩效考核评价的经验基本上是在不断学习和借鉴西方商业银行绩效考评经验和技术的基础上发展起来的。

西方商业银行绩效考核是随着管理理论、管理会计和管理技术手段的不断发展而逐步得到改进、完善的。西方商业银行绩效考核的发展大致经历了三个主要阶段，即：单一绩效考核主体阶段、二元绩效考核主体阶段和全面绩效考核阶段。其中：单一绩效考核主体阶段，商业银行绩效考核主要以成本绩效考核为主，以成本最小化为激励目标，并在管理理论发展和管理技术改进的推动下，逐步向以利润指标为核心的财务绩效考核发展，利润最大化目标逐步取代成本最小化目标。二元绩效考核主体阶段，商业银行的经营管理和绩效考核主要表现为企业所有权与经营权分离、激励理论、委托代理理论和内部控制理论等管理理论被广泛应用到经营管理中，管理会计快速发展，逐步建立了以利润最大化为目标的商业银行财务绩效考核体系。全面绩效考核阶段，价值管理理论开始广泛应用于商业银行经营管理，商业银行经营管理由注重短期经营目标向统筹兼顾长短期经营目标发展，开始实施价值战略管理，全面成本、全面预算、全面风险和经济资本管理等先进的方法手段被广泛应用于商业银行内部管理。在全面绩效考核阶段，绩效考核对象由单一的机构考核向机构、部门、员工、产品和客户等多维考核发展，激励导向由片面向全方位转变，绩效考核内容由单一的财务指标向财务与非财务指标扩展，并综合运用多种绩效考核方法，建立了比较成熟的绩效考核模型和系统。

我国商业银行绩效考评的同业发展模式可以总结为四个阶段，即规模约束阶段、盈利约束阶段、资本约束阶段和管理约束阶段。其一，规模约束下的绩效考核评价将银行规模大小视为评价标准。其二，盈利约束下的绩效考核评价，逐步将资产收益率和股东权益收益率等指标引入绩效考核体系，形成以盈利能力、资产质量、发展潜力等指标在内的总量指标为主的考核体系。其三，资本约束下的绩效考核评价，普遍引入经济增加值作为核心考核指标并将经济资本作为风险控制管理工具，商业银行逐步完善绩效考核体系，并将考核结果与薪酬及激励挂钩。其四，新时期管理约束下的绩效考核评价，在外部法规政策要求及内部绩效考核评价体系完善需求的推动下，推动商业银行绩效考核评价向着多维化发展。

在具体的绩效考核同业经验的借鉴中，本书使用案例分析法，分别对全球商业银行的典范，即美国商业银行绩效考核，以及我国不同层次的商业银行绩效考核进行了分析借鉴。一方面，美国商业银行的发展和绩效考核评价案例可以成为全球商业银行的典范，如美国富国银行、美国化学银行等积累了许多成功经验，因此，本书以美国化学银行为例，介绍美国化学银行引入平衡计分卡和关键绩效指标后给其带来的变化；另一方面，我国商业银行的类别较多，包括国有控股商业银行、全国性股份制商业银行、城市商业银行和农村商业银行等，本书分别以国有控股商业银行、全球最大的商业银行工商银行为例，以城市商业银行中较为典型的南昌银行为例，介绍我国不同类别商业银行进行绩效评价系统建设的成功经验。

本章的写作目的是向读者大致介绍商业银行绩效考核的历史传承和科研进展，以及国外和中国不同类别商业银行绩效考核的成功经验，为其后各章关于多维绩效考核评价的具体内容做铺垫。

第 3 章
商业银行绩效评价的理论基础

本章介绍企业绩效评价的通用理论和商业银行绩效评价体系设计理论，这些成熟的理论在商业银行绩效评价的实际工作中被广泛应用。

3.1 绩效评价基础理论

3.1.1 一般管理理论

法国人亨利·法约尔（Henry Fayol）于1916年出版的《工业管理与一般管理》中，第一次概括和阐述了一般管理理论。法约尔认为管理功能包括计划、组织、命令、协调和控制，经营企业的六项基本活动是：技术、商业、财务、安全、会计和管理（核心）。他在实践基础上总结出14条管理原则，即分工、职权与职责、纪律、统一指挥、统一领导、公益高于私利、个人报酬、集中化、等级链、秩序、公正、保持人员的稳定、首创精神、集体精神。

在贯彻等级制度原则中，为了使组织既能坚持统一指挥原则，又能缩短信息联系的路线，法约尔提出可以在需要进行沟通的两个部门之间建立联系的渠道，即法约尔天桥（Fayol Bridge）。“法约尔天桥”大大缩短了信息沟通的时间，有利于企业迅速决策。一些行政机构之所以官僚主义盛行，究其原因，就在于许多人为了“逃避责任”，而不采用“法约尔天桥”。法约尔认为其主要原因是“领导管理能力不足”。

如图3-1所示，A代表这个组织的最高领导，按照组织系统，D与O之间发生了必须两者协商才能解决的问题，D需要将问题向C报告，C再向B报告，如此层层由下而上，由上而下到达O，然后O将研讨意见向N报告，层层上报到A，再经过B、C，最后回到D。这样往返一趟，既费时又误事，所以法约尔提出架一“天桥”，使D与O之间可以直接商议解决问题，再分头上报。法约尔的等级制度倾向于所有的员工安排均有明确的等级结构，但他也意识到上下级之间存在沟通问题，因此，他也提倡适当的横向联系。如果高级领导A要求他的助手B与M都用这种“天桥”并也让他们的下级使用，那么敢于负责的习惯与勇气就建立起来了，同时也养成了使用这种最短线路的习惯。当然，毕竟“法约尔天桥”是与层级原则相矛盾的，使用“法约尔天桥”也有风险，即容易造成“多头指挥”的局面。“天桥”不可随意使用，否则组织整体就会面临崩溃，但如果因循守旧、按部就班则只能对企业造成更大的损害。为此，法约尔指出：“当一个职员迫于就某个问题做出决定，并且又得不到上司的帮助和支持时，他就必须具有足够的勇气和自由，根据由整体利益规定的原则做出决定。”

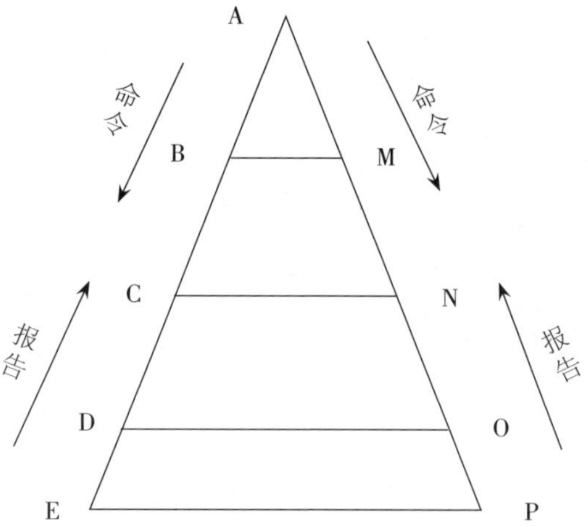

图3-1 “法约尔天桥”示意图

在法约尔的14条管理原则中，与“法约尔天桥”相关且表面看来有矛盾的是统一指挥原则（Unity of Command）和统一领导原则（Unity of

Direction)。统一指挥原则是指，一个下级人员只能接受一个上级的命令。如果两个领导人同时对同一个人或同一件事行使他们的权力，就会出现混乱。在任何情况下，都不会有适应双重指挥的社会组织。统一领导原则是指，对于力求达到同一目的的全部活动，只能有一个领导人和一项计划，一个下级只能有一个直接上级。两者不同，统一领导原则讲的是组织机构设置的问题，即在设置组织机构的时候，一个下级不能有两个直接上级；而统一指挥原则讲的是组织机构设置以后运转的问题，即当组织机构建立起来以后，在运转的过程中，一个下级不能同时接受两个上级的指令。“统一指挥”中“指挥”一词偏重于动词，而“统一领导”中“领导”一词偏重于名词，指的是组织机构的一环节。可以说，“法约尔天桥”是对统一指挥原则和统一领导原则（尤其是统一领导原则）的补充和修正。

与“法约尔天桥”有异曲同工之妙的是“科学管理之父”美国人泰勒的例外原则。所谓例外原则，是指企业的高级管理人员把例行的一般事务授权给下级管理人员处理，而自己只保留对例外事项的决策权。以例外原则为依据的管理控制原理，已发展成为管理上的分权化原则和实行事业部制管理体制。

3.1.2　目标管理理论

1954年，彼得·德鲁克（Peter Drucker）在《管理实践》中创造性地提出了“目标管理”这一概念，并对其进行了初步的论述。目标管理思想具有化被动为主动形成激励、切实提高管理效率、分工明确易于评价考核、采取自我管理等优点，自从提出以后就在美国迅速流传，并且取得了一定的成绩。随后目标管理思想被西欧、日本等国家和地区的企业复制并盛行一时。该管理思想从20世纪80年代开始在我国被运用，并在一定程度上促进了我国企业组织管理水平的提升。但是随着在实践中的不断应用，目标管理本身的缺陷逐渐显露。很多管理者和学者发现：由于目标管理本身复杂化、可度量目标设置比较困难、目标灵活性差、管理目标复杂化等缘故，评估者很难客观评价被评估对象，而非客观的评估结果往往不利于调动评估对象的积极性。同时，目标管理过度强调结果而忽略过程，使得评价者和员工过分将精力集中在短期目标上，不注重部门之间的沟通交流，导致部门之间的目标不能协调发展，甚至相互对立，有损组织整体目标的实现，也不利于组织的长远发展。

3.1.3 价值管理理论

价值管理理论适应企业追逐价值最大化的内生要求而不断发展，规划价值目标，整合价值驱动因素与管理技术，其真正含义是以资本增值目标为中心，联合企业中的所有部门和个人行为，使得部门与个人的行动都与企业价值创造、价值实现、价值增值的目标保持一致。

价值管理理论为绩效评价指明了衡量价值创造、实现价值分配这一基本发展方向，提出了实施绩效评价的机制建设思路和保障措施。但综合起来，目前商业银行还没有较好地运用价值管理理论深入挖掘绩效评价的性质与特征，实施绩效评价多服从于管理层意志，制度化的机制性研究开展较少，绩效评价的理论性研究还不够深入。商业银行管理者提出了拓展商业银行绩效评价维度的设想和建议，但各种观点中涉及的维度还不尽统一，各维度之间缺乏系统性的联系，还无法形成逻辑缜密的绩效评价框架，难以满足各利益相关者的绩效信息需求，绩效评价支持商业银行经营发展的力度呈现出弱化的倾向。

3.1.4 激励相容理论

哈维茨（Hurwiez）创立的机制设计理论中的“激励相容”是指：在市场经济中，每个理性经济人都会有自利的一面，其个人行为会按自利的规则行为行动。如果能有一种制度安排，使行为人追求个人利益的行为，正好与企业实现集体价值最大化的目标相吻合，这一制度安排就是“激励相容”。现代经济学理论与实践表明，贯彻“激励相容”原则，能够有效地解决个人利益与集体利益之间的矛盾冲突，使行为人的行为方式、结果符合集体价值最大化的目标，让每个员工在为企业“多做贡献中成就自己的事业”，即个人价值与集体价值的两个目标函数实现一致化。参与者理性实现个体利益最大化的策略，与机制设计者所期望的策略一致，从而使参与者自愿按照机制设计者所期望的策略采取行动。

3.2 商业银行绩效评价体系设计理论

3.2.1 杜邦分析法

杜邦分析法最早由美国杜邦公司使用（故得此名），是最经典的财务指标分析体系和分析方法，它利用几种主要的财务比率之间的关系来综合地分析企业的财务状况。杜邦分析法是一种用来评价公司盈利能力和股东权益回报水平，从财务角度评价企业绩效的一种经典方法。其基本思想是以净资产收益率（ROE）为核心，并将企业净资产收益率逐级分解为多项财务比率乘积，这样如果企业的净资产收益率表现不佳，杜邦分析法可以找出具体是哪部分表现欠佳，有助于深入分析比较企业经营业绩。

3.2.2 关于指标质量的评价标准

理论界对绩效考核指标质量高低的判断标准有很多论述，其中比较著名的有SMART原则和4M原则。

1.SMART原则

对于指标质量的判断标准，SMART原则是最为常用的。SMART是5个英文单词首字母的缩写：

·S代表具体（Specific），指绩效考核要切中特定的工作指标，不能笼统；

·M代表可度量（Measurable），指绩效指标是数量化或者行为化的，验证这些绩效指标的数据或者信息是可以获得的；

·A代表可实现（Attainable），指绩效指标在付出努力的情况下可以实现，避免设立过高或过低的目标；

·R代表相关性（Relevant），是指年度经营目标的设定必须与预算责任单位的职责紧密相关，它是预算管理部门、预算执行部门和公司管理层经过反复分析、研究、协商的结果，必须经过它们的共同认可和承诺；

·T代表有时限（Time-bound），注重完成绩效指标的特定期限。

2.4M原则

4M原则也是在开发适当考核指标过程中常用的判断标准。

第一个M是指Meaningful（有意义的）：这一指标是否有助于对机构目前的安全、稳定以及生存能力的深刻了解。提供给管理层的指标必须能帮助他们制定决策。

第二个M是指Measurable（可测量性）：任何指标均必须能够量化，必须开发那些确实能够测量的指标。

第三个M是指Manageable（可控性）：是否需要耗费大量的人工或需要编制许多程序来考评结果，因为这可能会抵消掌握这一指标所带来的效益。另外，是否能合理管理计算这一指标所需要的数据。

第四个M是指Material（实用性）：对整个机构来说这一指标是否实用？对这一指标进行重大改进是否会产生实质性效果？

3.2.3 经济资本

经济资本（Economic Capital，EC）是一个新出现的统计学概念，是与监管资本（Regulatory Capital，RC）相对应的概念。从银行内部讲，经济资本是应合理持有的资本。从银行所有者和管理者的角度讲，经济资本就是用来承担非预期损失和保持正常经营所需的资本。经济资本是描述在一定的置信度水平上（如99%），一定时间内（如一年），为了弥补银行的非预计损失（Unexpected Losses）所需要的资本。它是根据银行资产的风险程度的大小计算出来的。计算经济资本的前提是必须对银行的风险进行模型化、量化。

3.2.4 经济增加值

经济增加值（Economic Value Added，EVA）理论是美国思腾思特咨询公司（Stern Stewart Co.）最早于1982年提出并实施的。该理论是基于税后营业净利润和产生这些利润所需资本投入总成本的一种企业绩效财务评价方法，如今已发展为一套完整的以经济增加值理念为基础的财务管理系统、决策机制及激励报酬制度。Tully（1993）以AT&T公司为例的研究表明，公司股价和经济增加值之间存在非常高的相关性。Uremia（1996）在对银行业的研究中考察了经济增加值对公司价值的解释能力。Lehn（1996）的研究发现经济增加值与股价报酬的正相关程度高于资产收益率（ROA）等传统绩效指标。Jeffery（1997）提出了修正的经济增加值，主要用于上市公司的评价。

3.2.5　关键绩效指标法

关键绩效指标法（Key Performance Indicator，KPI）源于英国的项目绩效水平评价，当时英国政府为了支持国民经济的支柱产业，鼓励参与方开展自我评价，以便业主、承包商、供应商建立持续的动力，并委托相关机构进行研究，推出了关键绩效指标。关键绩效指标指明各项工作内容所应产生的结果或所应达到的标准，以量化为好。最常见的关键绩效指标有三种：一是效益类指标，如资产盈利效率、盈利水平等；二是营运类指标，如部门管理费用控制、市场份额等；三是组织类指标，如满意度水平、服务效率等。KPI指标必须是可以测量的，要按照定性和定量相结合的原则，使指标之间具有相对独立性和一定的层次性。

3.2.6　平衡计分卡理论

平衡计分卡（Balanced Score Card，BSC ）是卡普兰和诺顿（Kaplan and Norton）于1992年提出的，为企业提供了选择业绩评价指标的指导性框架。基于财务、客户、内部流程、学习与成长四个层面的结构框架，平衡计分卡描述了企业的运行特征，寻找并提炼出企业专属的业绩评价指标。卡普兰和诺顿（1992）认为，由于提供了具有因果关系、财务与非财务相结合的业绩评价指标体系，平衡计分卡可以协助经理人发现问题并做出正确决策。1996年卡普兰和诺顿再次在《哈佛评论》上发表文章，进一步扩展了平衡计分卡的内涵，将其发展为一套逻辑严密的战略执行体系。Intter and Larcker（1998）等指出，与企业战略相联系的指标是未来业绩评价指标发展的重要方向。Banker et al.（2001）也认为，平衡计分卡的精彩之处即在于它阐明了业绩评价指标和战略目标之间的关系。一旦企业明晰了这种关系，战略目标就能进一步转化为可执行的评价指标，从而帮助企业改善业绩。卡普兰和诺顿（2004）认为，只有对战略进行准确的描述和衡量，才能有效地管理。他们通过战略地图对战略进行图形化描述，用平衡计分卡的指标对战略进行定量化的衡量，从而将企业战略与业绩评价指标更为紧密地结合。另外，众多学者还研究了平衡计分卡是否可以有效地将企业战略与业绩评价指标相联系（Lipe and Salterio，2000；Banker et al.，2004）。

3.3 本章小结

本章介绍了与商业银行绩效考核评价相关的成熟研究理论，包括企业绩效评价的通用理论和商业银行绩效评价体系设计理论，这两大类理论在商业银行绩效评价的实际工作中被广泛应用。

在企业绩效评价的通用理论中，法约尔的一般管理理论、彼得·德鲁克的目标管理理论、价值管理理论和哈维茨的激励相容理论均具有代表性。一般管理理论和科学管理理论作为经典理论，一直是各类企业绩效评价过程控制的理论来源。目标管理理论是绩效评价目标细化的理论来源，在企业绩效评价的具体实践中具有开创意义。价值管理理论为绩效评价指明了衡量价值创造、实现价值分配这一基本发展方向，提出了实施绩效评价的机制建设思路和保障措施。激励相容理论将组织目标和组织机构考核，与个人行为、个人利益与参与意愿紧密结合，也是员工绩效考核的基础理论。

在商业银行绩效评价体系设计理论中，杜邦分析法、关于指标质量的SMART原则和4M原则评价标准、经济资本、经济增加值、关键绩效指标法和平衡计分卡理论是在商业银行绩效评价工作中被广泛使用的理论方法。杜邦分析法是最经典的财务指标分析体系和分析方法。SMART原则是最为常用的指标质量的判断标准；4M原则也是在开发适当考核指标过程中常用的判断标准。经济资本和经济增加值对商业银行绩效考核的理念带来革命性的变化，商业银行开始对其风险进行量化。关键绩效指标法给员工绩效考核带来革命性变化。平衡计分卡理论则是细化了绩效考核的体系，并将企业战略和长期发展引入绩效考核。

因此，上述企业绩效评价的通用理论和商业银行绩效评价体系设计理论不仅是商业银行绩效考核评价的阶梯，并且，在商业银行绩效考核评价的研究前沿中，如文献综述和同业经验中所述，也均是基于上述理论开展的。

第 4 章

商业银行多维绩效评价概述

商业银行多维绩效评价，是包含商业银行公司层面、特殊业务层面和人员绩效考核层面三大类考核层面的综合绩效评价体系。商业银行多维绩效评价，针对商业银行经营管理的实际需要，根植于改革开放以来数十年商业银行发展的实践经验，是从实际出发大胆创新的管理智慧。

4.1 商业银行多维绩效评价的基本假设

4.1.1 绩效评价是绩效管理和银行管理的重要组成部分

绩效管理是企业战略落实的载体，是一个完整的管理过程，侧重于沟通与绩效提高，伴随管理活动的全过程，也伴随着沟通与承诺。众所周知，绩效管理≠绩效评价，绩效管理是一个闭环系统，如图 4-1 所示，绩效评价是绩效管理的一个环节。绩效评价是管理过程的局部环节和手段，侧重于判断和评估，只出现在特定的时期，是事后的评估。然而，绩效评价是绩效管理最重要的一个环节，是实现商业银行组织目标的重要手段，不仅协调和控制绩效目标的实现，并且能够帮助员工提高绩效，是商业银行各级管理者的一项重要工作。

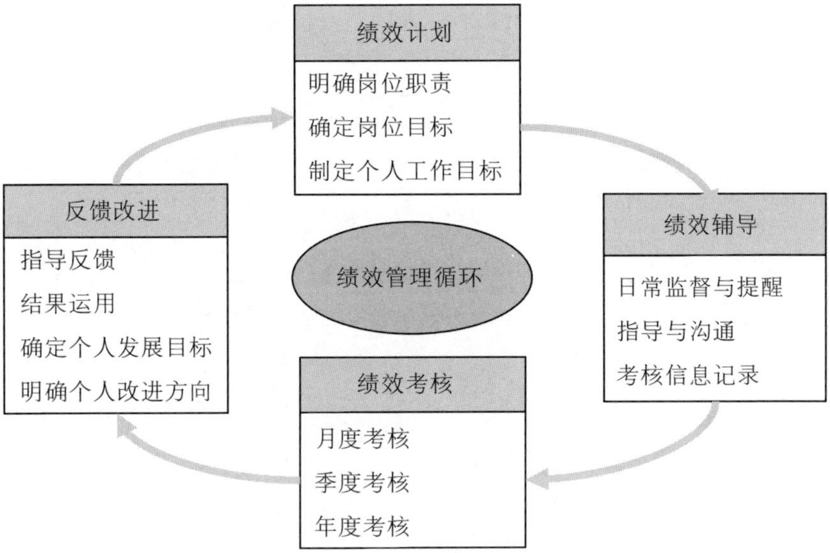

图 4-1　商业银行绩效管理循环图

作为绩效管理的一个重要环节，绩效评价将绩效考核评价工作分为三个环节，即：绩效目标设定、绩效成果的计量和绩效奖惩激励的兑现，如图4-2所示。绩效评价在目标设定阶段，包括战略目标分解、经营计划拟订、资源预算分配等工作，与战略管理、经营管理、预算管理等工作相互交叉。在绩效计量阶段，则主要依靠管理会计核算系统等计量体系，对各绩效考核对象的绩效进行计量和确认。在奖惩激励阶段，要依据考核结果对有关责任单位和人员进行荣誉兑现、费用兑现、职位兑现等活动，这就与组织管理、人事管理、费用管理等活动相互交织。因此说，绩效评价是战略落实的指挥棒，通过目标设定、绩效计量、奖惩激励等环节与战略规划、预算管理、管理会计、人事组织等其他各种管理活动相互交织，是一个牵一发而动全身的基础管理系统。

总而言之，本书所表述的绩效评价是商业银行内部管理的基本手段，它通过目标设定、绩效计量、奖惩激励等环节，对内部单位和人员进行管理，以实现商业银行整体绩效持续提升的目的。

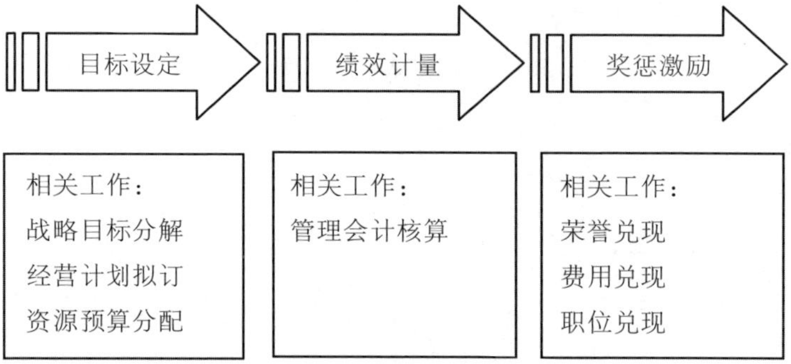

图4-2　商业银行绩效考核三环节及相关工作

4.1.2　绩效评价的目的是发展，是鼓励“见贤思齐”

中国商业银行在全球金融格局深刻变化的今天，不发展或发展慢仍是最大的风险，发展是硬道理，一切难题（如历史包袱的化解）都只有在持续快速发展中才可能得到有效的解决。如果说战略规划能够指明发展的方向，绩效评价则是发展的指挥棒，是战略落实的抓手。就绩效评价具体工作来说，“发展”就是“绩效改进”，就是更好地实现发展的战略目标。因此，绩效评价的根本目的就是实现商业银行整体绩效的持续提升，具体可分为两个细化目标，即“见贤”和“思齐”。

首先，绩效评价就是要使内部管理者“见贤”。绩效评价要从机构、条线、人员等多维度揭示银行整体绩效的细化来源及潜力所在，让内部管理者和被考核者了解银行整体绩效主要受益于哪些机构、哪些条线、哪些人员，银行整体绩效提升的潜力主要在于哪些机构、哪些条线、哪些人员。在思考上述问题的同时，寻找价值创造的源泉和原因，揭示价值创造的潜力和途径，这是绩效考核的第一个目的。

其次，绩效评价要使被考核对象“思齐”，即都有动力向“贤者”看齐。由于利益分配机制不公平，社会上的人们往往有这样的态度，即对待富人是羡慕但不尊敬，对待君子是尊敬但不羡慕。商业银行绩效考核的激励效果应该是，对待那些绩效好的组织机构和个人，人们的态度是既羡慕又尊敬，而且有很强的动力要去学习、要去“思齐”。只有这样才能实现商业银行整体绩效的持续快速提升。

4.1.3　绩效评价的对象是商业银行内部组织机构和人员

商业银行绩效评价不是以银行整体作为绩效考核的对象，绩效评价的对象是银行的内部组织机构和人员，如分支行、条线、产品、人员等。对于银行整体的绩效情况及其影响因素，学术界已有比较充分的研究。但是以内部组织机构和人员的绩效为对象的研究，则需要用到商业银行内部管理数据，需要深入银行内部工作和调研，并且要将研究成果应用到商业银行内部的实际工作中去。

4.2　商业银行多维绩效评价的概念和基本内涵

商业银行多维绩效评价，是包含商业银行公司层面、特殊业务层面和人员绩效考核层面三大类考核层面的综合绩效评价体系。

4.2.1　商业银行多维绩效评价的具体内涵

商业银行多维绩效评价的具体内涵，主要从商业银行绩效评价的内容角度进行定义：其一，企业（全行）组织机构的绩效考核，即从总行（总公司）到分支机构（分行、支行和营业网点）的各级绩效评价和考核机制，以及绩效考评的综合应用机制。其二，商业银行特定业绩中心的成绩或特殊业务成果测评。其三，对商业银行各级分支机构个体员工过去的工作行为及取得的工作业绩进行评价。

因此，商业银行多维绩效评价的具体内涵包含三个层面的绩效评价，即：商业银行组织机构的绩效考核、商业银行特定业绩中心或特殊业务成果测评和商业银行员工工作业绩评价。本书分别设计了三维绩效考核模型、全面业绩评价模型、薪酬考核及支付模型对商业银行的绩效总体进行多维评价，如图4-3所示。

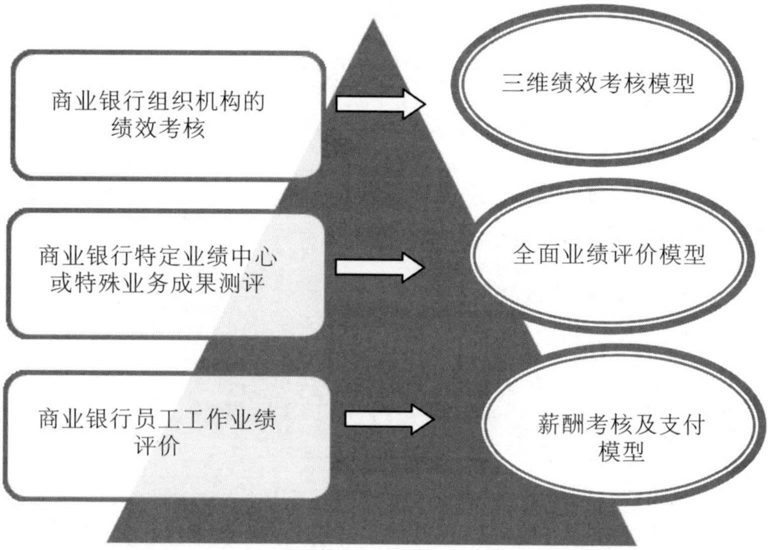

图 4-3　商业银行多维绩效评价的具体内涵框架图

4.2.2　商业银行组织机构的绩效考核——三维绩效考核模型

如文献综述和同业经验所述，在以往的研究和商业银行工作实践中，商业银行组织机构的绩效考核包含多种具体方法。本研究提出一种三维绩效考核模型，在借鉴平衡计分卡注重多方平衡优点的同时，将指标维度分为“核心、战略、管理”三个方向，并设有示例性的二级维度和三级维度，可以使不同管理基础的各类银行组织机构快捷清晰地设置出自己需要的考核指标体系。图 4-4 列示了商业银行三维绩效考核模型框架。

具体而言，商业银行三维绩效考核模型的核心是对“绩效”的认知，这与 Robert、David 提出的平衡计分卡的四维绩效观相同。三维绩效考核模型认为商业银行的“绩效”包括“核心、战略、管理”三个维度。当然每个维度又可进一步细分，如核心维度可细分为效益和规模两个方向，战略维度可分为业务战略和收入战略两个方向，管理维度可以分为风险管理和效率管理两个方向，具体维度的构成见表 4-1。

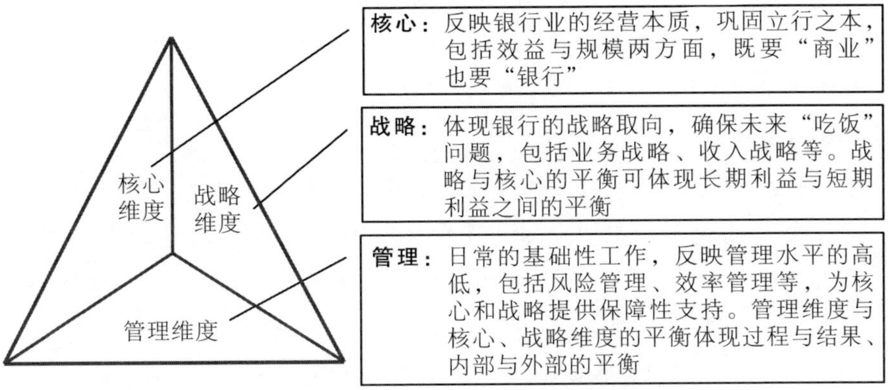

图4-4 商业银行三维绩效考核模型框架图

表4-1 **商业银行三维绩效考核模型维度表**

度量考核内容	维度	二级维度
商业银行经营成果	核心	效益
		规模
商业银行战略取向	战略	业务战略
		收入战略
商业银行日常管理水平	管理	风险管理
		效率管理

4.2.3 特定业绩中心或特殊业务成果测评——全面业绩评价模型

商业银行以创新业务、中间业务为代表的特殊业务近年来高速成长，受到业界的广泛重视。然而，特定业绩中心成果或特殊业务的业绩考核方式却落后于业务发展的需要，也落后于商业银行主流业务形式的考核标准。

本研究构建的适用于商业银行特定业绩中心和特殊业务成果的全面业绩评价模型，首先以BSC和EVA为构建平台。EVA指标是一个可以衡量股东财富是否增加的核心财务指标，同时也是企业财务管理战略的主要目标，但是该指标最大的缺陷在于其本身是个财务指标，只能反映过去与现在的状况，而对影响企业未来的深层次非财务因素无法揭示出来，而BSC在这方面可以很好地弥补EVA的局限性，同时EVA指标的特点也弥补了BSC在战略目标选择上的迷茫性与不可计量性。全面业绩评价模型具体的构建程序如下：

1.以EVA为财务层面主要指标并建立多层次EVA中心

在BSC的财务层面上，将EVA作为BSC财务层面上的核心指标。在具体业绩评价的过程中，建立多层次的EVA中心，使业绩评价体系与日常经营管理有效结合，为管理层提供准确的反馈信息。商业银行特定业绩中心或特殊业务建立一个EVA，然后各个分行或营业部再分别建立EVA中心，这样有利于对各个分行或营业部盈利能力进行准确核算。

2.合理选择BSC中的关键指标

在BSC财务层面之外的其他维度中，根据商业银行特定业绩中心或特殊业务的特点来确定各指标及各指标在整个指标体系中的权重，从而增强绩效评价指标的可操作性。在指标选取的过程中，既要符合基于BSC和EVA的业绩评价体系的要求，又要充分考虑到商业银行特定业绩中心或特殊业务的发展战略和现状。

3.注重业绩评价与日常管理的结合

为了实现特定业绩中心或特殊业务EVA最大化的目标，需要将特定业绩中心或特殊业务业绩评价与日常管理相结合，注重业绩评价中的沟通反馈。商业银行将战略目标分解至管理中考核的指标，并将业绩考核结果与薪酬激励相联系，通过业绩评价中的沟通和反馈不断地提高银行的管理水平。

基于上述构建程序，本研究提出的商业银行全面业绩评价模型，借鉴和运用平衡计分卡、经济增加值和层级分析法的理念，将特定业绩中心和特殊业务成果业绩考核从目标层分解为四维准则层，并将四维准则层具体化为15个具体指标，形成适用于商业银行特定业绩中心和特殊业务成果的全面业绩考核评价的方法体系。全面业绩评价模型四维准则层和具体的15个考核指标见表4-2。

表4-2　　**全面业绩评价模型考核层次及指标表**

准则层	具体考核指标	准则层	具体考核指标
财务维度指标	EVA	内部流程维度指标	重大意外发生数量
	人均EVA		研发费用率
客户维度指标	客户投诉率		新产品（服务）增长率
	客户保持增长率		
	市场占有率	学习与成长维度指标	人力资本准备度
	核心客户保持增长率		员工培训达标率
内部流程维度指标	系统稳定性		员工满意度
	业务合规率		核心员工保留率

4.2.4　商业银行员工工作业绩评价——薪酬考核及支付模型

商业银行的薪酬是银行工作人员为银行提供的劳动和服务而获得的经济报酬，其基本形式包括以现金形式支付的工资、奖金，以限制股份和股票期权等形式提供的奖励，以其他形式提供的保险、福利等物质利益。

商业银行的员工薪酬不是一次性发放的。为了发挥薪酬在商业银行公司治理和风险管理中的导向作用，防止激励不当或激励过度、与风险挂钩不足而导致员工不审慎行为的出现，根据中国银监会2010年公布实施的关于《商业银行稳健薪酬监管指引》的文件要求，各商业银行均制定了相应的绩效薪酬支付办法。

众所周知，商业银行员工的绩效是无法脱离商业银行组织机构单独存在的，因此，本研究设计的薪酬及支付模型结合组织机构的绩效考核，即以三维绩效考核模型为基础，是三维绩效考核模型的延伸。

1. 薪酬考核模型

本研究设计的薪酬考核模型，以三维绩效考核模型中核心、战略与管理三个维度为基准，考核满分100分，权重占比分别为40%、30%、30%。核心指标考核员工所在分支机构利润价值贡献和业务规模发展，设置拨备前利润、对公日均存款及储蓄日均存款三项指标。核心指标目标值设置正常情境、乐观情境、激进情境三种水平，不同水平将对应不同的业绩倍增系数来调节核心指标得分。战略指标考核员工所在分支机构战略转型落实情况，包括风险资产收益率、中间业务收入、小企业贷款占比、零售贷款占比及贸易融资投放量五项指标。管理指标考核员工所在分支机构风险管理情况，包括不良贷款率控制目标、信贷资产管理指标、内控合规评估三项指标。在上述指标和目标完成情况基础上，按照超额奖励的规定系数和目标值修正系数进行调整，并根据考核总得分最终评定级次，用于薪酬考核及支付基数的计算，见表4-3。

表4-3 **薪酬考核模型绩效考核级次和奖励简表**

绩效得分区间	95分以上	[85，95]	[75，85]	75分以下
绩效等级	A	B	C	D
薪酬激励	上一周期职工工资10%的额度奖励	上一周期职工工资5%的额度奖励	不享受额外的职工工资奖励	扣减上一周期职工工资5%的额度

其中，等级为A的员工在次年享受上一周期职工工资10%的额度奖励，等级为B的员工将在次年享受上一周期职工工资5%的额度奖励，等级为C的员工将在次年不享受额外的职工工资奖励，等级为D的员工将在次年扣减上一周期职工工资5%的额度。

2.薪酬支付模型

本研究设计的薪酬支付模型，主要基于薪酬考核模型所计算的支付基数，并根据银监会2010年《商业银行稳健薪酬监管指引》的要求，将绩效薪酬延期支付锁定限期为三年，即剩余绩效将分三年进行发放。延期支付的比例为：中高级管理人员的绩效薪酬的40%延期支付；对风险有重要影响的岗位的员工的绩效薪酬的30%延期支付。

3.商业银行特定工作人员绩效考核

商业银行特定工作人员绩效考核有着特殊的职业背景，例如，营业机构派驻会计主管履职考核等，需要结合商业银行部分重要岗位职能设计具体绩效考核方案。

4.3 本章小结

商业银行多维绩效评价，包含商业银行公司层面、特殊业务层面和人员绩效考核层面三大类考核层面的综合绩效评价体系。多维绩效评价存在三个基本假设：其一，绩效评价是绩效管理和银行管理的重要组成部分；其二，绩效评价的目的是发展，是鼓励“见贤思齐”；其三，绩效评价的对象是商业银行内部组织机构和人员。

商业银行多维绩效评价的具体内涵，主要从商业银行绩效评价的内容角度进行定义：其一，企业（全行）组织机构的绩效考核，即从总行（总公司）到分支机构（分行、支行和营业网点）的各级绩效评价和考核机制，以及绩效考评的综合应用机制。其二，商业银行特定业绩中心的成绩或特殊业务成果测评。其三，对商业银行各级分支机构个体员工过去的工作行为及取得的工作业绩进行评价。因此，商业银行多维绩效评价的具体内涵包含三个层面的绩效评价，即：商业银行组织机构的绩效考核、商业银行特定业绩中心或特殊业务成果测评和商业银行员工工作业绩评价。

本研究依次对三个层面的绩效评价设计了相应的模型，即：（1）三维绩效考核模型，用于商业银行组织机构的绩效考核；（2）全面业绩评价模型，用于商业银行特定业绩中心或特殊业务成果测评；（3）薪酬考核模型和薪酬支付模型，用于商业银行员工工作业绩的评价。

第一，本研究提出的三维绩效考核模型，在借鉴平衡计分卡注重多方平衡优点的同时，将指标维度分为“核心、战略、管理”三个方向，并设有示例性的二级维度和三级维度，可以使不同管理基础的各类银行组织机构快捷清晰地设置出自己需要的考核指标体系。

第二，本研究构建的适用于商业银行特定业绩中心和特殊业务成果的全面业绩评价模型，以 BSC 和 EVA 为构建平台，将 EVA 作为财务层面主要指标并建立多层次 EVA 中心，并合理选择 BSC 中的关键指标，此外，还注重业绩评价与日常管理的结合，能够对商业银行特定业绩中心和特殊业务成果进行精确评价。

第三，本研究设计的薪酬及支付模型结合组织机构的绩效考核，即以三维绩效考核模型为基础，设置了员工超额奖励的规定系数和目标值修正系数进行调整，并根据考核总得分最终评定级次，用于薪酬考核及支付基数的计算。

第四，本研究设计的薪酬支付模型，主要基于薪酬考核模型所计算的支付基数，并根据银监会2010年《商业银行稳健薪酬监管指引》的要求，设计了绩效薪酬延期支付锁定限期和延期发放方案，具有实用性的特点。

第五，本研究根据商业银行特定工作人员，例如，营业机构派驻会计主管等，依据其特殊的职业背景，结合其岗位职能设计具体绩效考核方案。

总之，商业银行多维绩效评价，针对商业银行经营管理的实际需要，根植于改革开放以来数十年商业银行发展的实践经验，是从实际出发大胆创新的管理智慧。商业银行多维绩效评价也是一个开放的理论体系，模型设计、评价内容、计分方法、赋权方法上的多样性和评价机制上的灵活性等既方便具体银行落实其独特的经营战略，又使该评价机制对其他各类型商业银行的绩效评价工作具有普遍借鉴意义。

第 5 章
商业银行组织机构的绩效考核——三维绩效考核模型

根据前述商业银行多维绩效评价的具体内涵，即三个层面的绩效评价：商业银行组织机构的绩效考核、商业银行特定业绩中心或特殊业务成果测评、商业银行员工工作业绩评价，本书相应设计了三维绩效考核模型、全面业绩评价模型、薪酬考核模型和薪酬支付模型对商业银行的绩效总体进行多维评价。自本章起，开始介绍商业银行多维绩效评价的第一个层面的评价，即商业银行组织机构的绩效考核——三维绩效考核模型的相关内容。

5.1 三维绩效考核模型的维度概念

在前一章4.2节关于商业银行多维绩效评价的基本内涵中，简要介绍了三维绩效考核模型的基本内容和具体内涵。三维绩效考核模型将商业银行组织机构的绩效考核指标体系分为“核心、战略、管理”三个关键因素维度，并设有示例性的二级维度和三级维度，可以使不同管理基础的各类商业银行组织机构快捷清晰地设置出自己需要的考核指标体系。在三维绩效考核模型中，无论是商业银行总行的绩效评价还是分支机构的绩效评价，都可以从“核心、战略、管理”三个维度进行划分。三维绩效考核模型具体的维度如图4-4，具体的绩效分类见表5-1。

表 5-1　　**商业银行三维绩效考核模型的绩效分类表**

<table>
<tr><td rowspan="11">三维绩效考核模型的绩效分类</td><td>维度</td><td>二级维度</td><td>三级维度</td><td>说明</td></tr>
<tr><td rowspan="3">核心</td><td>效益</td><td>利润</td><td rowspan="3">核心绩效是银行立行之本，既需要效益，也需要规模。资本和存款是制约银行规模的两个关键因素，但因分支行很难影响资本因素，所以资本因素一般不用来考核分支行，而只考核存款指标。资本可用来考核总行相关部门</td></tr>
<tr><td rowspan="2">规模</td><td>资本</td></tr>
<tr><td>存款</td></tr>
<tr><td rowspan="2">战略</td><td>业务战略</td><td>小微业务</td><td rowspan="2">未雨绸缪，为在未来获取战略优势，现在就要在业务和收入方面做出预判性的战略规划</td></tr>
<tr><td>收入战略</td><td>中间业务</td></tr>
<tr><td rowspan="5">管理</td><td rowspan="3">风险管理</td><td>信用风险</td><td rowspan="5">管理是基础，包括风险管理和效率管理。一般来说，风险和效率具有一定的矛盾性，风险高时效率也高，风险小了效率也降了，如何平衡风险和效率的关系，正是管理艺术的体现</td></tr>
<tr><td>合规风险</td></tr>
<tr><td>其他风险</td></tr>
<tr><td rowspan="2">效率管理</td><td>业务效率</td></tr>
<tr><td>收入效率</td></tr>
</table>

商业银行组织机构绩效考核整体被比喻成一个大三角形，核心、战略与管理三个维度各处一个边，相互制衡、相互支撑。核心维度的绩效考核指标反映银行业的经营本质，巩固立行之本，包括效益与规模两方面，既要“商业”也要“银行”。战略维度的绩效考核指标体现银行的战略取向，确保未来“吃饭”问题，包括业务战略、收入战略等。战略与核心的平衡可体现长期利益与短期利益之间的平衡。管理维度的绩效考核指标主要考核日常的基础性工作，反映管理水平的高低，包括风险管理、效率管理等，为核心和战略提供保障性支持。管理维度与核心、战略维度的平衡体现过程与结果、内部与外部的平衡。

“核心、战略、管理”这一绩效三分法具有坚实的哲学基础，不仅是一种使用方法，还是一种管理思路，即现在与未来兼顾，过程与结果并重，长短期利益平衡，业务拓展与风险控制协同。这种思想不但可应用于对总行或分支机构的绩效考核中，还可以应用于对业务条线等多方面的绩效考核。“核心、战略、管理”三个维度中，核心维度和战略维度的平衡，管理维度和核心、战略两维度的平衡，集中体现着银行业的经营特色，为管理者管理艺术的发挥提供足够的空间。

5.2 三维绩效考核模型的主要特征

三维绩效考核模型的主要特征可以归纳为两点：其一，它具有坚实的现实基础；其二，它是一个不断发展的科学体系。以下分别进行介绍。

5.2.1 三维绩效考核模型具有坚实的现实基础

三维绩效考核模型是对丰富实践经验的科学总结，具有坚实的现实基础。中国的商业银行从改革开放至今，已走过近四十年的风雨历程，绩效考核思路在这些岁月里多有变化，体现着中国的商业银行从业者对绩效考核本质的不懈探求。

本书设计了一个虚拟银行主体，主要用于案例研究，将其命名为“L银行”①，其目的是：其一，将三维绩效考核模型的工作实践和理论来源介绍清楚；其二，将本研究的设计方案应用于案例实践，从实践中来，到实践中去，体现商业银行多维绩效评价的实践和应用价值。为了展现中国商业银行群体绩效考核理论的发展，本书将“L银行”设计为具有中等水平和普遍意义的城市领军商业银行。如前所述，中国商业银行群体包括：（1）国有控股商业银行，其代表为工商银行、中国银行等；（2）全国性股份制商业银行，其代表为浦发银行、招商银行等；（3）城市商业银行和农村商业银行，如北京银行、大连银行、青岛农商银行、大连农商银行等，该类别数量庞大。因此，根据中国银行业的商业银行数量和等级，将城市商业银行的领军者作为具有中等水平和普遍意义的商业银行虚拟主体具备现实意义。那么，三维绩效考核模型的破茧而出正是中国商业银行群体近四十年的思索与智慧的结晶。

---

① “L银行”是本书设计的一个虚拟银行主体，它是本研究搜集的商业银行绩效考核资料的集合。在不同的绩效考核模型和具体设计中，可能涉及不止一家商业银行的基础资料，本研究将这些原始资料进行有机整合和匿名化处理，作为商业银行多维绩效评价理论的实践来源。

依据“L银行”的现有资料，本研究按照三维绩效考核模型的内容对“L银行”的绩效考核指标进行了整理，见表5-2。

表5-2　三维绩效考核模型视角的“L银行”某分支机构历年考核指标及权重

维度	二级维度	考核指标	指标权重					
			201F	201E	201D	201C	201B	201A
核心	效益	拨备前利润	8%	8%	8%	12%		
		经济增加值（EVA）	8%	6%	8%	2%	双线	4%
		FTP调整后的利润				2%		
		利润计划					6%	
	规模（存款）	对公日均存款	12%	10%	9%	3%	10%	8%
		对公日均存款增长额		20%				
		对公时点存款增量					12%	
		储蓄日均存款	12%		9%	3%	8%	8%
		储蓄时点存款增量					7%	
		储蓄时点存款						5%
	小计		40%	44%	34%	22%	43%	25%
战略	业务战略（小微业务）	小企业贷款占比	10%					
		小企业贷款增长额		5%		4%	7%	
		小企业贷款余额			2%			7%
		小企业贷款日均余额			4%			
		小企业贷款新增户数				2%	3%	
		小企业信用风险分配总量				2%		
	收入战略	中间业务收入	10%		4%	8%	8%	5%
	小计		20%	5%	10%	16%	18%	12%
管理	风险管理	信用风险	15%	附加类	10%	24%	15%	16%
		合规风险	10%	20%	20%	15%	附加类	附加类
		全面风险	5%	5%				
	效率管理	风险资产收益率	10%	10%	8%			
		经济资本收益率（RAROC）				2%	双线	8%
		人均EVA				2%		6%
		资产利润率					5%	
		成本收入率						2%
	小计		40%	35%	38%	43%	20%	32%
三维度合计占比			100%	84%	82%	81%	81%	69%

以201F年作为三维绩效考核模型启用年度标准，可以看出，“核心、战略、管理”三维绩效考核模型具有极强的现实性，三个维度选择的指标已占其历史总指标分值的绝大部分（201A—201E年分别是69%、81%、81%、82%和84%）。

5.2.2　三维绩效考核模型是一个不断发展的科学体系

三维绩效考核模型是一个不断发展的科学体系，集中体现在：一方面，三维绩效考核模型的“核心、战略、管理”每个维度的内涵都是经过反复推敲、细心琢磨过的。例如，现在商业银行一般将风险管理指标归为“管理维度”。而在十年前，商业银行更多地倾向于将风险管理指标归为“核心”维度，认为“银行业的本质，即风险管理”。另一方面，对模型的未来完善，本研究一直是持开放的态度，因为模型本身就具有很好的可扩展性。表5-3列示了根据本研究三维绩效考核模型设计的“L银行”某分支机构绩效考核完善方案，并且，后续的探讨中还有其他的方案可供“L银行”该分支机构选用。因此，三维绩效考核模型是一个不断发展的科学体系。

表5-3　**本研究设计的“L银行”某分支机构绩效考核完善方案**

维度	二级维度	考核指标	分值	计分方法
核心	效益	经济增加值（EVA）	16	强制超计划额赛马法
	规模	对公日均存款	12	强制超计划率赛马法
		储蓄日均存款	12	强制超计划率赛马法
	小计		40	—
战略	业务战略	小企业贷款占比	10	比例超计划率赛马法
	收入战略	中间业务收入	10	比例超计划额赛马法
	小计		20	—
管理	风险管理	信用风险评价	15	综合评价法
		合规风险评价	10	综合评价法
		内审评价	5	综合评价法
	效率管理	经济资本收益率（RAROC）	5	比例超计划率赛马法
		风险资产收益率	5	比例超计划率赛马法
	小计		40	—
考核总分			100	—

5.3 三维绩效考核模型的理论贡献与实践价值

5.3.1 三维绩效考核模型的理论贡献

三维绩效考核模型是针对中国商业银行绩效考核的实际需要，根植于中国银行业四十年的风雨历程，是平衡计分卡、经济资本等先进银行管理理论在各类商业银行的实践结晶。一方面，三维绩效考核模型充分把握银行全面风险管理的基本特征，将风险管理视为管理维度的重要方向；另一方面，三维绩效考核模型能够突出中国各类商业银行的“发展”主题，注重长期与短期的利益平衡，在管理维度的大背景下恰当处理“核心”与“战略”的关系。三维绩效考核模型与平衡计分卡理论相比，其主要优势体现在：（1）指标数量较少，重点突出；（2）指标计量难度较小，更符合中国各类商业银行的管理会计基础；（3）三维绩效考核模型充分借鉴和吸收了平衡计分卡的“平衡”观点，注重长期利益与短期利益、过程与结果、内部与外部、风险控制与业务拓展、风险控制与效率提高等多方面的平衡。总之，三维绩效考核模型是平衡计分卡等先进理论的中国化，是中国各类商业银行绩效考核理论的新发展。

5.3.2 三维绩效考核模型的实践价值

三维绩效考核模型还根植于中国各类商业银行的管理实践，实践价值是其主要的追求。一方面，相对于平衡计分卡，三维绩效考核模型简单实用，更符合我国各类商业银行的现实情况。在三维绩效考核模型中，绩效考核指标数量少，管理意图清晰，符合中国各类商业银行的实际。另一方面，三维绩效考核模型不仅能够带动中国各类商业银行特别是中小商业银行管理水平的提升，而且其中绩效考核委员会“秘书组”的设计，实现了统一领导原则和“法约尔天桥”思路的结合。

行为科学的研究表明，人类在进行决策时一般在心理上至多能够处理四个信息单元，然而，平衡计分卡理论的四个层面，即财务、客户、内部流程、学习与成长四个层面，每个层面一般需要4~7个不同的指标。这样一来，根据平衡计分卡设计的一套绩效考核指标体系包含的指标通常超过20个。所以，很多使用平衡计分卡进行绩效考核的单位抱怨“指标过多”。三维绩效考核模型将决策者的行为考虑其中，并且，面对“指标过多”的抱怨，平衡计分卡的创始人卡普兰和诺顿提醒人们：平衡计分卡应被看做传达一个战略的仪器，指标可分为战略指标与诊断指标两类，指标数量是无关紧要的①。三维绩效考核模型则易于避免这样的问题，每个维度可最少选一个指标，也就是说最少3个指标（例如，EVA、小企业贷款占比、RAROC 3个指标）即可构成一个考核指标体系。另外，三维绩效考核模型设有示例性的二级维度、三级维度，各类商业银行可随着管理基础特别是数据基础的逐步提升，稳步推进和灵活推动绩效考核的精细化。这是三维绩效考核模型实践价值的重要体现。

5.4　三维绩效考核模型的评价体系设计

一般而言，组织机构绩效考核体系与特定的价值创造模式相适应，价值的创造是一个动态的过程，不同类型银行的价值创造模式不尽相同，即使是同一银行的价值创造模式也随着内外部环境的变化而变化，因此组织机构绩效考核体系不可能一成不变，也不可能存在一套放之四海而皆准的理想的绩效考核体系。那么，商业银行组织机构绩效考核体系设计应该以银行自身的实际需求为导向，遵循“勇于担当、适度超前”等原则而设计。

三维绩效考核模型的评价体系以“核心、战略、管理”三个维度为基础，以商业银行内部银行总部（总行）、分支机构或各行业条线绩效考核为主要假定对象，谋求更好地体现商业银行绩效考核的“指挥棒”作用。该评价体系从商业银行的实际出发，重点强调指标设置、指标权重和管理机制三个方面。当然，这并不代表这一绩效考核体系的所有环节都仅限于这三个方面。

① 卡普兰，诺顿．平衡计分卡——化战略为行动［M］．刘俊勇，等，校译．广州：广东经济出版社，2004.

其中，考核指标是绩效考核中最显性的东西，科学的考核指标能更好地传递领导的战略意图，还能更准确地体现各业务、各地区间的差异。指标值的多少往往意味着任务的轻重，是考核者和被考核者之间产生争议最多的地方。而且，考核指标在不同时期往往不同，指标设置也是一个动态的过程，会经历“设置—考评—反馈—修正”等多个环节及多重循环。鉴于这些原因，考核指标在有关绩效考核的设计中占有最大的比重。本书将在随后两章分别对三维绩效考核模型的指标设置和指标赋权进行详述。

常言道，好的制度可以使坏人变好、好人更好，而坏的制度则使好人变坏、坏人更坏。绩效考核的机制就是一种“制度”，一套好的考核机制可以自动产生或修正出好的“指标”，保证绩效考核对绩效改进的促进作用；一套不好的考核机制，即使有好的指标也因“不公平”等原因沦为“花瓶”而无法达到促进绩效改进的最终目的。因此说，绩效考核机制虽是隐性的，但却是根本的，要改进绩效考核工作，首先要梳理和消除绩效考核机制中的不合理之处。对此，本书也将结合全面业绩评价模型、薪酬考核模型和薪酬支付模型，另立一章对三维绩效考核模型以及上述其他考核模型的绩效考核机制，即商业银行多维绩效评价的管理机制加以详细论述。

因此，以“核心、战略、管理”三维绩效考核模型为基础，我们可以构建一套完整的商业银行组织机构绩效评价体系，如图5-1所示，后续章节我们将按照“三位一体”的思路对商业银行这一组织机构绩效评价体系进行详细介绍。

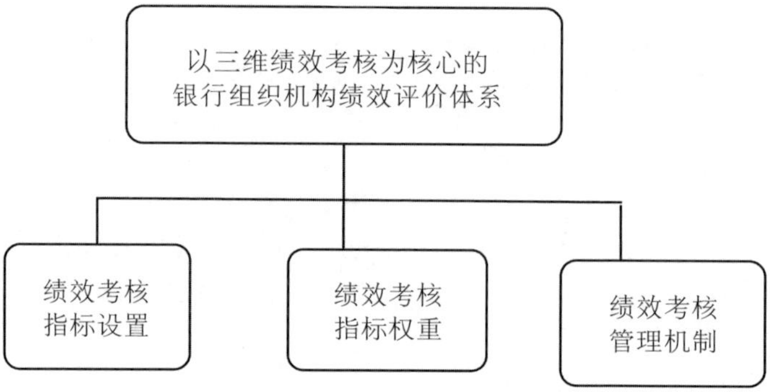

图5-1　以三维绩效考核为核心的银行组织机构绩效评价体系

5.5 本章小结

商业银行多维绩效评价的具体内涵包含三个层面的绩效评价：商业银行组织机构的绩效考核、商业银行特定业绩中心或特殊业务成果测评、商业银行员工工作业绩评价，本书相应设计了三维绩效考核模型、全面业绩评价模型、薪酬考核模型和薪酬支付模型对商业银行的绩效总体进行多维评价。本章介绍了商业银行多维绩效评价的第一个层面的评价，即商业银行组织机构的绩效考核——三维绩效考核模型的基本内容。

三维绩效考核模型将商业银行组织机构的绩效考核指标体系分为“核心、战略、管理”三个维度，并设有示例性的二级维度和三级维度，可以使不同管理基础的各类商业银行组织机构快捷清晰地设置出自己需要的考核指标体系。在三维绩效考核模型中，无论是商业银行总行的绩效评价还是分支机构的绩效评价，都可以从“核心、战略、管理”三个维度进行划分。战略维度的绩效考核指标体现银行的战略取向，确保未来“吃饭”问题，包括业务战略、收入战略等。战略与核心的平衡可体现长期利益与短期利益之间的平衡。管理维度的绩效考核指标主要考核日常的基础性工作，反映管理水平的高低，包括风险管理、效率管理等，为核心和战略提供保障性支持。

三维绩效考核模型的主要特征可以归纳为两点：其一，它具有坚实的现实基础，是对丰富的商业银行绩效考核评价的实践经验的科学总结。中国的商业银行从改革开放至今，已走过四十年的风雨历程，绩效考核思路在这些岁月里多有变化，体现着中国的商业银行从业者对绩效考核本质的不懈探求。其二，它是一个不断发展的科学体系，集中体现在：一方面，三维绩效考核模型的“核心、战略、管理”每个维度的内涵都是经过反复推敲、细心琢磨过的；另一方面，对模型的未来完善，本研究一直是持开放的态度，因为模型本身就具有很好的可扩展性。此外，三维绩效考核模型设有示例性的二级维度、三级维度，各类商业银行可随着管理基础特别是数据基础的逐步提升，稳步推进和灵活推动绩效考核的精细化。这是三维绩效考核模型实践价值的重要体现。

三维绩效考核模型是针对中国商业银行绩效考核的实际需要，根植于中国银行业四十年的风雨历程，是平衡计分卡、经济资本等先进银行管理理论在各类商业银行的实践结晶。一方面，三维绩效考核模型充分把握银行全面风险管理的基本特征，将风险管理视为管理维度的重要方向；另一方面，三维绩效考核模型能够突出中国各类商业银行的“发展”主题，注重长期与短期的利益平衡，在管理维度的大背景下恰当处理“核心”与“战略”的关系。

三维绩效考核模型还根植于中国各类商业银行的管理实践，实践价值是其主要的追求。一方面，相对于平衡计分卡，三维绩效考核模型简单实用，更符合我国各类商业银行的现实情况。在三维绩效考核模型中，绩效考核指标数量少，管理意图清晰，符合中国各类商业银行的实际。另一方面，三维绩效考核模型不仅能够带动中国各类商业银行特别是中小商业银行管理水平的提升，而且其中绩效考核委员会“秘书组”的设计，实现了统一领导原则和“法约尔天桥”思路的结合。

三维绩效考核模型的评价体系以“核心、战略、管理”三个维度为基础，以商业银行内部银行总部（总行）、分支机构或各行业条线绩效考核为主要假定对象，谋求更好地体现商业银行绩效考核的“指挥棒”作用。该评价体系从商业银行的实际出发，重点强调指标设置、指标权重和管理机制三个方面。当然，这并不代表这一绩效考核体系的所有环节都仅限于这三个方面。

其中，考核指标是绩效考核中最显性的东西，科学的考核指标能更好地传递领导的战略意图，还能更准确地体现各业务、各地区间的差异。而且，考核指标在不同时期往往不同，指标设置也是一个动态的过程，会经历“设置—考评—反馈—修正”等多个环节及多重循环。鉴于这些原因，考核指标在有关绩效考核的设计中占有最大的比重。

绩效考核机制虽是隐性的，但却是根本的，要改进绩效考核工作，首先要梳理和消除绩效考核机制中的不合理之处。常言道，好的制度可以使坏人变好、好人更好，而坏的制度则使好人变坏、坏人更坏。绩效考核的机制就是一种“制度”，一套好的考核机制可以自动产生或修正出好的

“指标”，保证绩效考核对绩效改进的促进作用；一套不好的考核机制，即使有好的指标也因“不公平”等原因沦为“花瓶”而无法达到促进绩效改进的最终目的。因此，三维绩效考核模型的绩效考核机制也是商业银行组织机构绩效评价体系的重要环节。

总之，以“核心、战略、管理”三维绩效考核模型为基础，本章构建了一套完整的商业银行组织机构绩效评价体系，后续章节我们将按照“三位一体”的思路对商业银行这一组织机构绩效评价体系进行详细介绍。

第 6 章
三维绩效考核模型的指标设置

精细化管理是现代银行管理发展的大趋势，随着各类商业银行数据管理基础的夯实，绩效考核的指标设置也要走上精细化管理之路。三维绩效考核模型不仅有“核心、战略、管理”这三个第一层次的维度划分，还给出了示例性的二级维度、三级维度，各商业银行可根据自己的数据管理基础，灵活地调整自己的考核管理的精细化程度。本章重点探讨商业银行组织机构绩效评价的三维绩效考核模型的指标设置。

6.1 三维绩效考核模型的指标设置原则

绩效考核是一个指挥棒，指挥大家往哪走，往左走还是往右走。指标设置原则既要考虑理论逻辑上的合理性，也要从实践出发，满足监管和利益各方的现实要求。

6.1.1 监管的要求

各类商业银行在进行组织机构绩效考核指标设计时，需要特别关注的监管文件包括：中国银监会的《银行业金融机构绩效考评监管指引》和《商业银行稳健薪酬监管指引》，以及国家财政部的《金融企业绩效评价办法》。其中，中国银监会在《银行业金融机构绩效考评监管指引》（银监发

〔2012〕34号）中对各商业银行的内部绩效考核指标提出了具体的要求，包括以下重要原则：

（1）银行业金融机构绩效考评指标包括五大类：合规经营类指标、风险管理类指标、经营效益类指标、发展转型类指标、社会责任类指标。

（2）合规经营类指标用于评价银行业金融机构遵守相关法律法规和规章制度、内部控制建设及执行的情况，包括合规执行、内控评价、违规处罚等方面。合规经营类指标中的内控评价，应当与银行业金融机构自身或外部审计的年度评价结果相一致。银行业金融机构应当区分内部自查、外部检查以及违规程度，确定合规经营类指标中违规处罚的具体分值和权重。对于外部检查发现并实施监管措施或行政处罚的，应当调低绩效考评等级。

（3）风险管理类指标用于评价银行业金融机构风险状况及变动趋势，包括信用风险指标、操作风险指标、流动性风险指标、市场风险指标、声誉风险指标等。在计算风险管理类指标时，银行业金融机构应当充分考虑考评对象风险分类、识别和计量的准确性。对于发生案件的考评对象，应当调低绩效考评等级。

（4）经营效益类指标用于评价银行业金融机构经营成果、经营效率和价值创造能力，包括利润指标、成本控制指标、风险调整后收益指标等。在经营效益类指标中，银行业金融机构应当以风险调整后收益指标为核心，确定合理的分值和权重。采用资本计量高级方法的银行业金融机构，应当将基于高级方法得出的风险参数作为计算风险调整后收益指标的重要依据。银行业金融机构应当充分考虑资产期限及风险延期暴露等因素，降低中长期资产收益对经营效益类指标的贡献度。

（5）发展转型类指标用于评价银行业金融机构根据宏观经济政策、结构调整及自身需要，推动业务发展和战略转型的情况，包括业务及客户发展指标、资产负债结构调整指标、收入结构调整指标等。银行业金融机构应当根据考评对象的经营地域、客户结构、市场需求以及服务能力，合理确定发展转型类指标。对于以贷转存、以贷收费和转嫁成本等不规范经营的考评对象，应当调低发展转型类指标的考评得分。

（6）社会责任类指标用于评价银行业金融机构提供金融服务、支持节能减排和环境保护、提高社会公众金融意识的情况，包括服务质量和公平对待消费者、绿色信贷、公众金融教育等。银行业金融机构应当在社会责任报告中披露社会责任类指标的总体情况。

（7）银行业金融机构应当根据监管要求，结合本行发展战略、风险偏好和市场定位等因素，确定绩效考评的具体指标及其权重。银行业金融机构应当突出合规经营和风险管理的重要性，合规经营类指标和风险管理类指标权重应当明显高于其他类指标。

（8）银行业金融机构及其分支机构在设置考评指标、确定考评标准和分解考评指标时，应当符合审慎经营和与自身能力相适应的原则，不得有下列情形：①设立时点性规模考评指标；②在综合绩效考评指标体系外设定单项或临时性考评指标；③设定没有具体目标值、单纯以市场份额或市场排名为要求的考评指标；④分支机构自行制定考评办法或提高考评标准及相关要求。

（9）考评对象在细化绩效考评指标时，应当与总行（公司）的绩效考评要求总体保持一致，全面执行总行（公司）的战略目标、经营理念和风险政策。

（10）银行业金融机构在计算绩效考评指标时，应当使用符合财务会计制度的相关数据。

6.1.2 股东的要求

资本是现代商业银行存在的基础，资本主要依靠股东的投入。“钱放在哪里最不放心？放在别人的口袋里最让人不放心！”股东把钱交给商业银行就要商业银行为他们创造利益、创造价值。因此，商业银行的绩效考核评价的指标设置要体现出勇于担当、适度超前的原则。基辛格博士在《论中国》一书中提到：“每个伟大的成就在成为现实之前都是一种远见。”在这种意义上，商业银行绩效考核评价产生于勇于担当，而不是听天由命。绩效考核是“指挥棒”，一百年太久，只争朝夕；组织机构绩效考核体系在设计时就要贯彻“勇于担当、适度超前”的原则。

6.1.3 行业本质和战略发展的要求

绩效考核是商业银行的本质属性，商业银行就是钱生钱的行业。因此，有了绩效就是有了更强的生钱的本领，那么绩效考核就是商业银行的立行之本。要通过绩效考核固本培基，让商业银行的根基更加稳固、基业长青。商业银行应该将绩效考核看做综合管理的一部分，要注意与其他管理职能的协调一致，要自觉融入商业银行的企业文化，并在可能时促进商业银行绩效考核企业文化的整体提升。

同时，绩效考核是个全局性、系统性工程，牵一发而动全身，在设计具体改革措施时一定要慎之又慎，不可盲动，要脚踏实地地稳步推进。此所谓“战略上藐视敌人、战术上重视敌人”，体现重视的最好表现就是专业化，要用专业化的精神、专业化的技术，对绩效考核中的每一环节都再三探究、力求极致。

随着利率市场化的加快，银行业竞争日益激烈，仅凭经验的粗放式管理已难以适应新形势的要求。本着科学求真的态度，努力体现出专业化水平，是商业银行绩效考核新体系的另一重要指导原则。

6.1.4 从商业银行历史经验和工作实践出发的要求

中国商业银行四十年的风雨历程，各类商业银行绩效考核使用的指标设置，为三维绩效考核模型的创新奠定了坚实的基础，新的指标设置不能遗忘商业银行的历史经验和工作实践经验。表6-1和表6-2汇总了商业银行近十年所使用过的83个考核指标，新的指标设置也应尽量以这些指标为基础，从工作实践出发。另外，绩效考核指标的设置还要做到少而精，突出重点；并且，考核既要有结果，也要有过程。

表6-1　三维绩效考核模型视角的商业银行历年考核指标汇总表（1）

维度	二级维度	三级维度	考核指标
核心	效益	利润	拨备前利润、经济增加值（EVA）、FTP调整后的利润、利润总额
	规模	存款	日均存款增量、时点存款数增量、对公日均存款、对公日均存款增量、对公月均存款、对公时点存款、对公时点存款增量、储蓄日均存款、储蓄日均存款增量、储蓄月均存款、储蓄时点存款
		客户	储蓄时点存款增量、新增批发条线有效客户、对公客户拓展、零售条线中高端客户数、新增零售条线有效客户
		其他	市场占有率、管理零售客户总资产
	指标个数小计		22
战略	业务战略	小微业务	小企业贷款占比、小企业贷款余额、小企业贷款余额增量、小企业贷款日均余额、小企业贷款户数、小企业贷款新增户数、小企业信用风险分配总量
		国际业务	国际结算量、国际贸易融资投放额、新增国际结算有效客户、国际业务风险资产分配总量、外币日均存款
		个人贷款	个人贷款余额、个人贷款余额增量、个人贷款业务发放额
		银行卡	银行卡发卡量、POS交易量、信用卡发卡量、信用卡新增发卡量、白金信用卡新增发卡量、融易通信用卡有效发卡量、卡均存款
		网上银行	网银用户数、网银替代率、个人网银新增注册用户、企业网银新增注册用户、新增信用卡有效客户
		其他业务	个人理财产品销售额、票据贴现
	收入战略	中间业务	中间业务收入、公司业务中间业务收入、零售业务中间业务收入、卡业务中间业务收入、国际业务中间业务收入
	指标个数小计		34

表6-2　　三维绩效考核模型视角的商业银行历年考核指标汇总表（2）

维度	二级维度	三级维度	考核指标
管理	风险管理	信用风险	信贷管理综合评价、压缩不良贷款、对公信用风险资产分配总量、个贷信用风险资产分配总量、风险资产总量、人民币贷款余额、控制当年新增贷款不良、贷款利息回收率、压缩不良非信贷资产、信贷风险评级、置换资产压缩、贷记卡逾期率
		合规风险	内控与合规
		其他风险	内审评价
	效率管理	人工效率	人均利润、人均日均存款、人均日均存款利润率、人均EVA、人均存款、员工认可度、服务质量、员工培训
		资产效率	风险资产收益率、资产利润率
			经济资本收益率（RAROC）、成本收入率
			存款付息成本
	指标个数小计		27

6.2　“核心”维度的绩效考核指标设置

三维绩效考核模型设置核心指标反映银行业的经营本质。从商业银行的实际情况出发，核心指标又可分为效益指标和规模指标两类。以“L银行”为例，其“核心”维度指标历年使用情况见表6-3。

表6-3　　三维绩效考核模型视角的"L银行"历年核心维度考核指标汇总表

二级维度	三级维度	考核指标
效益	利润	拨备前利润
		经济增加值（EVA）
		FTP调整后的利润
		利润总额
规模	存款	日均存款增量
		时点存款数增量
		对公日均存款
		对公日均存款增量
		对公月均存款
		对公时点存款
		对公时点存款增量
		储蓄日均存款
		储蓄日均存款增量
		储蓄月均存款
		储蓄时点存款
	客户	储蓄时点存款增量
		新增批发条线有效客户
		对公客户拓展
		零售条线中高端客户数
		新增零售条线有效客户
	其他	市场占有率
		管理零售客户总资产
小计		22个

6.2.1　效益指标

我国商业银行是依法成立、经营货币金融业务、以营利为目的的金融企业法人。作为营利性的企业，为股东等利益相关者谋取经济利益，即利润，是商业银行的天职。常言道，将钱放在别人的口袋里最让人不放心。因此，为了让股东放心，商业银行必须不断地获取利润，利润指标自然是绩效考核指标中不可或缺的。

由表6-3可知，“L银行”历年使用过的利润指标共有4个：拨备前利润PPOP、经济增加值（EVA）、FTP调整后的利润、利润总额。“L银行”早期多使用利润总额，之后则多使用拨备前利润和经济增加值。本书详细介绍拨备前利润和经济增加值。

1.拨备前利润

拨备前利润 = 营业收入 − 营业税金 − 营业费用 − 其他营业支出 ± 营业外收支

= (净利息收入 + 净手续费收入 + 投资收益 + 汇兑损益 + 其他业务收入 ± 系统内往来收支) − 营业税金 − 营业费用 − 其他营业支出 ± 营业外收支 − 风险损失（信贷资产迁徙下行部分计提损失准备变动）±其他

可见，拨备前利润是一个未经风险调整的利润指标，使用它作为考核指标的最大好处就是被考核者可以很容易地估算，便于业务的开展。而且，拨备前利润往往与经济增加值有很好的相关性，所以完成了拨备前利润指标，往往也就完成了经济增加值指标。

表6-4列示了“L银行”201A年、201B年、201C年和201D年第一季度拨备前利润和经济增加值之间的相关系数。相关系数分别为0.9981、0.9555、0.9241、0.9436，平均数据混合时的相关系数为0.9479，可见拨备前利润和经济增加值确实是高度相关的。而且可以注意到，201A—201C年，相关系数呈下降趋势，这可视为“L银行”风险计量水平提高的结果，因为风险识别能力强了，所以才导致PPOP和EVA的相关性降低。

2.经济增加值

现实中最流行的当然是经济增加值（Economic Value-added，EVA）。

表6-4　　"L银行"历年拨备前利润（PPOP）与经济增加值（EVA）相关系数计算表　　单位：万元

组织机构	201A年度		201B年度		201C年度		201D年1季度	
	PPOP	EVA	PPOP	EVA	PPOP	EVA	PPOP	EVA
分支机构1	71 722	43 860	70 225	65 931	55 386	47 251	12 212	7 238
分支机构2	25 153	15 688	28 934	36 807	33 634	39 743	11 447	8 509
分支机构3	22 032	13 586	28 598	22 294	32 873	26 056	9 509	7 165
分支机构4	42 250	27 283	64 520	43 356	74 620	46 205	18 884	11 117
分支机构5	13 225	7 104	18 090	12 720	20 605	11 160	4 573	2 744
分支机构6	7 388	2 181	12 974	6 211	16 377	6 300	6 418	1 522
分支机构7	9 339	4 919	19 894	12 671	20 490	11 980	6 628	3 840
分支机构8	13 987	7 388	21 430	18 768	28 720	19 608	16 211	11 702
分支机构9	3 775	1 603	7 116	1 640	11 136	3 358	2 635	1 367
分支机构10	—	—	13 010	5 628	19 092	10 200	7 407	1 908
分支机构11	—	—	3 997	1 577	7 648	3 924	1 599	653
分支机构12	—	—	4 840	170	13 265	4 768	6 401	4 248
PPOP与EVA相关系数	0.9981		0.9555		0.9241		0.9436	
	0.9479							

EVA的概念是在20世纪90年代初由斯特恩·斯图尔特（Stern Stewart）咨询公司提出的，表示一个公司扣除资本成本后的剩余收益，因为只有当资本收益超过获取该资本的全部成本时才能为股东带来价值。在该指标中，根据具体目的的不同，资本可以有不同的定义，可以定义为股东投入的资本，可以定义为公司净资产，可以定义为银行持有的监管资本，还可以定义为某项业务需要的最少监管资本或经济资本等。在银行内部绩效评价中，计算EVA指标时，资本一般是指经济资本，而资本成本一般指向股东筹集权益资本时的资本成本率或股东投资要求的最低收益率、目标收益

率。EVA指标的一般计算公式如下：

经济增加值（EVA）=净收益-经济资本×资本成本率

=（收入-支出-预期损失）-经济资本×资本成本率

相对于净资产收益率、资产收益率、拨备前利润、净利润等传统财务绩效指标来说，EVA指标之所以被认为是更科学的，主要是因为其贯彻了全要素价值衡量的观念，体现的是商业银行价值（即经济增加值或利润经济）的来源以及实现的过程。据此，可以绘制出商业银行全要素价值衡量图，即商业银行EVA与价值提纯流程图，如图6-1所示。

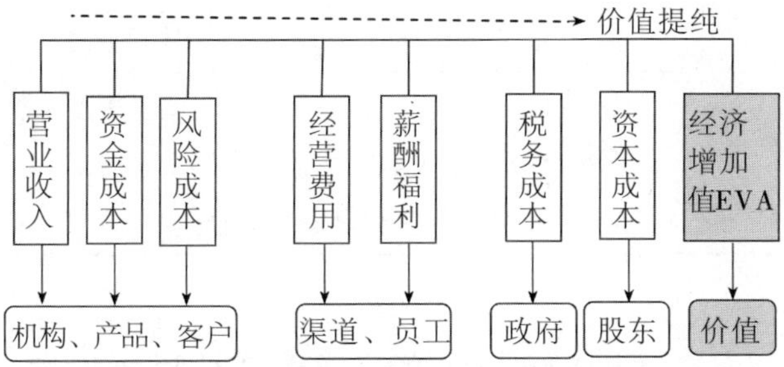

图6-1　商业银行EVA与价值提纯流程图

6.2.2　规模指标

在中国各类商业银行中，对于中小商业银行而言，继续做大做强的“成长任务”仍是很重的，没有一定的规模就会受到很多的限制。因此，核心维度还应包括旨在鼓励发展和成长的规模类指标。一般来说，限制银行规模的最主要因素有两个：资本和存款。由于资本一般由总行控制，分支机构很难决定资本的多少，所以存款就成为首要的规模类指标了。

我国《商业银行法》第二条规定：“商业银行是指依照本法和《中华人民共和国公司法》设立的吸收公众存款、发放贷款、办理结算等业务的企业法人。”可见，吸收存款是商业银行的首要功能。银行是能够“吸收存款”的组织，尤其是在目前我国利率尚未完全市场化、存款利率相对很低的情况下，大力吸收存款仍是银行重要的核心任务，在总行绩效考核指标中也需有所体现。

以“L银行”为例，在对分支机构进行规模指标考核时，不仅考核存款指标，还考核客户类指标。确实，客户类指标也是影响银行规模的重要因素。特别是随着市场化改革的推进，客户越来越重要。三维绩效考核模型视角的“L银行”规模考核指标示例见表6-5。

表6-5 **“L银行”规模考核指标示例表**

指标类别	指标名称	指标定义
规模指标	对公日均存款	对公日均存款半年考核取年度计划较对公存款基数增量45%进行指标分解考核；目标值按情境分：正常情境目标值为A，乐观情境目标值为B，激进情境目标值为C
	储蓄日均存款	储蓄日均存款半年考核取年度计划较储蓄存款基数增量45%进行指标分解考核；目标值按情境分：正常情境目标值为A，乐观情境目标值为B，激进情境目标值为C

6.3 “战略”维度的绩效考核指标设置

所谓战略问题，就是关系到未来“吃饭”等根本性问题的问题。既要低头拉车，又要抬头看路，此所谓“人无远虑，必有近忧”。商业银行三维绩效考核模型将战略指标作为非常重要的一个维度，以体现商业银行的未来战略取向。一般来说，商业银行的未来发展战略至少包括业务战略和收入战略两部分。表6-6列示了三维绩效考核模型视角的“L银行”历年战略考核指标使用情况。

6.3.1 业务战略

面对金融脱媒和利率市场化趋势，商业银行近期加大了小微企业业务和零售业务作为战略转型重点，小企业业务和以中间业务为代表的创新业务都应该被视为战略问题。因此，小企业贷款占比、中间业务收入等指标也应该列入战略指标中。金融脱媒主要体现在大企业上，小企业的直接融资能力有限，因此必然会成为未来银行利息收入的主要来源。加之利率市

表6-6　**三维绩效考核模型视角的“L银行”历年战略维度考核指标汇总表**

二级维度	三级维度	考核指标
业务战略	小微业务	小企业贷款占比
		小企业贷款余额
		小企业贷款余额增量
		小企业贷款日均余额
		小企业贷款户数
		小企业贷款新增户数
		小企业信用风险分配总量
	国际业务	国际结算量
		国际贸易融资投放额
		新增国际结算有效客户
		国际业务风险资产分配总量
		外币日均存款
	个人贷款	个人贷款余额
		个人贷款余额增量
		个人贷款业务发放额
	银行卡	银行卡发卡量
		POS交易量
		信用卡发卡量
		信用卡新增发卡量
		卡均存款
	网上银行	网银用户数
		网银替代率
		个人网银新增注册用户
		企业网银新增注册用户
		新增信用卡有效客户
	其他业务	个人理财产品销售额
		票据贴现
收入战略	中间业务	中间业务收入
		公司业务中间业务收入
		零售业务中间业务收入
		国际业务中间业务收入
小计		31个

场化、竞争加剧、利差减少等环境变化成为大势所趋，中间业务成为战略任务，必须开辟新收入来源，谋求减少对利息收入的依赖。

商业银行对战略任务不断筛选，除了小微业务，还包括国际业务、个人贷款、银行卡、网上银行等各种业务，所以说，顺应时代发展和商业银行的业务战略而不断更新是不容易的事情。随着各类“宝宝”类业务的崛起，商业银行现在将小微业务作为战略任务，是经过长期探索的结果。

6.3.2 收入战略

绩效考核往往以考核结果为主，收入是业务的结果，收入战略也应是战略维度的一个重要方面。衡量一个银行是不是好银行，不仅要看它的传统业务做得怎么样，更重要的是看它的业务收入是什么水平。美国的好银行，其中间业务收入占营业收入的比重可达到60%。中国银行业创新业务发展必须保证是实实在在的创新业务，而不是把贷款利息转化成中间业务收入，或是所谓的咨询费，这些都是不可取的，做银行就应该做得很专业。本书所设计的多维绩效评价体系不仅对商业银行整体组织绩效进行考核，还将中间业务和其他创新业务等作为特殊业务，运用全面绩效评价模型进行考核。

战略维度具体指标的设置需要有战略的眼光和战略的思维。未来中国商业银行群体可能具有相当大的规模，而且涌现出多家具有国际水准的好银行。这些银行的发展战略应该有如下变化：一是为全世界的中小企业客户提供综合性金融服务方案；二是为世界上主要大城市的个人客户提供财富管理和养老金服务，成为他们的财富管理和养老金融专家。从这个终点出发推导现在，就能够明确三维绩效考核设计的收入战略指标设计，避免出现“局部合理、整体荒谬”的情况。

表6-7列示了三维绩效考核模型视角的“L银行”部分“战略”维度的绩效考核指标的计算方法，作为该维度指标的定义示例。

表6-7　　“L银行”业务战略和收入战略指标示例表

指标类别	指标名称	指　标　定　义
业务战略	贸易融资投放量	包括本币贸易融资业务中的国内信用证、保函、保理、货押和应收账款质押项下的流动资金贷款和银行承兑汇票以及全部国际贸易融资业务的累计表内外融资总量
	小企业贷款占比	小企业贷款占比=小企业贷款余额÷全部贷款余额
	零售贷款占比	零售贷款占比=零售贷款÷全部贷款余额
	风险资产收益率	风险资产收益率=拨备前利润/月均风险资产总量风险资产按照《商业银行资本管理办法（试行）》口径计算
收入战略	中间业务收入	中间业务收入=批发板块中间业务收入+零售板块中间业务收入

6.4　“管理”维度的绩效考核指标设置

管理维度是商业银行三维绩效考核模型的一个重要考核维度，在绩效考核的历史指标中，管理维度往往过于注重风险管理。然而三维绩效考核模型认为，管理维度既应该包括风险管理，也应该包括效率管理，即将“风险资产收益率”等效率类指标加入到管理维度中来，这样设计更符合逻辑。三维绩效考核模型视角的“L银行”历年管理维度考核指标汇总见表6-8，以下分别进行详述。

6.4.1　风险管理概述

商业银行是经营风险的企业，风险管理的水平是银行管理水平的主要体现。银行经营要在利润和风险之间谋求平衡，不可偏废。商业银行风险包括信用风险、操作风险、市场风险、流动性风险、科技风险、法律风险等多种。

表6-8　三维绩效考核模型视角的L银行历年管理维度考核指标汇总表

二级维度	三级维度	考核指标
风险管理	信用风险	信贷管理综合评价
		压缩不良贷款
		对公信用风险资产分配总量
		个贷信用风险资产分配总量
		风险资产总量
		人民币贷款余额
		控制当年新增不良贷款
		贷款利息回收率
		压缩不良非信贷资产
		信贷风险评级
		置换资产压缩
		贷记卡逾期率
	合规风险	内控与合规
	其他风险	内审评价
效率管理	人工效率	人均利润
		人均日均存款
		人均日均存款利润率
		人均EVA
		人均存款
		员工认可度
		服务质量
		员工培训
	资产效率	风险资产收益率
		资产利润率
		经济资本收益率（RAROC）
		成本收入率
		存款付息成本
小计		27个

三维绩效考核模型的管理维度，目前主要考核信用风险和操作风险。其中：第一，在市场风险方面，重点关注但不限于利率、汇率（包括黄金）、股票价格和商品价格等因素。第二，在操作风险方面，重点关注但不限于人员、内部程序、系统、外部事件等因素。

然而，流动性风险、市场风险等其他风险的计量，也应该逐步纳入三维绩效考核模型的管理维度。一方面，在流动性风险识别方面，重点关注但不限于存款客户支取、贷款客户提款、债务人延期支付、资产负债结构不匹配、资产变现困难、经营损失和衍生品交易风险等因素；另一方面，对影响商业银行经营管理的集中度风险、声誉风险、战略风险、国别风险等其他各类风险，均根据其所处的外部环境、监管要求和经营状况，开展风险识别和量化。

目前，三维绩效考核模型通过内审评价，即将内部审计风险纳入分支机构年度绩效考核方案来考核其他风险。

6.4.2　风险管理——信用风险与经济资本计量

资本是银行抵御风险的最后屏障，经济资本在风险管理中具有重要地位。以“L银行”为例，通过制定和执行经济资本管理，“L银行”充分发挥了资本对业务发展的控制作用和对风险资产的约束作用，指导资本资源有效配置。

“L银行”的经济资本的计量范围包括：信用风险、操作风险、资本性占用和市场风险。其一，信用风险的经济资本计量范围为部分表内和表外业务，按照业务条线划分为对公、零售、资金、同业、电子银行、小企业、国际业务和司库信用风险。其二，操作风险的经济资本计量对象为前三年主营业务收入的平均值。其三，资本性占用的经济资本计量范围包括固定资产净额、在建工程余额、无形资产余额和长期待摊费用余额。其四，市场风险的经济资本计量范围包括交易类和可供出售投资的风险价值VaR。

商业银行的经济资本计量方法一般采用系数法。经济资本分配系数由总行统一制定，年度内保持相对稳定。但当资产类别风险水平和有关经营政策要求发生变化时，总行将做相应调整，并根据实际情况对绩效考核体系做适度调整。"L银行"的经济资本计量方法具体介绍如下：

1.信用风险经济资本的计量方法

信用风险分配经济资本=期末信用风险资产余额×经济资本分配系数

$$\text{信用风险资产余额}=\text{部分表内（外）资产期末余额}\times\text{信用风险资产分配系数}-\text{信用风险缓释金额}$$

经济资本分配系数=12%

信用风险缓释金额包括保证金、国债或存单质押金额以及次债质押金额。

2.操作风险经济资本的计量方法

$$\text{操作风险分配经济资本}=\text{前三年主营业务收入}\times25\%+\text{前两年主营业务收入}\times35\%+\text{前一年主营业务收入}\times45\%$$

主营业务收入=净利息收入+手续费净收入+其他业务收入+投资收益

3.资本性占用经济资本的计量方法

资本性占用分配经济资本=（存量资本性支出+计划资本性占用×80%）×12%

其中，计划资本性占用为每年度分支行上报的固定资产、在建工程、无形资产和长期待摊费用已核定的计划净额。

4.市场风险占用经济资本的计量方法

市场风险分配经济资本=乘数因子×VaR

乘数因子=2

VaR（风险价值）是指在一定的持有期和给定的置信水平下，利率、汇率等市场风险因素发生变化时可能对某项资金头寸、资产组合或机构造成的潜在的最大损失。商业银行一般使用历史模拟法测算VaR。

VaR的参数定义：置信水平采用99%的置信区间；持有期为10个营业日；市场风险要素价格的历史观测期为1年；计量VaR值的范围为交易账户和可供出售账户业务。

上述计量中所谓经济资本（Economic Capital），又叫风险资本（Capital at Risk），是指在一定容忍下覆盖潜在风险所需要的资本。风险资本既不是风险也不是资本，而是对应风险的一种虚拟资本形式，它随银行风险的变化而变化。

从风险管理的角度看，商业银行资本最重要的功能是抵御风险。银行是经营风险的企业，时刻面临各种风险和威胁，随时可能会遭遇损失，如果损失超过了定价转移的部分，就需要用资本去冲抵，因此银行风险承受能力受到资本的约束。金融市场上的业务机会众多，商业银行的金融产品业日益丰富，但是银行在拓展业务的时候不仅要考察产品与业务的盈利能力，还要看盈利背后的风险大小，要综合评估风险与收益。因此，三维绩效考核模型的管理维度，风险管理尤为重要。表6-9列示了三维绩效考核模型视角的“L银行”风险管理指标，作为“管理”维度指标的定义示例。

表6-9　　“L银行”风险管理指标示例表

指标类别	指标名称	指　标　定　义
管理指标	不良贷款率控制	不良贷款率控制目标
	信贷管理指标	包括资产结构调整指标、资产盈利性控制指标、信贷管理情况考核指标
	内控合规评估	内控合规及操作风险管理评估

6.4.3　风险管理——内控与合规风险评价

1. 商业银行内控与合规风险评价指标分类与分值

商业银行内控与合规风险评价的指标由公司层级评价指标和流程层级评价指标组成。公司层级评价指标包括内部控制环境、风险识别与评估、信息交流与反馈、监督评价与纠正四大要素，具体见表6-10；流程层级即内部控制措施评价指标具体见表6-11。

表6-10　商业银行公司层面内控与合规风险评价指标分类与分值表

评价指标	标准分值
内部控制环境	30分
风险识别与评估	30分
信息交流与反馈	10分
监督评价与纠正（含互评价10分）	30分
小计	100分

表6-11　　商业银行业务流程层面内控与合规风险评价指标分类与分值表

评价指标	标准分值
小企业业务	10分
个人业务	15分
电子银行业务	10分
金融同业业务	10分
运营管理	15分
反洗钱管理	10分
合同及公章管理	10分
风险专项排查	20分
小计	100分

2.公司层级评价的具体指标设置

公司层级评价指标，包含内部控制环境、风险识别与评估、监督评价与纠正、信息交流与反馈四个部分，本书设计了近百个评价点。其中，监督评价与纠正项目中突出了对一道防线履职尽责的考核。

（1）商业银行内部控制环境指标包括六条共24个评价点，六条评价大类分别为：高级管理层责任、内部控制政策、内部控制目标、组织结构、企业文化和人力资源。

（2）商业银行风险识别与评估指标包括三条共17个评价点，三条评价大类分别为：经营管理活动的风险识别与评估；法律法规、监管要求和其他要求的识别；内部控制方案。

（3）商业银行监督评价与纠正指标包括三条共17个评价点，三条评价大类分别为：内部控制绩效监测；违规的纠正及预防措施；持续改进。

（4）商业银行信息交流与反馈指标包括两条共5个评价点，两条评价大类分别为：交流与沟通和反舞弊机制建设。

3.流程层级评价的具体指标设置

业务流程级评价指标，包括小企业业务、个人业务、电子银行业务、金融同业业务、运营管理、反洗钱管理、合同及公章管理、风险专项排查等。总行内部控制评价小组主要对公司层面、流程层面中的风险专项排查、公章管理、合同管理、反洗钱管理等开展现场评价。

（1）商业银行电子银行业务的指标包括网上银行（包含手机银行）和自助银行共14个评价点。商业银行电子银行业务的内部控制评价指标设置的原则是为切实履行电子银行条线风险管理第一道防线的职责，加强电子银行业务风险管理，不断完善全行电子银行业务内部控制体系，优化内部控制环境，提高各项制度设计的严谨性及制度执行的有效性，强化合规管理，防控电子银行业务操作风险，确保电子银行业务安全、有效运行。网上银行（包含手机银行）指标的评价要点包括：企业网银申请客户是否符合相关要求；网银及手机银行开户资料是否真实、完整、合规；网银开户是否验印；网银客户信息维护、变更、申请注销等业务是否按规定程序操作；密码信封与证书两码的发放是否符合规定；企业网银额度调整是否符合规定；是否存在其他未按规定办理业务的现象。自助银行指标的评价要点包括：自动柜员机的钥匙、密码（含备用）管理流程是否合规；清机流程和频率是否符合要求；长短款挂账转出时账务处理是否准确；吞卡处理流程是否合规；是否严格执行查库制度；账簿管理是否合规；是否存在其他未按规定办理业务的现象。

（2）商业银行授信业务的指标设置包括授信流程管理、房屋按揭贷款管理和票据融资3部分。授信流程管理的评价具体包括客户调查和业务受理不尽职、分析与评价不尽职、授信决策与实施不尽职、未按规定进行贷款资金支付管理与控制、授信后管理和问题授信处理不尽职5个小部分。房屋按揭贷款管理的评价具体包括个人住房贷款不合规和商业用房贷款不合规2个小部分。票据融资的评价具体包括违规办理伪贸易背景或贸易背景不清的承兑、贴现，违反程序和超权限办理承兑、贴现，承兑、贴现资金用途不合规，保证金管理不规范等4个小部分。

（3）商业银行柜面业务的评价指标设置包括账户管理、印鉴管理、重空管理、印章管理、现金管理、对账管理、上门服务、代发代扣、事后监督、抵质押品和其他业务等内部控制指标共11个部分。

（4）商业银行合同及公章管理的评价指标设置包括合同管理内部控制

指标和公章管理内部控制指标两部分。合同管理指标的评价具体包括合同制度的建设、人员管理、签署、履行、登记与保管等。公章管理指标的评价具体包括公章的使用及保管。

（5）商业银行反洗钱管理评价指标设置本身就是基于内部控制完整体系的评价序列，包括控制环境、政策法规执行、风险管理、监督评价与纠正、信息交流与反馈等5个部分。控制环境指标的评价具体包括风险管控、组织体系、培训宣传3个小部分。政策法规执行指标的评价具体包括身份识别和资料保管、大额和可疑交易报告2个小部分。风险管理、监督评价与纠正、信息交流与反馈指标的评价具体包括风险管理中的风险识别、监督评价与纠正中的内部监督、信息交流与反馈中的统计报表与信息报送3个小部分。

4.商业银行内控与合规风险评价的计算公式

商业银行内控与合规风险评价的计算公式主要有：

（1）单项评价最终得分公式。

单项评价最终得分=评价指标总得分+（或-）正向激励得分（或负向约束得分）

（2）评价指标总得分公式。

评价指标总得分=（公司层面的评价得分/100）×流程层面的评价得分

（3）公司层面的评价得分公式。

公司层面的评价得分 =（内部控制环境 + 风险识别评估 + 信息交流与反馈 + 监督评价与纠正）得分

（4）业务流程层面的评价得分公式。

业务流程层面的评价得分 =（小企业业务 + 个人业务 + 电子银行业务 + 金融同业业务 + 运营管理 + 反洗钱管理 + 合同及公章管理 + 风险专项排查等）得分

5.内控与合规风险评价等级与绩效分值的转换

商业银行内控与合规风险评价，按百分制确定评价得分，标准分值为100分（不含额外加分项）；根据分支机构评价得分，按照1～8个等级区间确定绩效分值，见表6-12。

6.正向激励与负向约束调整项

（1）正向激励调整项。

正向激励调整项，是指内部控制评价期间存在某些规定列示的情况

表6-12　　内控与合规风险评价等级与绩效分值转换表

评价等级	得分区间	绩效分值
一级	≥90	10
二级上	≥85，＜90	8
二级下	≥80，＜85	7
三级上	≥75，＜80	6
三级下	≥70，＜75	5
四级上	≥65，＜70	4
四级下	≥60，＜65	3
五级	＜60	0

时，调增评价指标总得分。内部控制评价期间存在下列情况的，则在评价指标总得分的基础上适当加分，上不封顶。

①每成功堵截一起内外部欺诈案件，并获得总行相关部门认可的，加1分。

②在内部控制、案防、操作风险管理等方面，每获得一次监管机构的书面（含电子邮件）表扬的，加0.5分；获得监管机构授予的相关先进集体荣誉称号的，加0.5分。

③每识别出总行业务系统设计存在的一处重大或重要缺陷，并经对口业务管理部门认可的，加0.5分。

（2）负向约束调整项。

负向约束调整项，是指内部控制评价期间受到监管机构的通报批评或发生重大违规事件的，调减评价指标总得分或直接下调评定等级。

①内部控制评价期间在内部控制、案防、操作风险管理等方面每受到一次监管机构的书面或电子邮件通报批评的，则在评价指标总得分的基础上扣2分。

②内部控制评价期间监管机构或总行认定发生包括但不限于如下重大违规事件的（因不可抗力导致的损失除外），则在内部控制评价最终得分确定的评价等级的基础上再下调评定等级。具体事项包括但不限于：超越

总行授权办理业务，不限于授信业务；存在假按揭行为；因安全防范措施不当，发生金融诈骗、盗窃、抢劫、爆炸等案件，造成重大影响或损失；因经营管理不善发生挤提事件，或遭受国家有关部门（如银监、人民银行、外管、工商、税务、公安等部门）的严重处罚，或被媒体负面报道，造成重大影响；业务系统故障，造成重大影响或损失；经查实的其他重大合规及操作风险事件等。

6.4.4 风险管理——内审评价

商业银行将内部审计结果纳入绩效考核，能够促进内控管理水平的提高。商业银行稽核审计部根据全年审计项目中涉及部门或分支机构的审计发现，对各部门或分支机构的“内审评价”指标进行计分，该指标满分为5分。

稽核审计部将重要业务、重要环节的违规行为纳入计分范围，对审计发现的违规行为根据是否造成损失或声誉风险赋予不同的扣减分值（对于未造成损失或声誉风险的高频违规行为适用造成损失或声誉风险对应分值），扣减总分为100分。

部门或分支机构内审评价指标得分公式为：

内审评价指标得分 = 5-（5×累计扣减分/100）

具体违规行为描述及对应分值可根据各商业银行的具体情况制定。本书以“L银行”201×年内部审计发现纳入分支机构年度绩效考核计分表作为示例，见表6-13至表6-16。

“L银行”201×年内部审计发现纳入分支机构年度绩效考核，资金同业条线的具体指标见表6-13。

表6-13 “L银行”201×年内部审计发现纳入分支机构年度绩效考核计分表（1）

序号	业务条线	业务类别/主要环节	违规行为描述	对应分值	
				造成损失或声誉风险	未造成损失和声誉风险
1	资金同业	管理	越权办理资金、投行、同业或现金业务	2	1
2			逆程序办理转贴现业务	1	0.5

"L银行"201×年内部审计发现纳入分支机构年度绩效考核，柜面条线（部分）具体指标见表6-14。

表6-14 "L银行"201×年内部审计发现纳入分支机构年度绩效考核计分表（2）

序号	业务条线	业务类别/主要环节	违规行为描述	对应分值	
				造成损失或声誉风险	未造成损失和声誉风险
1	柜面	现金	单人开关金库（出纳库）或单人保管钥匙密码	2	1
2			单人清点柜员尾箱	0.5	0.3
3			违规办理现金和款箱的调缴、押运、交接等手续	0.5	0.3
4		上门服务	违反"双人办理、钱账分管、交叉复核"原则办理上门收款业务	2	1
5			未签订协议即办理上门收款业务	0.5	0.3
6		账户	违规开立结算账户或办理变更、注销手续	2	1
7			违规办理查询、冻结、扣划手续	1	0.5
8			账户开立后未按时年检并补充相关留存资料	0.5	0.3
9			未执行三个工作日付款制度	0.5	0.3
10			违规办理久悬账户注销业务	0.5	0.3
11		挂失	未按规定办理挂失、止付和解挂业务	0.5	0.3

"L银行"201×年内部审计发现纳入分支机构年度绩效考核，柜面条线（部分）具体指标见表6-15。

表6-15 “L银行”201×年内部审计发现纳入分支机构年度绩效考核计分表（3）

序号	业务条线	业务类别/主要环节	违规行为描述	对应分值	
				造成损失或声誉风险	未造成损失和声誉风险
12	柜面	对账	对公账户对账率未达标	0.5	0.3
13			未达账项未按要求核对并查明原因或对账未按要求核对预留印鉴	0.5	0.3
14		交易	逆程序办理收付款业务	2	1
15			大额支付交易未进行双人核验即办理业务	2	1
16			擅自处理长短款或以长补短和无依据办理长短款销账	1	0.5
17			随意调整、冲正和撤销账务	1	0.5
18			未执行大额支付交易查证制度	0.5	0.3
19			化整为零规避业务授权	0.5	0.3
20		印章（鉴）/密码/重空凭证	超范围或越权使用单位公章或业务公章	2	1
21			代客户签名、设置/重置/输入密码、办理印鉴变更	2	1
22			代客户购买重要空白凭证或向加盖预留印鉴不全/不符或购买人身份不符的客户出售重要空白凭证	2	1
23			违规在重要空白凭证上预盖印鉴	1	0.5
24			账户开立或变更后未及时办理预留印鉴建库手续	0.5	0.3
25			违规办理重要空白凭证和印章的领取、运送、交接和作废等手续	0.5	0.3
26		电子银行	擅自开通或代客户启用电子银行	2	1
27			未经签收即发放或由非授权人代领企业网银	2	1
28		自助设备	单人办理自助设备现金的领取、上缴、装钞、卸钞或清点库存、钞箱检查工作	1	0.5
29			同一人管理同一自助设备保险柜钥匙和密码	1	0.5
30			在没有视频监控的情况下进行自助设备现金业务操作	1	0.5

“L银行”201×年内部审计发现纳入分支机构年度绩效考核，授信业务条线的具体指标见表6-16。

表6-16 “L银行”201×年内部审计发现纳入分支机构年度绩效考核计分表（4）

序号	业务条线	业务类别/主要环节	违规行为描述	对应分值	
				造成损失或声誉风险	未造成损失和声誉风险
1	授信	贷前调查	融资或交易背景不真实	2	1
2			超过借款人实际需求发放流动资金贷款	2	1
3			以流动资金贷款名义发放固定资产贷款和项目贷款	2	1
4			合同、协议等重要法律文本要素或单据缺失，对银行行使权利造成重大影响	2	1
5			贷前调查对客户评级结果及业务判断有重大影响的因素未做揭示和分析	1	0.5
6			未按规定进行贷前实地调查与押品核实	1	0.5
7			违反面签、面谈和必要的居访要求办理个人购房贷款业务	2	1
8		贷中审批	越权或变相越权授信或发放贷款	2	1
9			发放无指定用途的个人贷款	2	1
10			违规出具担保承诺书、保函、资信证明	2	1
11			擅自降低授信和担保业务准入或审批标准	1	0.5
12		贷后管理	逆程序发放贷款或办理授信、表外业务	2	1
13			放松监管导致信贷资金被挪用或出现不良	2	1
14			通过展期、虚构企业财务指标或夸大非财务因素等形式掩盖授信业务风险	2	1
15			抵质押品和担保措施不能覆盖风险敞口	1	0.5
16			违规办理抵质押、代保管物品出入库/解除手续	1	0.5
17			未执行受托支付要求	1	0.5
18			贷后监控和管理不力，客户未按期偿付贷款本息	1	0.5
19		管理	未执行信贷业务调查、审查、审批相分离	1	0.5
20			授信工作人员未经合规培训和考核直接上岗	0.5	0.3

“L银行”201×年内部审计发现纳入分支机构年度绩效考核，财务条线的具体指标见表6-17。

表6-17 “L银行”201×年内部审计发现纳入分支机构年度绩效考核计分表（5）

序号	业务条线	业务类别/主要环节	违规行为描述	对应分值	
				造成损失或声誉风险	未造成损失和声誉风险
1	财务	管理	越权决定财务收支事项	2	1
2			私设“小金库”、账外经营或收回的已核销贷款本息、抵债物、收入不入账	2	1
3			虚报、虚列财务支出套取现金	2	1
4			隐匿资产、截留利润	2	1

6.4.5 效率管理

所谓效率，是指资源配置的科学性、合理性和有效性。从商业银行发展战略角度考虑，效率管理保证最有限的资源配置到收益率最高的业务上。

1.效率与风险的关系

内部管理可以从风险和效率两个方向入手，风险和效率具有一定的矛盾性，管理艺术往往体现在对二者关系的平衡上。

在图6-2中，曲线a、曲线b和曲线c分别代表不同管理水平下，商业银行的“风险-效率”组合，显然，随着曲线a、b和c的斜率越来越大，其所代表的管理水平是越来越高的。例如，同是承担X_1的风险水平，对应曲线a、b和c的效率越来越高；反之，对应同一效率水平，a、b、c三曲线上的相应风险水平则越来越低。在同一管理水平下（例如曲线b），商业银行的效率越高，其所承担的风险也越大。当在O点时，商业银行不承担风险也就没有效率；当商业银行在H点经营时，承担较低的风险，但

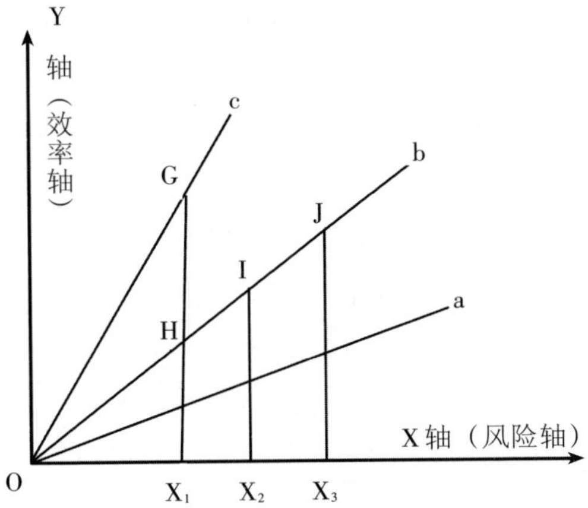

图6-2　“风险-效率”曲线图

效率也较低；为追求效率，商业银行的经营点由H点向I点、J点移动，这样效率是提高了，但所承担的风险也随之加大。这说明，在管理水平一定的情况下，商业银行的效率和其承担的风险是呈同向变动的。改变这一关系的关键在于商业银行管理水平，即随着商业银行管理水平的提高，商业银行的“风险-效率”曲线可以由曲线b向曲线c移动，也可由曲线a向曲线b、c移动。换句话说，商业银行管理水平的高低，可以体现在其“风险-效率”曲线的斜率上，“风险-效率”曲线的斜率（即效率/风险）越大，商业银行的管理水平越高；反之，“风险-效率”曲线的斜率越小，说明商业银行的管理水平越低。

2.常用效率指标

如前面的表6-6所示，效率可细分为人工效率和资产效率两大类。衡量人工效率的指标有：人均利润、人均日均存款、人均日均存款利润率、人均EVA、人均存款、员工认可度、服务质量、员工培训等；衡量资产效率的指标有：风险资产收益率、资产利润率、经济资本收益率(RAROC)、成本收入率、存款付息成本等。这些都是商业银行常用的效率指标。

效率指标强调投入产出效果，追求稳健长远发展，重点考核商业银行组织机构风险资产收益水平，引导其充分考虑风险含量、资产收益和资本成本对利润的影响，鼓励分支行等组织机构以调整业务结构、提高议价水平和降低资金成本来获得利润增长，避免追求短期利益。效率指标还可引导低资本消耗，重点支持战略转型。在商业银行有限的资源配置下，注重资本约束，引导分支行组织机构扩大收入来源，向低风险、低成本的中间业务转变，向零售业务、小企业业务和国家重点支持的行业、产业和项目倾斜，加速商业银行整体的战略转型和结构调整。

3.经济资本收益率（Risk Adjusted Return of Capital，RAROC）

在商业银行效率指标中，经济资本收益率是一个特殊的指标，它与经济增加值既有区别又有着密切的联系，因此予以重点介绍。

（1）RAROC的内涵。

RAROC的内涵最早由美国信孚银行（Bank Trust）于20世纪70年代引入商业银行绩效考核，以预期损失（Expected Loss，EL）调整收益，并将其与非预期损失（Un-expected Loss，UEL）相联系，是风险调整绩效测量法（Risk-adjusted Performance Measure，RAPM）的指标之一，也是应用最广泛的RAPM指标。RAROC的计算公式如下：

风险调整后资本收益率（RAROC）=（收入-支出-预期损失）/非预期损失

=（净收入-预期损失）/经济资本

（2）RAROC与EVA的关系。

在同一风险和资本概念的前提下，RAROC与前面讨论的EVA可归为同一范畴，只是分别从相对量和绝对量的不同角度来评价同一对象而已，两者之间可建立勾稽关系。

经济增加值（EVA）=（收入-支出-预期损失）-经济资本×资本成本率

=（收入-支出-预期损失）/经济资本×经济资本-经济资本×资本成本率

=RAROC×经济资本-资本成本率×经济资本

=（RAROC-资本成本率）×经济资本

风险调整后资本收益率（RAROC）=（收入-支出-预期损失）/经济资本

=（收入-支出-预期损失-资本成本率×经济资本）/经济资本+资本成本率

=EVA/经济资本+资本成本率

由于EVA和RAROC两者是绝对指标与相对指标的关系，所以在具体应用时适用的范围和标准有所不同，需要相互配合。RAROC作为相对指标，不受规模的限制，可以很公平地在不同规模的机构之间进行评价使用。但若单纯使用相对指标RAROC容易误导分支机构放弃一些收益率虽低但仍高于银行整体资本成本率的项目，损害商业银行整体利益。

对于三维绩效考核模型而言，使用EVA和RAROC两指标时，在大型商业银行较为容易实现，而在城市商业银行和农商银行则存在一定的现实障碍，其原因和对策分析如下：

首先，风险计量能力的限制及突破。风险成本是银行业必须直面的重要成本，风险成本可分为需要拨备应对的预期风险成本和需要资本应对的非预期风险成本两大类。这两类成本的准确计量对大型商业银行来说较为容易，但是对于中小商业银行来说存在现实的困难。

其次，指标计算能力的限制及克服。随着资金转移定价系统（FTP）和成本分摊系统（CA）在城市商业银行和农商银行的上线和完善，中小商业银行管理会计体系也得到了长足的发展。但中小商业银行对于多维度指标计算能力仍有些不足，需要进一步完善。从根本上说，管理会计是一个内部管理的经济信息系统，要完善管理会计，需要建立起以数据管理为核心、信息管理为主线、知识管理为方向的信息资源管理平台，以便为多维业绩价值计量和业绩报告数据加工提供技术支持，实现业绩价值信息高度共享和深度利用，推动多维绩效考评体系纵深发展。

最后，指标的接受程度有待提高。城市商业银行和农商银行的快速发展毕竟是近几年的事情，从业人员对EVA、RAROC等先进指标的了解和接受仍需要时间。因此，三维绩效考核模型允许商业银行目前使用EVA和拨备前利润并行的方法。虽然EVA和拨备前利润都是衡量财务结果的利润类指标，然而在城市商业银行和农商银行对EVA的普遍接受程度不高的情况下，同时使用易于接受但科学性有待完善的拨备前利润指标具备可操作性。

6.5 本章小结

本章介绍了三维绩效考核模型的指标设置。三维绩效考核模型有“核心、战略、管理”这三个第一层次的维度划分，还给出了示例性的二级维度、三级维度。因此，各类型的商业银行可根据自己的数据管理基础，灵活地选择二级维度、三级维度所需要的考核指标，调整自己的绩效考核管理的精细化程度。

三维绩效考核模型的指标设置原则主要有：满足监管的要求；满足股东的要求；满足行业本质和战略发展的要求；满足从商业银行历史经验和工作实践出发的要求。

三维绩效考核模型设置“核心”指标反映银行业的经营本质。从商业银行的实际情况出发，核心指标又可分为效益指标和规模指标两类。

三维绩效考核模型设置“战略”指标以体现商业银行的未来战略取向。一般来说，商业银行的未来发展战略至少包括业务战略和收入战略两部分。

三维绩效考核模型的一个重要考核维度是商业银行“管理”维度，在绩效考核的历史指标中，管理维度往往过于注重风险管理。然而三维绩效考核模型认为，管理维度既应该包括风险管理，也应该包括效率管理。

第 7 章

三维绩效考核模型的计分方法和赋权方法

商业银行三维绩效考核模型的指标设置是解决考核什么的问题，而三维绩效考核模型的计分方法则是解决如何将评价指标达成情况转化为分数的问题，计分方法在评价考核标准中起着重要的作用，不同的计分方法可以起到不同的评价取向的导向性作用。

同时，不同的指标权重意味着不同的三维绩效考核模型侧重，指标赋权是三维绩效考核模型中不可或缺的重要组成部分。三维绩效考核模型是一个开放的理论体系，根据实际需要可灵活借鉴各种指标赋权方法。

7.1 三维绩效考核模型的计分方法

7.1.1 三维绩效考核模型单独指标的计分方法

1.“核心”维度的绩效考核指标的计分方法

核心指标主要考核分支机构利润价值贡献和业务规模发展，表7–1介绍了三维绩效考核模型中具体使用的几种计分方法，包括拨备前利润、对公日均存款、储蓄日均存款三项指标。核心指标目标值将设置正常情境、乐观情境、激进情境三种水平，不同水平将对应不同的业绩倍增系数来调节核心指标得分。

表7-1　　“核心”维度绩效考核指标的计分方法示例表

指标名称	计　分　原　则
拨备前利润	该项指标基本得分=该项指标的基本分值×倍增系数
对公日均存款	该项指标基本得分=该项指标的基本分值×倍增系数×调节系数 调节系数是指考核对公日均存款时，按照其与全行对公存款平均付息率比较，低于全行平均水平时，系数为1；高于全行平均水平时，比较分支机构付息率较年初水平，如低于年初水平，系数为1；高于年初水平，每增加0.01个百分点，系数调低0.01，以此类推
储蓄日均存款	该项指标基本得分=该项指标的基本分值×倍增系数

2.“战略”维度的绩效考核指标的计分方法

战略指标主要考核分支机构战略转型落实情况，表7-2介绍了三维绩效考核模型中具体使用的几种计分方法，包括贸易融资投放量、零售贷款占比、小企业贷款占比、风险资产收益率及中间业务收入五项指标。

表7-2　　“战略”维度绩效考核指标的计分方法示例表

指标名称	计　分　原　则
贸易融资投放量	该项指标基本得分=该项指标的基本分值×（分支机构该项指标的实际完成数/该项指标的计划数）
零售贷款占比	该项指标基本得分=该项指标的基本分值×（分支机构实际占比÷年度计划占比）×调节系数 若零售贷款余额未达到年初预算指标，则调节系数取0.9
小企业贷款占比	该项指标基本得分=该项指标的基本分值×（分支机构实际占比÷年度计划占比）×调节系数 若小企业贷款余额未达到年初预算指标，则调节系数取0.9
风险资产收益率	该项指标基本得分=该项指标的基本分值×（分支机构该项指标的实际收益率÷该项指标的年度计划收益率）
中间业务收入	该项指标基本得分=该项指标的基本分值×（分支机构该项指标的实际完成数/该项指标的计划数）

3.“管理”维度的绩效考核指标的计分方法

管理指标主要考核分支机构风险管理情况，表7-3介绍了三维绩效考核模型中具体使用的几种计分方法，包括不良贷款率控制、信贷管理指标、内控合规评估三项具体指标。

表7-3　　　　“管理”维度绩效考核指标的计分方法示例表

指标名称	计　分　原　则
不良贷款率控制	四级、五级不良率控制目标各占50%，根据信贷管理考核方案进行评分
信贷管理指标	根据信贷管理考核方案进行评分
内控合规评估	根据内控合规及操作风险管理评估考核方案评分

7.1.2　三维绩效考核模型整体计分方法

商业银行常见的用于组织机构整体绩效考核的计分方法有比率法、层差法、非此即彼法、说明法、扣分法、赛马法等，本节重点探讨最常用的比率计分法、最值得尝试的赛马计分法以及“鼓励超计划”的计分方法即超计划赛马法的相关问题。

1.比率计分法

比率计分法是绩效考核中最常用的计分方法，主要应用于商业银行绩效考核各单项或组成部分的加总阶段。按照设置的目标值的个数，比率计分法又可分为单目标比率法、双目标比率法和多目标比率法等多种方法。

（1）单目标比率法。

单目标比率法在实际操作中比较多见，操作较为简单，考虑因素较少，由实际达成值S除以目标值M得出比率，再乘以权重分K直接得出该项指标得分，用公式表示为：

$$f(S)=S/M\times K \tag{7-1}$$

单目标比率法的优点是计算简单，操作方便，直观反映指标达成程度。如果从分数数值达成看，单目标比率法既有“正向激励”，也有“负向约束”的作用，不考虑责任下限和上限的情况。

（2）双目标比率法。

双目标比率法就是在单目标比率法的基础上增加一个责任下限，即基本目标值（设为B），实际结果若低于基本目标值则在赋权中不得分或超额减分；另设挑战目标值T，若达到挑战目标值则得分为J，即指标权重为J。

考核得分计算公式为：

$$f(S)=(S-B)/(T-B)\times J \tag{7-2}$$

从分数数值达成看，双目标比率法有“不超过下限值在赋权中不得分或超额减分”的特点。高的越高，低的越低，如果低于下限值，还可能得负分，即不仅该项指标不得分，还要倒扣分。

双目标比率法一般适用于有下限值的情况，但得分结果可能出现的范围比较难控制，我们可以根据实际需要结合说明法来约定是否上不封顶、是否超额减分。

（3）多目标比率法。

所谓多目标比率法，也称为分段比率法，是指设定多个目标值，根据不同目标阶段的达成难度不同赋予不同的考核分，如图7-1所示。

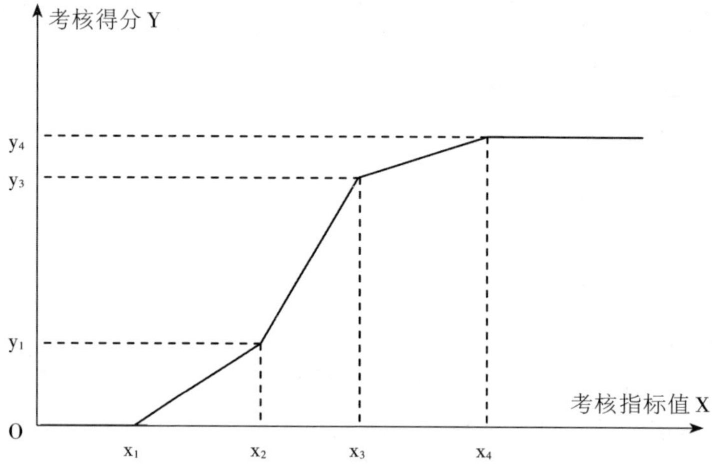

图7-1 商业银行绩效考核多目标比率法示意图

多目标比率法操作较为复杂，考虑的情形也比较周到，在商业银行绩效考核中可以起到创新示范的作用。

2.赛马计分法

赛马计分法适用于商业银行绩效考核结果的横向比较。由于考核年份和考核内容的变化，商业银行绩效考核的分值可能在不同年份出现数据的接续性偏差。此时，赛马计分法的横向比较，有利于分支行和经营部门间的比较，有利于正确评价该年度绩效考核的实际效果。

赛马计分法的关键在于一个“赛”字，即通过引入竞争机制引导被考核者挣脱商业银行绩效考核计划的心理束缚，紧紧把握本部门本年度实际情况，最大限度地发挥潜能，自动实现商业银行绩效考核有效性的最大化。

使用赛马计分法既可以对被考核者事先设定绩效考核计划值，也可以事先不设定计划值，单纯依靠名次来考核计分。是否事先设定绩效考核计划值，一般取决于考核者对被考核者环境信息的掌握程度，若考核者掌握信息较多、较及时，能较准确地预测被考核者的绩效考核结果，往往事先设定绩效考核计划值；若考核者掌握的信息有限，难以预测被考核者的绩效考核结果，往往事先不为被考核者设定绩效考核计划值，而单纯依靠相互间的名次来计分。

赛马计分法的主要优势在于引导被考核者充分发挥潜力、充分利用各种机会，自动实现商业银行绩效考核有效性的最大化。

在中国，使用赛马计分法有许多成功的案例，例如：（1）中国银行。中国银行贵州分行在考核其所属支行时，已经实行赛马计分法数年。贵州分行的领导自我评价该方法效果良好，而且受到了政府监管部门（包括银监会）的认同。（2）广东电网公司。广东电网公司是中国南方电网有限责任公司的全资子公司，是统一管理广东电网（广州市和深圳市的电网和业务除外）的企业法人。公司本部设办公室等19个职能部门，直接管理广东全省19个地市供电局，以及电力调度控制、信息、基建、物资、科研、学校等多家中心机构和直属单位。近年来，为促进“市场导向”理念的落实，绩效考核中引入了赛马计分法。目前，公司业务发展稳定，市场竞争力稳步提升。

3.“鼓励超计划”的计分方法——超计划赛马法

在赛马计分法的基础上，可以事先设定计划值。事先设定计划值的赛马计分法虽然有计划完成值，但仅达到计划完成值并不能得满分，要得满分需要比其他被考核者“更”优秀。可谓“没有最好，只有更好”。也就是说，事先设定计划值的赛马计分法就是“鼓励超计划”的计分方法，所以可称为“超计划赛马法”。

超计划赛马法作为“鼓励超计划”的计分方法，与超计划加分法和费用奖励法等比较，具有独特的优势，见表7-4。

表7-4　　　　“鼓励超计划”的三种方法比较

方法	基本特征	优点	缺点
超计划加分法	完成计划即可得满分，超计划再加分	计算简便	得分经常超过满分，有损指标权重体系；加分一般设上限，不利于潜力充分发挥
费用奖励法	完成计划即得满分，超计划不再加分，但有费用奖励	避免了得分超满分的情况出现；通过直接的费用奖励鼓励特定指标的超计划	若经常出现绩效考核成绩不高，但经济收入很高的情况，将有损绩效考核的权威性
赛马计分法	仅完成计划只得部分分值，要得满分需“相对最优”	避免了得分超满分的情况出现；通过考核分数鼓励全面的超计划	纯计分方法，需要与费用管理配合使用

由表7-4可以看出，超计划加分法和赛马计分法都是针对“分数”的，可以说，赛马计分法是对超计划加分法的完善，它修正了超计划计分法常见的“超满分”和“上封顶”的缺陷。而费用奖励法不通过“分数”这一间接工具，直接针对“费用分配”，具有很强的经济刺激力。一般来说，绩效考核与费用奖励有先后顺序，先计算绩效考核得分，后根据考核得分给予费用奖励，考核得分需要费用奖励的鼎力支持，不和利益挂钩的分数是没有吸引力的。所以说，赛马计分法与费用奖励法配合使用可实现更好的效果。

总之，比率计分法、赛马计分法、超计划赛马法等不同的计分方法的引入，能够产生不同的绩效考核评价效果，能够为商业银行绩效考核带来诸多方法工具。

7.1.3　三维绩效考核模型引入赛马计分法的必要性与可行性

1. 三维绩效考核模型引入赛马计分法的必要性

首先，引入赛马计分法可以更好地满足商业银行求发展的需求。商业银行基于快速发展为目标的考核办法就是鼓励分支机构超计划，而不仅仅限于净利润、储蓄存款等指标。在赛马计分法下，要得到高分，甚至是满分，仅仅完成计划是不够的，还必须比其他分支机构更优秀才行。赛马计分法在不打破指标权重体系（即赛马计分法不会因加分而出现超过满分的情况，以至于破坏了整体的指标权重体系）的情况下，引导商业银行各分支机构挣脱绩效计划的心理束缚，充分把握市场机会，争先恐后，力争上游。

其次，引入赛马计分法可以更好地满足激发分支机构发展潜力的需求。面对日益激烈的市场竞争，通过恰当的绩效考核充分激发各分支行的发展潜力对银行的整体发展至关重要。绩效考核计分方法不当有可能导致各分支机构每年的考核结果都很好，但银行作为一个整体在市场上的竞争力却连年下降。

以“L银行”为例，其下属8个分支机构按照三维绩效考核模型视角的“核心”指标的计划和完成情况见表7-5。

表7-5201x年“L银行”主要分支机构“核心”指标计划与完成情况表

分支机构	EVA			拨备前利润		
	计划	实际	完成率	计划	实际	完成率
分支机构1	10 900	11 160	102.4%	23 800	20 605	86.6%
分支机构2	5 500	6 300	114.5%	15 800	16 377	103.7%
分支机构3	11 700	11 980	102.4%	25 100	20 490	81.6%
分支机构4	18 900	19 608	103.7%	27 600	28 720	104.1%
分支机构5	3 300	3 358	101.8%	8 300	11 136	134.2%
分支机构6	8 200	10 200	124.4%	17 100	19 092	111.6%
分支机构7	2 400	3 924	163.5%	4 600	7 648	166.3%
分支机构8	4 200	4 768	113.5%	11 800	13 265	112.4%
分支机构	储蓄日均存款增长额			对公日均存款增长额		
	计划	实际	完成率	计划	实际	完成率
分支机构1	13 000	54 695	420.7%	168 700	183 455	108.7%
分支机构2	6 300	8 608	136.6%	114 000	345 420	303.0%
分支机构3	14 500	28 740	198.2%	268 900	238 949	88.9%
分支机构4	15 000	15 399	102.7%	139 200	266 758	191.6%
分支机构5	11 000	10 165	92.4%	44 600	48 471	108.7%
分支机构6	4 800	27 333	569.4%	210 200	203 506	96.8%
分支机构7	1 300	11 487	883.6%	41 900	57 426	137.1%
分支机构8	3 500	12 248	349.9%	187 700	284 197	151.4%

由表7-5可见，在201x年，所有分支机构都能超额完成EVA计划，6家完成了拨备前利润计划，7家完成了储蓄日均存款计划，6家完成了对公日均存款计划。为鼓励分支机构特色经营，201Y年“L银行”设置了储蓄存款和对公存款1∶3的折算比例，若将其应用于201x年，则所有分支机构都能完成各项存款任务。这样一来，四项指标中，只有在拨备前利润指标上有两家分支机构没有完成任务。在这种情况下，若不实行赛马计分法，而实行折算率封顶计分法，则绩效考核的区分度是很低的，因为将会有（4×8-2）÷（4×8）×100%=93.75%的考核指标是满分。更为严重的是，这表明绝大多数分支机构都有能力超额完成计划，而不当的计分方法将有损这种能力的发挥，因为“多干了没用”，反而导致下年的任务更重，自找麻烦。

2.三维绩效考核模型引入赛马计分法的可行性

首先，赛马计分法与政府监管要求不矛盾。与商业银行内部绩效考核最为相关的政府文件是2012年银监会印发的《银行业金融机构绩效考评监管指引》，其中第十二条列示了四种禁止性情形：（1）设立时点性规模考评指标；（2）在综合绩效考评指标体系外设定单项或临时性考评指标；（3）设定没有具体目标值、单纯以市场份额或市场排名为要求的考评指标；（4）分支机构自行制定考评办法或提高考评标准及相关要求。对于不设计划值的赛马计分法来说，由于不设指标计划值，单纯依靠名次来计分，有可能被人误认为是“设定没有具体目标值、单纯以市场份额或市场排名为要求的考评指标”。而本研究所建议的“赛马计分法”是有“目标值”的赛马计分法，即“超计划赛马法”，所以与监管要求从本质上来讲不矛盾。

其次，我国大部分商业银行已具备实行赛马计分法的充分条件。赛马计分法是一项很简单的计分方法，需要的基础条件也不高。赛马计分法只是对原有指标计分方法的简单改变，不是设计新的指标，不需要收集新的数据，大部分商业银行现有的数据收集能力是完全能够适应的。

7.2 三维绩效考核模型的赋权方法

商业银行三维绩效考核模型的指标赋权中，不同的指标权重意味着不同的绩效考核评价侧重，指标赋权也是三维绩效考核模型中不可或缺的重要组成部分。商业银行三维绩效考核模型是一个开放的模型框架，根据实际需要可灵活借鉴各种指标赋权方法。

指标赋权是三维绩效考核模型中学术性较强的一个问题，关于绩效考核赋权方法的相关著述很多，内容体系多有不同，本研究借鉴郭亚军[①]、王恩山（2013）和刘斌（2017）的体系，将三维绩效考核模型的赋权方法归纳为主观赋权法、客观赋权法与组合赋权法三种，具体见表7-6。

表7-6　**商业银行三维绩效考核模型指标赋权方法归纳**

赋权方法	原理	细分方法	特点
主观赋权法	功能驱动	直推型主观赋权法	直接表达评价者主观信息，指标偏好
		反推型主观赋权法	突出评价者直觉判断能力，方案偏好
客观赋权法	差异驱动	突出整体差异的赋权法	突出方案可辨识性或方案的自由竞争性原则
		突出局部差异的赋权法	突出指标可辨识性原则
组合赋权法	组合主客观信息	加法与乘法集成法	对主客观法赋权的结果再次进行数学组合，融合主客观信息
		改进型“拉开档次”法	先主观加权，后客观加权，融合主客观信息

各类赋权方法都有一定的优势，也有一定的劣势。比如，赋权法虽然利用比较完善的数学理论与方法，但忽视了决策者的主观信息，而此信息对于经济管理中的评价或决策问题来说，有时是非常重要的。

① 郭亚军. 综合评价理论、方法及应用［M］. 北京：科学出版社，2007：31-78.

7.2.1 主观赋权法

商业银行三维绩效考核模型系统在客观现实的运行过程中，或受环境的影响，或受评价者主观愿望的影响而呈现出不同方面的特征，这就给确定权重系数带来了困难。因此，在很多情境下，往往是通过主观途径来确定权重系数的，即根据人们主观上对各评价指标的重视程度来确定权重系数。主观赋权法又包括两类方法，即直推型主观赋权法和反推型主观赋权法。

1. 直推型主观赋权法

直推型主观赋权法又称为指标偏好型主观赋权法，是指评价者（或决策者）直接对各指标的重要程度进行比较以获取权重系数的方法。

例如，"L银行"在201×年对本部机构和分支机构的绩效考核中，设置三大类共十个指标，并直接赋权（见表7-7），实际上就是一种简单的直推型主观赋权法。

表7-7 **"L银行"201×年考核指标分值表**

考核维度	考核指标	指标分值	
		本部机构	分支机构
核心指标	拨备前利润	8	8
	经济增加值	8	8
	对公日均存款	12	12
	储蓄日均存款	12	12
	小计	40	40
战略指标	风险资产收益率	8	10
	小企业贷款占比	7	10
	中间业务收入	10	10
	小计	25	30
管理指标	资产质量评价	20	15
	内控评价	10	10
	内审评价	5	5
	小计	35	30
考核总得分		100	100

直推型主观赋权法的共同特征是：

其一，含有主观色彩，即赋权结果与评价者（或决策者）的知识结构、工作经验及偏好等有关；

其二，评价过程的透明性、再现性差；

其三，在一定时间区间内，权重系数 w_j（j=1，2，…，n）具有可继承性和保序性。

比较复杂的直推型主观赋权法有集值迭代法、特征值法、G1法和G2法。其中G1赋权法受到很多计量学者的推崇，能够反映专家学者丰富的经验知识，不受样本选择的影响，但是不能反映指标数据的实际特征。

2. 反推型主观赋权法

反推型主观赋权法又称方案偏好型主观赋权法，是指评价者（或决策者）先对评价对象（或方案）的优劣进行比较判断，再根据比较信息逆向求取指标权重系数的方法。

反推型主观赋权法的共同特征是：

其一，突出评价者的直觉判断能力；

其二，评价过程的透明性、再现性较差；

其三，权重系数 w_j（j=1，2，…，n）依赖于模型，不具有保序性和可继承性。

较有代表性的反推型主观赋权法如基于部分方案偏好强度的赋权法等。主观赋权法主要是基于“功能驱动”的原理，其实质是根据评价指标的相对重要性程度来确定权重系数。主观赋权法虽然反映了评价者（或决策者）的主观判断或直觉，但在综合评价结果或排序中可能产生一定的主观随意性，即可能受到评价者（或决策者）的知识或经验缺乏的影响。

7.2.2　客观赋权法

客观赋权法能够避免在确定权重系数时受人为干扰，其主要依据是差异驱动原理，基本思想是：权重系数应当是各个指标在指标总体中的变异程度和对其他指标影响程度的度量，赋权的原始信息应当直接来源于客观环境，可根据各指标所提供的信息量的大小来决定相应指标的权重系数。客观赋权法主要包括突出整体差异的赋权法和突出局部差异的赋权法。

1.突出整体差异的赋权法

突出整体差异的赋权法确定权重系数w_j的原则是：从整体上尽可能体现出各评价对象之间的差异，以利于对其排序。突出整体差异的赋权法主要有拉开档次法和逼近理想点法。

（1）拉开档次法。

从几何角度来看，n个被评价对象可以看做由m个评价指标构成的m维评价空间中的n个点（或向量）。需求n个被评价对象的评价值（标量）就相当于把这n个点向某一维空间做投影。选择指标系数，使得各被评价对象之间的差异尽量拉大，也就是根据m维空间构造一个最佳的一维空间，使得各点在此一维空间上的投影点最为分散，即分散程度最大。

若取极大型评价指标x_1，x_2，…，x_m的线性函数如下：

$$y = w_1 x_1 + w_2 x_2 + w_m x_m = w^T x \tag{7-3}$$

其中，$w=(w_1, w_2, \cdots, w_m)^T$是m维待定正向量（其作用相当于权系数向量），$x=(x_1, x_2, \cdots, x_m)^T$为被评价对象的状态向量。如将第i个被评价对象$s_i$的m个标准观测值$x_{i1}$，$x_{i2}$，…，$x_{im}$代入式中，即得：

$$y = w_1 x_{11} + w_2 x_{12} + w_m x_{1m} \ (i = 1, 2, \ldots, n) \tag{7-4}$$

如果

$$y = \begin{bmatrix} y_1 \\ y_2 \\ \vdots \\ y_n \end{bmatrix}, \quad A=\begin{bmatrix} x_{11} & x_{12} & \cdots & x_{1m} \\ x_{21} & x_{22} & \cdots & x_{2m} \\ \vdots & \vdots & & \vdots \\ x_{n1} & x_{n2} & \cdots & x_{nm} \end{bmatrix}$$

则上式可写成：

$$y=Aw$$

确定权系数向量w的准则是能最大限度地体现出“质量”不同的被评价对象之间的差异。如用数学语言来说，就是求指标向量x的线性函数$w^T x$，使此函数对n个被评价对象取值的分散程度或方差尽可能地大。

而变量$y=w^T x$按n个评价对象取值构成样本的方差为：

$$s^2 = \frac{1}{n}\sum_{i=1}^{n}(y_i - \bar{y})^2 = \frac{y^T y}{n} - \bar{y}^2 \tag{7-5}$$

将$y=Aw$代入式中，若将原始数据事先进行标准化处理，则有$\bar{y}=0$，于是有：

$$ns^2=w^TA^TAw=w^THw \tag{7-6}$$

其中，$H=A^TA$ 为实对称矩阵。

显然，对 w 不加限制时，式（7-6）可取任意大的值。这里限定 $w^Tw=1$，求最大值，也就是选择 w，使得：

$$\begin{cases} \max w^THw \\ s.t.\ w^Tw=1 \\ w>0 \end{cases} \tag{7-7}$$

根据有关数学知识，可以得出以下结论：

结论1：若取 w 为 H 的最大特征值所对应的标准特征向量，式（7-7）取得最大值。

结论2：若 H 为正方阵（即 H 的元素皆大于0），则有唯一一个正的最大特征值 λmax 及存在唯一一个与 λmax 相对应的正的特征向量。

结论3：将矩阵 A 中的任意两列（或任意两行）元素对换时，综合评价函数 y 值不变。这意味着，任意安排评价指标 $\{x_j\}$ 的顺序及任意安排被评价对象采样的顺序，都不影响综合评价结果。

拉开档次法给出的权重系数，是根据指标观测值最大限度地体现出各评价对象之间的整体差异的原则计算出来的，具有“再现性”和过程“透明性”。拉开档次法，从理论上讲是成立的，从技术上讲是可行的，从应用上讲是合乎情理的。

拉开档次法具有如下特点：①综合评价过程透明；②评价结果与 s_i 和 x_j 的采样顺序无关；③评价结果毫无主观色彩；④评价结果客观、可比；⑤w_j 不具有“可继承性”，即随着 $\{s_i\}$、$\{x_j\}$ 的变化而变化；⑥w_j 已不再体现评价指标 x_j 的相对重要性，而是从整体上体现 $\{x_{ij}\}$ 的最大离散程度的投影因子，因此，可以有某个 $w_j<0$。

应用拉开档次法，是以评价指标 x_j 以同等“地位”参与评价过程这个条件为前提的，而事实上 x_j 之间的相对重要程度是不同的。长期使用拉开档次法容易诱导被考核者过度追求“特色”而忽略那些重要的基础性指标。

（2）逼近理想点法。

设理想系统为 $s^*=（x_1^*,x_2^*,\cdots,x_m^*）^T$，任一系统（即任一被评价对象）$s_i=（x_{i1}，x_{i2}，\cdots，x_{im}）^T$ 与 s^* 间的加权距离平方和最小时的权重即为所求。

$$\omega_j = \frac{\frac{1}{\sum_{i=1}^{n}(x_{ij} + x_j^*)^2}}{\sum_{j=1}^{m}\frac{1}{\sum_{i=1}^{n}(x_{ij} - x_j^*)^2}} \quad j = 1, 2, \cdots, m \tag{7-8}$$

以上是在各项指标x_j相对于评价目标的重要程度都相等的前提下，讨论了权重系数向量w的求法及其有关问题。值得注意的是：如此求出的w只是反映了各系统（被评价对象）之间的整体“差异”，是根据指标观测值最大限度地体现出各被评价对象之间的差别的原则计算出来的，并不反映其相应指标的重要程度。

2.突出局部差异的赋权法

突出局部差异的赋权法中，均方差法、极差法和熵值法是比较典型的，其基本原理和计算方法如下：

（1）均方差法。

从对评价结果的影响力角度考虑，评价对象指标值的偏差程度决定指标应该被赋予的权重。该方法能够根据指标实际数据的特点反映评价对象间的差异，但是如果选择样本数据不具有代表性则会导致权重不合理。

取权重系数为：

$$\omega_j = \frac{s_j}{\sum_{k=1}^{m} s_k}, j = 1, 2, \cdots, m \tag{7-9}$$

其中：

$$s_j^2 = \frac{1}{n}\sum_{i=1}^{n}(x_{ij} - \bar{x}_j)^2,\ j = 1, 2, \cdots, m \tag{7-10}$$

$$\bar{x}_j = \frac{1}{n}\sum_{i=1}^{n} x_{ij},\ j = 1, 2, \cdots, m \tag{7-11}$$

（2）极差法。

取权重系数为：

$$\omega_j = \frac{r_j}{\sum_{k=1}^{m} r_k},\ j = 1, 2, \cdots, m \tag{7-12}$$

其中：

$$r_j = \max_i; k = 1, 2, \cdots, n; i \neq k; \{|x_{ij} - x_{k,j}|\};\ j = 1, 2, \cdots, m \tag{7-13}$$

（3）熵值法。

熵值法（Entropy Method）也是一种根据各项指标观测值所提供的信

息量的大小来确定指标权数的方法。"熵"是热力学中的一个名词，在信息论中又称为平均信息量，它是信息的一个度量。根据信息论的定义，在一个信息通道中传输的第i个信号的信息量$I_i=-\ln p_i$。式中，p_i是这个信号出现的概率。因此，如果有n个信号，其出现的概率分别为p_1，p_2，…，p_n，则这n个信号的平均信息量，即熵为$-\sum_{i=1}^{n}p_i\ln p_i$。下面，利用"熵"的概念，给出确定指标权数的熵值法。

设x_{ij}（i=1，2，…，n；j=1，2，…，m）为第i个系统（被评价对象）中第j项指标的观测数据。对于给定的j，x_{ij}的差异越大，该项指标对被评价对象的比较作用就越大，亦即该项指标包含和传输的信息越多。信息的增加意味着熵的减少，熵可以用来度量这种信息量的大小。

用熵值法确定指标权数的步骤如下：

①计算第j项指标下，第i个被评价对象的特征比重$p_{ij}=x_{ij}/\sum_{i=1}^{n}x_{ij}$。这里假定$x_{ij}\geqslant 0$，且$\sum_{i=1}^{n}x_{ij}>0$。

②计算第j项指标的熵值：

$$e_j=-k\sum_{i=1}^{n}p_{ij}\ln(p_{ij}) \tag{7-14}$$

其中，k>0，e_j>0。如果x_{ij}对于给定的j全部相等，那么$p_{ij}=\frac{1}{n}$，此时$e_j=k\ln n$。

③计算指标x_j的差异系数。对于给定的j，x_{ij}的差异越小，则e_j越大，当x_{ij}全都相等时，$e_j=e_{max}=1$（$k=1/\ln n$），此时对于被评价对象间的比较，指标x_j毫无作用；当x_{ij}的差异越大时，e_j越小，指标对于被评价对象的比较作用越大。因此，定义差异系数$g_j=1-e_j$，g_j越大，越应重视该指标的作用。

④确定权数，即取：

$$w_j=\frac{g_j}{\sum_{i=1}^{n}g_i},\quad j=1,2,\cdots,m \tag{7-15}$$

w_j为归一化了的权重系数。

用拉开档次法与用均方差法、极差法及熵值法所确定的权重系数有一定的区别，这是由于两种方法的出发点不同所造成的。用拉开档次法确定权重系数，主要是从整体上尽量体现出各个被评价对象之间的差异；而用熵值法确定权重系数时，其出发点是根据某同一指标观测值之间的差异程度来反映其重要程度，如果各被评价对象的某项指标的数据差异不大，则反映该指标对评价系统所起的作用不大，用均方差法、极差法及熵值法计算出来的权重系数也不大。

基于“差异驱动”原理的赋权法，主要是利用观测数据所提供的信息来确定权重系数的，它虽然避免了主观赋权法的弊病，但也有不足之处。例如，如对同一指标体系的两组不同的样本，即使用同一种方法来确定各指标的权重系数，结果也可能会有差异；有时用客观赋权法得出的评价结果或排序结果可能与决策者的主观愿望相反，而使决策者感到困惑。

基于“差异驱动”原理的客观赋权法（如拉开档次法、均方差法、极差法和熵值法等），是一类“求大异存小同”的方法。其共同特征是：其一，不具有任何主观色彩；其二，具有评价过程的透明性、再现性；其三，确定的 w_j（j=1，2，…，m）将不具有继承性、保序性。

7.2.3 组合赋权法

组合赋权法对于三维绩效考核的综合评价问题来说，现实中往往需要能同时体现主、客观信息的权重系数。于是，从逻辑上将主观赋权法和客观赋权法有机地结合起来，使所确定的权重系数同时体现主观信息和客观信息，这就是组合赋权法（又称综合集成赋权法）。常见的组合赋权法有加法集成法、乘法集成法和改进型拉开档次法。

1. 加法集成法

设 p_j，q_j 是分别由基于“差异驱动”原理和“功能驱动”原理产生的指标 x_j 的权重系数，则称

$$w_j = k_1 p_j + k_2 q_j, j = 1, 2, \cdots, m \tag{7-16}$$

是具有同时体现主客观信息集成特征的权重系数。其中，k_1，k_2 为待定常数（$k_1>0$，$k_2>0$，$k_1+k_2=1$）。

显然，综合集成赋权法的关键问题是待定系数 k_1，k_2 的确定。下面给出由数学模型生成 k_1，k_2 的方法。

被评价对象 s_i 的综合评价值为：

$$y_i = \sum_{j=1}^{m} w_j x_{ij} = \sum_{j=1}^{m} (k_1 p_j + k_2 q_j) x_{ij}, i = 1, 2, \cdots, n \tag{7-17}$$

确定 k_1，k_2，使式（7-17）取值最大。

$$\sum_{i=1}^{n} y_i = \sum_{i=1}^{n} \sum_{j=1}^{m} (k_1 p_j + k_2 q_j) x_{ij} \tag{7-18}$$

满足下列条件公式：

$$k_1^2 + k_2^2 = 1, k_1 > 0, k_2 > 0 \tag{7-19}$$

应用Lagrange条件极值原理，可得：

$$k_1 = \frac{\sum_{i=1}^{n} \sum_{j=1}^{m} q_j x_{ij}}{\sqrt{(\sum_{i=1}^{n} \sum_{j=1}^{m} p_j x_{ij})^2 + (\sum_{i=1}^{n} \sum_{j=1}^{m} q_j x_{ij})^2}} \tag{7-20}$$

$$k_2 = \frac{\sum_{i=1}^{n} \sum_{j=1}^{m} q_j x_{ij}}{\sqrt{(\sum_{i=1}^{n} \sum_{j=1}^{m} p_j x_{ij})^2 + (\sum_{i=1}^{n} \sum_{j=1}^{m} q_j x_{ij})^2}} \tag{7-21}$$

这也是体现被评价对象之间（整体）最大差异的一种主客观信息综合集成的赋权方法。当然，k_1，k_2 也可由体现决策者（或评价者）的偏好信息来确定。

特别地，当取 $k_1=k_2$ 时，也可以用下面的公式确定 w_j：

$$w_j = (p_j + q_j) / \sum_{i=1}^{m} (p_j + q_j), j = 1, 2, \cdots, m \tag{7-22}$$

当然，如果要“平滑”因主客观赋权法而产生（对各评价对象）的“差异”，也可在满足条件 $k_1+k_2=1$，$k_1>0$，$k_2>0$ 下，确定 k_1，k_2，使

$$\sum_{i=1}^{n} y_i^2 = \sum_{i=1}^{n} (\sum_{j=1}^{m} (k_1 p_j + k_2 q_j) x_{ij})^2 \tag{7-23}$$

取值最小。

2.乘法集成法

使用乘法集成法，用下面的公式确定 w_j：

$$w_j = p_j q_j / \sum_{i=1}^{m} p_j q_j, j = 1, 2, \cdots, m \tag{7-24}$$

这一思路也可推广至群组评价的情形。

3.改进型拉开档次法

拉开档次法强调的是从整体上突出各被评价对象之间的差异，它是在各项指标相对于评价目标的重要性都相同的前提下进行的。事实上，各项评价指标相对于评价目标的重要性程度，一般来说是不相等的。因此，必须对拉开档次法进行改进。

首先根据各项评价指标相对于评价目标的重要性程度，由“功能驱动”原理给出各项指标 x_j 的权重系数 r_j（j=1，2，…，m），在此基础上，对各项评价指标进行“权化处理”，即令：

$$x_{ij}^* = r_j x_{ij}, j = 1, 2, \cdots, n \tag{7-25}$$

其中，x_{ij} 为标准观测数据。显然 x_{ij}^* 的（样本）平均值和（样本）均方差分别为 0 和 r_j^2。这时，再针对权化数据 $\{x_{ij}^*\}$ 应用拉开档次法确定出各项评价指标 x_j 的权重系数 w_j。

这种改进的拉开档次法，从本质上讲是对观测数据都分别进行了两次加权的“综合”。前一次加权，是针对各评价指标相对于评价目标的重要程度而进行的；后一次加权，是在尽量“拉开”各被评价对象之间的（整体）差异而进行的。这两次加权的背景是截然不同的，前者的系数是由“功能驱动”原理生成的，后者是由“差异驱动”原理生成的，用综合集成赋权法确定的评价指标的权重系数，弥补了主客观赋权法的不足。当然，结合主客观因素综合赋权的方法，并不局限于以上介绍的三种，比如可以利用线性组合进行赋权等。

总之，结合商业银行实践，在对商业银行组织绩效考核评价指标赋权的现实基础和未来发展方向予以探讨中发现：商业银行组织绩效考核现行指标赋权主要采用主观赋权法，然而，银行业未来的发展要求商业银行组织绩效考核评价充分重视和利用客观赋权法。为了避免机械地套用客观赋权法，运用三维绩效考核模型进行组织绩效考核还要根据商业银行应用实践采用结合了主观赋权法和客观赋权法优点的组合赋权法。

7.3 本章小结

商业银行三维绩效考核模型的指标设置是解决考核什么的问题，而三维绩效考核模型的计分方法则是解决如何将评价指标达成情况转化为分数的问题，计分方法在评价考核标准中起着重要的作用，不同的计分方法可以起到不同的评价取向的导向性作用。

三维绩效考核模型单独指标的计分方法，包括“核心、战略、管理”

三个层次的指标定义和具体计分方法。商业银行常见的用于组织机构整体绩效考核的计分方法有比率法、层差法、非此即彼法、说明法、扣分法、赛马计分法等。

三维绩效考核模型整体计分方法包括比率计分法、赛马计分法以及“鼓励超计划”的计分方法之一即超计划赛马法。三维绩效考核模型引入赛马计分法具备必要性，体现在：首先，引入赛马计分法能更好地满足商业银行求发展的需求。其次，引入赛马计分法能更好地满足激发分支机构发展潜力的需求。此外，三维绩效考核模型引入赛马计分法具备可行性，体现在：首先，赛马计分法与政府监管要求不矛盾。其次，我国大部分商业银行已具备实行赛马计分法的充分条件。赛马计分法是一项很简单的计分方法，需要的基础条件也不高。赛马计分法只是对原有指标计分方法的简单改变，不是设计新的指标，不需要收集新的数据，大部分商业银行现有的数据收集能力是完全能够适应的。

商业银行三维绩效考核模型的指标赋权中，不同的指标权重意味着不同的绩效考核评价侧重，指标赋权也是三维绩效考核模型中不可或缺的重要组成部分。商业银行三维绩效考核模型是一个开放的模型框架，根据实际需要可灵活借鉴各种指标赋权方法。

指标赋权是三维绩效考核模型中学术性较强的一个问题，关于绩效考核赋权方法的相关著述很多，内容体系多有不同，本研究借鉴郭亚军、王恩山（2013）和刘斌（2017）的体系，将三维绩效考核模型的赋权方法归纳为主观赋权法、客观赋权法与组合赋权法三种。各类赋权方法都有一定的优势，也有一定的劣势。比如，客观赋权法虽然利用比较完善的数学理论与方法，但忽视了决策者的主观信息，而此信息对于经济管理中的评价或决策问题来说，有时是非常重要的。

商业银行三维绩效考核模型系统在客观现实的运行过程中，或受环境的影响，或受评价者主观愿望的影响而呈现出不同方面的特征，这就给确定权重系数带来了困难。因此，在很多情境下，往往是通过主观途径来确定权重系数的，即根据人们主观上对各评价指标的重视程度来确定权重系数。主观赋权法又包括两类方法，即直推型主观赋权法和反推型主观赋权法。

其一，直推型主观赋权法又称为指标偏好型主观赋权法，是指评价者（或决策者）直接对各指标的重要程度进行比较以获取权重系数的方法。

其二，反推型主观赋权法又称为方案偏好型主观赋权法，是指评价者（或决策者）先对评价对象（或方案）的优劣进行比较判断，再根据比较信息逆向求取指标权重系数的方法。较有代表性的反推型主观赋权法如基于部分方案偏好强度的赋权法等。主观赋权法主要是基于“功能驱动”的原理，其实质是根据评价指标的相对重要性程度来确定权重系数。主观赋权法虽然反映了评价者（或决策者）的主观判断或直觉，但在综合评价结果或排序中可能产生一定的主观随意性，即可能受到评价者（或决策者）的知识或经验缺乏的影响。

客观赋权法能够避免在确定权重系数时受人为干扰，其主要依据是差异驱动原理，基本思想是：权重系数应当是各个指标在指标总体中的变异程度和对其他指标影响程度的度量，赋权的原始信息应当直接来源于客观环境，可根据各指标所提供的信息量的大小来决定相应指标的权重系数。客观赋权法主要包括突出整体差异的赋权法和突出局部差异的赋权法。

突出整体差异的赋权法确定权重系数 w_j 的原则是：从整体上尽可能体现出各评价对象之间的差异，以利于对其排序。突出整体差异的赋权法主要有拉开档次法和逼近理想点法。突出局部差异的赋权法中，均方差法、极差法和熵值法是比较典型的。

组合赋权法对于内部控制的综合评价问题来说，现实中往往需要能同时体现主、客观信息的权重系数。于是，从逻辑上将主观赋权法和客观赋权法有机地结合起来，使所确定的权重系数同时体现主观信息和客观信息，这就是组合赋权法（又称综合集成赋权法）。常见的组合赋权法有加法集成法、乘法集成法和改进型拉开档次法。

总之，结合商业银行实践，在对商业银行组织绩效考核评价指标赋权的现实基础和未来发展方向予以探讨中发现：商业银行组织绩效考核现行指标赋权主要采用主观赋权法，然而，银行业未来的发展要求商业银行组织绩效考核评价充分重视和利用客观赋权法。为了避免机械地套用客观赋权法，运用三维绩效考核模型进行组织绩效考核还要根据商业银行应用实践采用结合了主观赋权法和客观赋权法优点的组合赋权法。

第 8 章

特定业绩中心或特殊业务成果测评——全面业绩评价模型

商业银行以创新业务、中间业务为代表的特殊业务近年来高速成长，受到业界的广泛重视。然而，特定业绩中心成果或特殊业务的业绩考核方式却落后于业务发展的需要，也落后于商业银行主流业务形式的考核标准。本研究构建的全面业绩评价模型能够有效地处理商业银行特定业绩中心或特殊业务成果测评。

8.1 全面业绩评价模型的构建

本研究构建的适用于商业银行特定业绩中心和特殊业务成果的全面业绩评价模型，首先以BSC和EVA为构建平台，借鉴和运用平衡计分卡、经济增加值和层级分析法的理念，将特定业绩中心和特殊业务成果业绩考核从目标层分解为四维准则层，并将四维准则层具体化为15个具体指标，形成适用于商业银行特定业绩中心和特殊业务成果的全面业绩考核评价的方法体系。

1.全面业绩评价模型的构建程序

全面业绩评价模型具体的构建程序如下：（1）以EVA为财务层面主要指标并建立多层次EVA中心；（2）合理选择BSC中的关键指标；（3）注重业绩评价与日常管理的结合。具体的构建程序见第4章。

2.全面业绩评价模型的指标选取

根据前述商业银行以创新业务、中间业务为代表的特殊业务的市场状态，其平衡计分卡战略目标可以定位为：扩大客户基础、加强风险控制、增加特殊业务EVA评价数值、实现特殊业务持续增长。因此，首先按照BSC的四个维度来进行指标选取，其重心为财务维度中EVA的应用。

（1）财务维度：财务维度是经营成果的体现，在业绩评价中起着主要作用。

根据对战略的分析，可以确定财务维度商业银行的战略目标是在风险可控的情况下，实现价值最大化。因此，在财务维度设置的指标为EVA和人均EVA，见表8-1。

表8-1　　**全面业绩评价模型的财务维度指标表**

战略目标	关键成功因素	具体指标
风险可控下的利润最大化	增加利润、降低风险	EVA
		人均EVA

EVA的基本公式为：

EVA=税后营业净利润 - 全部资本成本　　(8-1)

但是，由于银行负债经营的特殊性，因此应用于银行的公式要进行适当如下修正：

特殊业务EVA=特殊业务营业净利润-特殊业务经济资本成本　　(8-2)

其中：

特殊业务营业净利润=收入×费率×（1-税金及附加率）　　(8-3)

特殊业务经济资本成本 =占用经济资本额×平均资本回报率　　(8-4)

（2）客户维度：要实现商业银行打造一流特殊业务品牌，成为市场领导者的战略目标，就必须以客户的需求为出发点，以取得更大的市场份额。为了增强商业银行竞争优势，提高市场占有率，就要提升客户的满意度，降低客户的流失率，并努力发展新客户，见表8-2。

表 8-2　　全面业绩评价模型的客户维度指标表

战略目标	关键成功因素	具体指标
以客户为中心，增强获利能力	客户满意	客户投诉率
	客户获取能力	客户保持增长率
	市场占有	市场占有率
	客户细分	核心客户保持增长率

（3）内部流程维度：内部流程和学习与成长维度是反映银行内部综合实力的两个维度，决定着银行的外部竞争力。在全面业绩评价模型的内部流程维度中，应关注两个方面：其一，客户满意程度，涉及内部系统运行的效率和稳定性；其二，创新研发能力，见表 8-3。

表 8-3　　全面业绩评价模型的内部流程维度指标表

战略目标	关键成功因素	具体指标
增强系统稳定性，降低系统风险，提高经营效率	系统稳定性	系统稳定性
	操作风险	业务合规率
		重大意外发生数量
	创新能力	研发费用率
		新产品（服务）增长率

（4）学习与成长维度：该维度主要关注的是商业银行的无形资产转化为有形资产的能力。商业银行对特殊业务贡献最突出的无形资产就是人力资本。由于特殊业务的特性，对员工的综合能力以及忠诚度都有较高的要求。这一维度主要设置指标见表 8-4。

学习与成长维度的指标中，如人员培训类相关指标，存在客观性差、短期效果不明显等指标赋值难题。因此，本研究选取的该类指标原则上为可计量指标。

其中，人力资本准备度是关键岗位工作组群中具备胜任能力员工的储备情况。例如，“L 银行”人力资源经理经过计算确定，某特殊业务营业部门需要金融分析师 10 名。然而，通过评估，该部门目前只有 7 名金融分析师能够满足战略需求，因而金融分析师岗位的人力资本准备度为 70%。

表 8-4　　全面业绩评价模型的学习与成长维度指标表

战略目标	关键成功因素	具体指标
增强银行整体学习能力，促进银行健康发展	银行的学习及创新能力	人力资本准备度
	员工的学习及创新能力	员工培训达标率
	员工的忠诚度	员工满意度
		核心员工保留率

3.全面业绩评价模型指标的权重分配

关于模型指标的权重分配，理论上采用基于历史数据和统计学分析的客观赋值法最为精确。但是，由于许多非财务指标的历史数据难以获取且计算过程复杂，其可行性较差。目前BSC指标权重分配的主流方法有层次分析法和专家打分法。专家打分法主观性强，并不适用于高速发展的特殊业务，因此，本研究采用层次分析法[①]。

本研究通过对特殊业务各部门的负责人进行问卷调查来确定准则层和方案层的各个指标的相对重要性。其中，准则层各指标的相对重要性是通过对财务、客户、内部流程、学习与成长四个维度进行打分确定；而方案层的重要性通过对每个维度的具体指标进行打分确定。准则层和方案层的分值均采用九级分制法，计算出每一项指标的算数平均值，其确定原则见表 8-5。

表 8-5　　全面业绩评价模型的权重分配九级分制法表

分　值	含　义
1	同等重要
3	稍微重要
5	较强重要
7	强烈重要
9	极端重要
2，4，6，8	两个临界判断的中间值

① 层次分析法是将与决策有关的元素分解成目标、准则、方案等层次，在此基础之上进行定性和定量分析的决策方法。本书中，目标层具体指中间业务综合业绩评价；准则层具体包括财务、客户、内部流程、学习与成长四个维度；方案层具体指上述四个维度中每个维度的具体指标。

4.全面业绩评价模型的整体计分评价方法

应用于银行业绩评价的计分方法有达标计分法、比率计分法、赛马计分法等，实际应用中以达标计分法为全面业绩评价模型的整体评价的主要计分方法。然而，不同的计分方法能够产生不同的特殊业务业绩评价效果。

（1）达标计分法

“达标”，即达到标准的意思。“达标”是一个偏向褒义的词语，是有一定的要求的，是高于“及格”“合格”一类的同类型词语。如果以百分制评价，普遍认为“合格”应该是高于60分。“达标”，则是高于60分的等级评定，在预期目标值设定时，一般以目标值设定数值为标准。

达标计分法的等级一般分为4种，分别是：优秀、良好、及格、不及格。每个等级都有达标。在百分制中，等级达标情况如下：不及格：低于60分的成绩；及格：60分以上的成绩；良好：75分以上的成绩；优秀：85分以上的成绩。

（2）比率计分法

比率计分法是绩效考核中最常用的计分方法，在商业银行特殊业务业绩评价中主要用于各单项或组成部分的加总阶段。商业银行内部控制使用比率计分法能够合理设置“达标”的目标值，适用于特殊业务业绩评价的连续年份考核或者单项重点指标达标考核。

（3）赛马计分法

赛马计分法在特殊业务业绩评价中，适用于特定业绩中心的特殊业务业绩评价考核结果的横向比较。由于考核年份和考核内容的变化，特殊业务业绩评价的分值可能在不同年份出现数据的接续性偏差。此时，赛马计分法的横向比较，有利于特定业绩中心，例如分支行和经营部门间的比较，有利于正确评价该年度的特殊业务业绩评价效果。

总之，达标计分法虽然是现阶段特殊业务业绩评价的主要计分方法，然而赛马计分法等不同的计分方法的引入，能够产生不同的特定业绩中心评价效果，也能够为商业银行特定业绩中心和特殊业务业绩评价带来新的变化。

8.2 特殊业务业绩评价的实证检验

为方便掌握全面业绩评价模型的应用方法，本章以“L银行”的中间业务为例，运用案例研究法和实证研究法对全面业绩评价模型进行案例分析和实证检验。

由于中间业务在我国商业银行间开展的范围和程度均不同，难以横向比较。因此，对于该部分的实证检验通过单银行的案例分析来实现。我们设置了“L银行”作为该实证分析的单案例，其数据来源为该银行201W年至201Z年财务报表以及内部资料。

根据上述研究设计构建的业绩评价体系计算201Z年“L银行”中间业务的综合业绩评价得分，主要通过以下三个步骤：首先，根据各分行或营业部近四年来中间业务对准则层中四个维度指标的贡献度比重，并根据发展战略进行调整，得出中间业务四个维度指标的贡献度权重；其次，根据上述设计的模型计算各个分行或营业部的相应具体指标的得分[①]；最后，用各分行或营业部的具体指标汇总得分乘以相应的四个维度指标的贡献度权重，得出“L银行”整体中间业务业绩评价指标的得分。

1.准则层的调查问卷及实证结果

本研究对“L银行”中间业务各部门的负责人进行了问卷调查。为保证问卷的质量，问卷设计中参考了“L银行”中间业务两位负责人的中肯建议；同时，为保证问卷的有效性，问卷发放和回收委托“L银行”内部员工代为监理。问卷采用纸质发放和电子邮件方式同时进行，共发放问卷180份，回收问卷168份，回收率为93.33%。经统计，有效问卷为161份，有效率为89.44%。通过以上数据，我们认为问卷调查的回收率和数据质量达到了预期效果。问卷调查的目的是确定准则层中各个指标的相对重要性。根据调查结果，准则层的调查矩阵及计算结果见表8-6。

① 由于篇幅有限，该部分涉及的数据及计算结果略，其后的具体指标均是各分行或营业部依此方法计算并汇总的数值。

表8-6　　准则层的调查矩阵及计算结果表

A	F	C	IP	LG	W_i
F	1	1	2	3	0.3618
C	1	1	2	2	0.3270
IP	1/2	1/2	1	1	0.1635
LG	1/3	1/2	1	1	0.1477

其中，F代表财务维度，C代表客户维度，IP代表内部流程维度，LG代表学习与成长维度。通过计算，可以得出各个维度在平衡计分卡中所占的权重为：财务维度占36.18%，客户维度占32.70%，内部流程维度占16.35%，学习与成长维度占14.77%。

根据AHP的计算原则，在计算出每一层次各指标的权重后，需进行一致性检验。通常CR<0.1时认为判断矩阵通过一致性检验，否则不通过一致性检验。通过计算，得出CR=0.0077<0.1，符合对一致性的要求。

根据同样的方法，能够计算出每个具体指标在各维度中的权重。计算结果及一致性检验见表8-7。从表8-7中可以看出，经过计算，财务维度各具体指标之间的CR=0，客户维度各具体指标之间的CR=0.0116，内部流程维度各具体指标之间的CR=0.0171，学习与成长维度各具体指标之间的CR=0.0265，各个维度之间具体指标的一致性均低于0.1，因此符合要求。

表8-7　　各具体指标在四个维度中的权重及一致性检验结果表

维　度	指　标	权　重	CR
财务维度	EVA	70%	0
	人均EVA	30%	
客户维度	客户满意率	9.74%	0.0116
	客户保持增长率	16.38%	
	市场占有率	40.13%	
	核心客户保持增长率	33.75%	
内部流程维度	系统稳定性	29.58%	0.0171
	业务合规率	37.80%	
	重大意外发生数量	10.15%	
	新产品（服务）增长率	22.47%	
学习与成长维度	人力资本准备度	41.33%	0.0265
	员工培训达标率	18.67%	
	员工满意度	10.78%	
	核心员工保留率	29.22%	

2.全面业绩评价模型检验

根据上述研究设计和参数取得构建的全面评价模型，运用于201Z年“L银行”中间业务的业绩评价，可以得到表8-8的数据。

表8-8　　中间业务业绩评价指标的得分表

维度及权重	指标	权重	目标值	实际值	分值
财务维度 36.18%	EVA	70%	100%	91.79%	23.25
	人均EVA	30%	100%	95.10%	10.32
客户维度 32.70%	客户满意率	9.74%	95%	87.37%	2.93
	客户保持增长率	16.38%	15%	17.23%	6.15
	市场占有率	40.13%	25%	21.41%	11.24
	核心客户保持增长率	33.75%	90%	87.49%	9.66
内部流程维度16.35%	系统稳定性	29.58%	100%	97.74%	4.73
	业务合规率	37.80%	100%	98.30%	6.08
	重大意外发生数量	10.15%	0	2	0.00
	新产品（服务）增长率	22.47%	35%	35%	3.67
学习与成长维度14.77%	人力资本准备度	41.33%	85%	80%	5.43
	员工培训达标率	18.67%	90%	83.46%	2.30
	员工满意度	10.78%	80%	84.32%	1.68
	核心员工保留率	29.22%	80%	77.31%	3.71
总分	—	—	—	—	91.13

关于表8-8的指标需要说明的是：

第一，目标值的部分数值采用了比率化处理。这主要是因为“L银行”的部分数据为内部资料，出于数据保密性的要求，将绝对化的数值转化为相对数值。

第二，目标值的确定主要有两种方法：其一，根据总行下达的年度考核目标直接确定，包括客户保持增长率、市场占有率、业务合规率、重大意外发生数量；其二，根据下达的考核目标值和相关数据通过计算得到，包括经济增加值、核心客户保持率、系统稳定性、新产品（服务）的增长率、人力资本准备度、员工培训达标率、员工满意度以及核心员工保留率。

第三，如果年度发生重大事故，则该指标得分为0。

第四，由于经济增加值的计算比较复杂，在计量方面，"L银行"总行目前在计量经济资本时主要考虑的是信用风险。具体的计算步骤为：首先，把表外资产通过转换系数转换为表内资产。其次，对表内外所有资产运用加权风险的计算方法计算加权风险资产。在确定加权风险资产时，"L银行"当前采用的主要方法是内部模型法，采用的是信用风险计量模型。最后，用加权风险资产乘以资本折算系数得出该分行的经济资本占用，即：

某中间业务产品线的经济资本占用=表内外加权风险资产×资本折算系数　　（8-5）

对于经济资本回报率的计量，可以根据各中间业务的风险大小和发展战略，通过调整"L银行"整体要求的最低经济资本回报率来确定。201Z年，L银行要求的最低经济资本回报率为12%，由于中间业务中对经济资本占用较少，201Z年中间业务经济资本占用仅为经济资本总额的19%，同时许多中间业务也不涉及信用风险和大力发展中间业务的战略要求，"L银行"中间业务的平均经济资本回报率应低于总体经济资本回报率。因此，本研究使用的资本回报率是根据该中间业务的风险和"L银行"的战略意图并参考了该业务部门负责人的意见综合得出的。由于公司产品线的风险较低，并且其对"L银行"中间战略目标的实现有重要意义，在参考了公司产品线负责人的意见后，将中间业务的经济资本成本率定为9%。

3.检验结果分析

根据"L银行"中间业务的业绩评价计算结果，可以得出"L银行"各个维度和指标的完成率，见表8-9。"L银行"201Z年中间业务业绩评价计算的总的完成率为91.13%，中间业务虽然没有完全达到预期的经营成果，但成绩大于85分，依然可以总体评定为"优秀"。然而，201Z年"L银行"中间业务的收入达到总行下达任务的110.42%，不仅"达标"而且超额完成任务，似乎令人满意。但是，模型计算结果却没有"达标"，其原因是除收入外其他方面还存在着一些不足。

表8-9　　　　　**“L银行”各个维度和指标的完成率表**

维度及权重	完成率	指标	完成率
财务维度 36.18%	92.78%	EVA	91.79%
		人均EVA	95.10%
客户维度 32.70%	91.66%	客户满意率	91.97%
		客户保持增长率	114.87%
		市场占有率	85.64%
		核心客户保持增长率	87.49%
内部流程维度 16.35%	88.54%	系统稳定性	97.74%
		业务合规率	98.30%
		重大意外发生数量	2
		新产品（服务）增长率	100%
学习与成长 维度14.77%	88.78%	人力资本准备度	85.89%
		员工培训达标率	83.46%
		员工满意度	105.40%
		核心员工保留率	88.90%

具体来看，财务维度的总完成率为92.78%，EVA和人均EVA均未达到目标值，单从财务结果难以发现是哪些因素导致中间业务没有达到预期的经营成果，因此，还需要对其他三个维度进行分析并找出改进措施。其一，客户维度也没有达到目标值，其完成率为91.66%。然而，其中客户保持增长率达到了114.87%，需要注意的是，该指标的超额完成并没有增加市场占有率，所以在分析时应结合当地其他银行的客户增长率综合分析。其二，内部流程维度总完成率为88.54%，与内部运行的效率相关的三项指标均未达到目标值，可见“L银行”中间业务的内部运营效率亟待提高。其中，两起重大意外是该维度指标完成率偏低的主要因素。其三，“L银行”在学习与成长维度的完成率为88.78%。其中，人力资本准备度

和员工培训达标率与目标值之间还存在较大的差距，中间业务部门和员工的学习与成长能力有待提高。

全面业绩评价结果表明，要想实现目标收益、提高竞争力就要注重学习与成长能力以及内部经营效率，特别是员工培训达标率、核心员工准备率以及控制重大事故的发生数量。只有提升了“L银行”的综合实力，才能保持和吸引更多的客户，最终实现企业价值最大化。

此外，通过与商业银行现有中间业务业绩评价方法的比对后发现，在对模型准则层的战略规划、模型方案层的决策信息有效性以及管理和核算能力进行控制后，本研究提出的全面业绩评价模型能够提供多维度、可操作的中间业务业绩评价方法。

8.3 全面业绩评价模型在特定业绩中心的应用

如果我们将“L银行”特定业绩中心（即各分行或营业部）单独进行指标核算，其中间业务四个维度指标的贡献度权重使用“L银行”全行准则层的调查问卷及实证结果，也能够相应计算出各分行或营业部上述中间业务业绩评价总体得分，具体见表8-10。

表8-10 **各分行或营业部单独评分结果表**

特定业绩中心	评分结果	达标评价	赛马排名
A分行	115.32%	优秀	1
B分行	90.11%	优秀	3
C分行	69.28%	及格	5
D中心	101.43%	优秀	2
E中心	77.20%	良好	4

根据“L银行”各特定业绩中心（即各分行或营业部）单独指标计算结果，A分行、B分行和D中心的评价结果都是“优秀”，然而，只有A分行和D中心实现了完全与预期目标值符合的“达标”，B分行只是表现优秀。如果按照达标评价结果给予年终奖励，则无法达到总行的激励预期。

赛马计分法很好地解决了这一问题，赛马计分法的关键在于一个“赛”字，即通过引入竞争机制引导被考核者挣脱绩效计划的心理束缚，紧紧把握各种市场机会，最大限度地发挥潜能，自动实现特定业绩中心（即各分行或营业部）绩效最大化。

如果在“L银行”实施赛马计分法，A分行、B分行和D中心三个“优秀”中，应该依次奖励A分行、D中心和B分行，并且奖励的分量应该是重、中、轻，这样就实现了全面业绩评价模型在特定业绩中心的应用。

此外，当其他因素影响特定业绩中心和特殊业务发展时，例如银监会政策等外部因素，通过达标计分法和赛马计分法的有效结合，也能够避免因市场环境恶化对特殊业务经营中心业绩的负面评价和对工作人员士气的影响。

8.4 全面业绩评价模型的优势和局限性

1.全面业绩评价模型的优势特性

本研究提出的全面业绩评价模型与“L银行”现有的业绩评价体系相比，具有的优势特性表现为：

第一，指标间联系性增强，业绩评价维度多元化。全面业绩评价模型以BSC理论为框架，与“L银行”当前特殊业务业绩评价方式相比维度更宽泛。例如，“L银行”当前中间业务业绩评价是各个指标按一定权重加权求和计算出的结果。而基于BSC的理论框架与现有方式相比，各维度和各指标之间的逻辑性和关联性增强。在BSC的理论框架中，学习与成长维度和内部流程维度影响着客户维度的业绩评价结果，进而影响着财务维度的评价结果。以201Z年的评价结果为例，要想实现目标收益，达到预期的经济增加值，就要从学习与成长能力以及内部经营效率，特别是员工培训达标率、核心员工准备率等非财务指标的提升中实现。所以，在全面业绩评价模型下可以以更宽泛的视角找出影响财务经营成果的因素，为管理者提供多维度的参考信息。

第二，业绩评价与管理结合更紧密，主要表现为两个方面：一是与战略管理结合更紧密；二是与日常经营管理结合更紧密。一方面，与战略管理的有效结合主要得益于BSC的战略管理功能，以战略分析为起点，尽力在业绩评价中体现战略目标；另一方面，业绩评价体系与日常管理更紧密结合，依靠BSC使全面业绩评价模型各个维度的联系性和逻辑性增强；同时，运用以经济资本为基础的EVA与“L银行”的资本管理有效结合，EVA可以作为特殊业务产品定价的依据。

第三，全面业绩评价模型能够增强员工的能力，提高员工的积极性。全面业绩评价模型中，把对员工能力的提升作为业绩评价的一部分，直接影响最终的业绩评价得分。如果与员工能力相关的业绩评价指标没有达到要求，将导致业绩评分较低。这样可以有效地避免以往把员工培训视为做表面文章而不给予足够的重视，导致员工培训不能达到应有的效果。从201Z年的学习与成长维度的评价结果看，“L银行”在员工培训和提高员工满意度方面还应加强，这也是业绩评价总体结果没有达到预期的重要原因。同时，在以BSC为框架下的业绩评价中，员工可以更多地参与到业绩评价中，业绩评价体系将根据员工在实际工作中的反馈而适当调整，这样可以提高员工的归属感和满意度，进而提高员工的工作效率。

2.全面业绩评价模型的局限性

全面业绩评价模型作为一种新的业绩评价方法，在推行和实施的过程中必然会遇到困难。通过阅读文献和对“L银行”的实地调研，将可能遇到的困难及问题总结如下：

其一，模型的准则层是否有清晰的战略规划。“L银行”的管理层和业绩评价团队对高速发展的中间业务的战略目标是否能够充分理解和思考是首要因素。进一步讲，银行特殊业务的普通工作人员对银行的战略目标的认识也可能存在局限性，并且难以有效地执行。

其二，模型的方案层是否能获取充分、有效的决策信息。各维度的具体指标打分和测评的过程需要财务部门和特定业绩中心的业务部门等相关部门录入信息。该信息可能由于人员素质、理解误差、重视程度等主客观因素的存在，产生录入不准或流于形式等问题，其结果可能与实际情况产生偏差，以至于业绩评价结果不能为管理决策提供充分、有效的信息。

其三，商业银行当前的管理和核算能力的限制。特殊业务区别于传统银行业务，其种类多，更新快，涉及因素多，管理和核算都较为复杂。BSC框架包含了财务因素，又包含了非财务因素；EVA结果的精确性要求商业银行计算各个层次的EVA数据。这些客观条件制约着模型的通用性，并要求商业银行升级信息管理系统，提高核算能力。

8.5 本章小结

商业银行以创新业务、中间业务为代表的特殊业务近年来高速成长，受到业界的广泛重视。然而，特定业绩中心成果或特殊业务的业绩考核方式却落后于业务发展的需要，也落后于商业银行主流业务形式的考核标准。

本研究构建的全面业绩评价模型能够有效地处理商业银行特定业绩中心或特殊业务成果测评。商业银行全面业绩评价模型，首先以BSC和EVA为构建平台，借鉴和运用平衡计分卡、经济增加值和层级分析法的理念，将特定业绩中心和特殊业务成果业绩考核从目标层分解为四维准则层，并将四维准则层具体化为15个具体指标，形成适用于商业银行特定业绩中心和特殊业务成果的全面业绩考核评价的方法体系。

全面业绩评价模型具体的构建程序如下：（1）以EVA为财务层面主要指标并建立多层次EVA中心；（2）合理选择BSC中的关键指标；（3）注重业绩评价与日常管理的结合。

在全面业绩评价模型的指标选取中，基于商业银行以创新业务、中间业务为代表的特殊业务的市场状态，其平衡计分卡战略目标可以定位为：扩大客户基础、加强风险控制、增加特殊业务EVA评价数值、实现特殊业务持续增长。因此，应该按照全面业绩评价模型中BSC的四个维度来进行指标选取，其重心为财务维度中EVA的应用。

全面业绩评价模型指标的权重分配，理论上采用基于历史数据和统计学分析的客观赋值法最为精确。但是，由于许多非财务指标的历史数据难以获取且计算过程复杂，其可行性较低。目前BSC指标权重分配的主流方法有层次分析法和专家打分法。专家打分法主观性强，并不适用于高速发展的特殊业务，因此，全面业绩评价模型采用层次分析法。

应用于银行业绩评价的计分方法有达标计分法、比率计分法、赛马计分法等，实际应用中以达标计分法为全面业绩评价模型的整体评价的主要计分方法。然而，不同的计分方法能够产生不同的特殊业务业绩评价效果。赛马计分法在特殊业务业绩评价中，适用于特定业绩中心的特殊业务业绩评价考核结果的横向比较。

为方便掌握全面业绩评价模型的应用方法，本章以“L银行”的中间业务为例，运用案例研究法和实证研究法对全面业绩评价模型进行案例分析和实证检验。

通过“L银行”问卷调查结果分析，以及其201W至201Z年财务报表、内部资料数据的实证检验发现，“L银行”中间业务的收入虽然能够达到总行下达的指标，然而依照本研究提出的中间业务业绩评价体系计算的总评分虽然也“优秀”，但还未实现完全“达标”。财务维度、客户维度、内部流程维度、学习与成长维度均有不同指标、不同程度未“达标”。特别是内部运行的效率、人力资本准备度和员工培训达标率亟待提升。

全面业绩评价结果表明，要想实现目标收益、提高竞争力就要注重学习与成长能力以及内部经营效率，特别是员工培训达标率、核心员工准备率以及控制重大事故的发生数量。只有提升了“L银行”的综合实力，才能保持和吸引更多的客户，最终实现企业价值最大化。此外，通过与商业银行现有中间业务业绩评价方法的比对后发现，在对模型准则层的战略规划、模型方案层的决策信息有效性以及管理和核算能力进行控制后，本研究提出的全面业绩评价模型能够提供多维度、可操作的中间业务业绩评价方法。

全面业绩评价模型在特定业绩中心的应用，应该实施赛马计分法，在“优秀”中应该依次奖励，并且奖励的分量应该是重、中、轻，这样就实现了全面业绩评价模型在特定业绩中心的应用。此外，当其他因素影响特定业绩中心和特殊业务发展时，通过达标计分法和赛马计分法的有效结合，也能够避免因市场环境恶化对特殊业务经营中心业绩的负面评价和对工作人员士气的影响。

全面业绩评价模型的优势特性表现为：第一，指标间联系性增强，业绩评价维度多元化。第二，业绩评价与管理结合更紧密。第三，全面业绩评价模型能够增强员工的能力，提高员工的积极性。

全面业绩评价模型的局限性及问题总结如下：其一，模型的准则层是否有清晰的战略规划。其二，模型的方案层是否能获取充分、有效的决策信息。其三，商业银行当前的管理和核算能力的限制。

第 9 章

商业银行员工工作业绩评价——薪酬及支付模型

商业银行的薪酬是银行工作人员为银行提供劳动和服务而获得的经济报酬，其基本形式包括以现金形式支付的工资、奖金和以限制股份和股票期权等形式提供的奖励以及以其他形式提供的保险、福利等物质利益。本研究设计的薪酬考核及支付模型结合组织机构的绩效考核，即以三维绩效考核模型为基础，是三维绩效考核模型的延伸。

此外，商业银行特定工作人员绩效考核有着特殊的职业背景，本章结合商业银行部分重要岗位考核一并探讨，具体包括营业机构派驻会计主管履职考核评价、理财经理绩效考核评价等。

9.1 薪酬考核模型

商业银行员工的绩效是无法脱离商业银行组织机构单独存在的。于是，本研究设计的薪酬考核模型，以三维绩效考核模型中核心、战略与管理三个维度为基准。

9.1.1 薪酬考核模型的指标设置

薪酬考核模型的指标设置，是基于三维绩效考核模型中核心、战略与管理三个维度实现的，具体见表9-1。其中：(1) 核心指标考核员工所在分支机构利润价值贡献和业务规模发展，设置拨备前利润、对公日均存款及储蓄日均存款三项指标。(2) 战略指标考核员工所在分支机构战略转型落实情况，包括风险资产收益率、中间业务收入、小企业贷款占比、零售贷款占比及贸易融资投放量五项指标。(3) 管理指标考核员工所在分支机构风险管理情况，包括不良贷款率控制目标、信贷资产管理指标、内控合规评估指标三项。

表9-1　　薪酬考核模型指标设置表

名　称	三维维度	考核指标设置
薪酬考核模型指标体系（具体指标设置）	核心指标	拨备前利润
		对公日均存款
		储蓄日均存款
	战略指标	风险资产收益率
		中间业务收入
		小企业贷款占比
		零售贷款占比
		贸易融资投放量
	管理指标	不良贷款率控制目标
		信贷资产管理指标
		内控合规评估指标

9.1.2　薪酬考核模型的情境设置

为了体现商业银行规模效应和快速发展的现实需要，充分体现员工所在分支机构利润倍增、存款倍增的贡献度，薪酬考核模型对核心指标增设业绩倍增系数来调节核心指标得分。员工所在分支机构的拨备前利润和存款的目标值设置三种水平，分别为正常情境目标值A、乐观情境目标值B和激进情境目标值C。当员工所在分支机构的拨备前利润和存款日均达到不同的目标水平时，采用0.5～1.2的利润、存款倍增系数来调节核心指标得分。

具体计算方法见表9-2（设实际完成值为X，正常情境目标值为A，乐观情境目标值为B，激进情境目标值为C，A＜B＜C）。

表9-2　　　　核心指标情境设置和业绩倍增系数表

情　境	区　间	业绩倍增系数
正常情境	X≤A×70%	0.50
	A×70%＜X≤A×80%	0.50+（（X-A×70%）/（0.1×A））×0.10，上限0.60
	A×80%＜X≤A×90%	0.60+（（X-A×80%）/（0.1×A））×0.20，上限0.80
	A×90%＜ X＜A	0.80+（（X-A×90%）/（0.1×A））×0.10，上限0.90
乐观情境	A≤ X＜B	1.00+（（X-A）/（B-A））×0.10，上限1.10
激进情境	B ≤X＜C	1.10+（（X-B）/（C-B））×0.10，上限1.20
	X≥C	1.20

其中，利润倍增系数是指：员工所在分支机构完成本年利润正常情境目标值A时，享受利润倍增系数1.0，完成本年利润乐观情境目标值B时，享受利润倍增系数1.1，完成本年利润激进情境目标值C时，享受利润倍增系数1.2，本年利润完成额度在区间内的，按完成率折算利润倍增系数。存款倍增系数是指：员工所在分支机构完成本年存款正常情境目标值A时，享受存款倍增系数1.0，完成本年存款乐观情境目标值B时，享受存款倍增系数1.1，完成本年存款激进情境目标值C时，享受存款倍增系数1.2，本年存款完成额度在区间内的，按完成率折算存款倍增系数。

9.1.3　薪酬考核模型综合考核得分的计算方法

薪酬考核模型综合考核得分，基于商业银行全行各项业务预算计划确定绩效考核量化指标，对于核心、战略指标采用实际与计划之比的完成率折算法计算得分；对于管理指标采用综合考评法计算得分。核心、战略与管理三个维度考核满分100分，权重占比分别为40%、30%、30%。

为体现员工所在分支机构区域环境和业务发展空间差异的特点，设置规模调节系数差别考核。对员工所在分支机构月均资产规模及人均利润按50%、50%权重占比计算调节系数。

综合考核得分=原考核得分×分行调节系数

具体计算方法为：以员工所在分支机构平均月均资产作为资产规模标准值，对应调节系数1。当员工所在分支机构月均资产规模每高于标准值50亿元，调节系数提高0.02；当员工所在分支机构月均资产规模每低于标准值50亿元，调节系数降低0.02。以员工所在分支机构平均人均利润作为利润指标标准值，对应调节系数1。当员工所在分支机构人均利润每高于标准值10万元，调节系数提高0.02；当员工所在分支机构人均利润每低于标准值10万元，调节系数降低0.02。

9.1.4 薪酬考核模型绩效考核级次评定方法

薪酬考核模型依据员工所在分支机构绩效综合考核得分作为绩效等级评定的基础，共分为四个等级。绩效考核等级的确定采取分数区间法，见表9-3。

表9-3 **薪酬考核模型绩效考核级次评定表**

绩效综合考核得分区间	95分以上	[85，95]	[75，85]	75分以下
绩效等级	A	B	C	D

其中，当员工所在分支机构在评价周期内发生重大案件，或在外部检查中被实施或受到监管措施或行政处罚，则根据其绩效结果下调一个绩效等级，且绩效等级评定最高不高于C级。

9.1.5 薪酬考核模型绩效薪酬分配方案

1.普通员工的绩效薪酬分配方案

薪酬考核模型绩效考核级次评定用于普通员工所在分支机构薪酬考核及支付基数的计算方案见表9-4。

表9-4　　普通员工的绩效薪酬分配方案

绩效等级	A	B	C	D
薪酬激励	上一周期职工工资10%的额度奖励	上一周期职工工资5%的额度奖励	不享受额外的职工工资奖励	扣减上一周期职工工资5%的额度

其中，等级为A的员工在次年享受上一周期职工工资10%的额度奖励，等级为B的员工将在次年享受上一周期职工工资5%的额度奖励，等级为C的员工将在次年不享受额外的职工工资奖励，等级为D的员工将在次年扣减上一周期职工工资5%的额度。

2.分支机构负责人的绩效薪酬分配方案

薪酬考核模型中，分支机构负责人的年终绩效系数根据绩效考核综合得分、拨备前利润总额、人均利润和多维满意度等四项指标的综合排名来确定。其中：绩效考核综合得分权重占比50%，拨备前利润总额权重占比20%，人均利润权重占比20%，多维满意度权重占比10%（见表9-5）。

表9-5　　分支机构负责人的绩效薪酬分配方案

考核对象	绩效综合指标	权重系数
分支机构负责人	绩效考核综合得分	50%
	拨备前利润总额	20%
	人均利润	20%
	多维满意度	10%

9.2　薪酬支付模型

商业银行薪酬支付有特殊的管理原则、构成因素、预算、计算与给付方式，本节结合上述因素重点探讨商业银行稳健薪酬及其支付模型。

9.2.1 商业银行薪酬支付管理原则

1. 商业银行薪酬支付管理原则

商业银行薪酬支付管理的原则有：

（1）竞争性原则：以同行业市场薪酬水平和本行业业绩水平为基础，建立符合现代银行发展方向的薪酬管理和支付体系。其目的是对外体现竞争性，吸引优秀人才。

（2）公平性原则：根据岗位价值确定员工的固定薪酬水平予以支付，对内体现公平性。

（3）激励性原则：员工绩效结果与浮动薪酬挂钩，实行差异化激励和支付。

（4）经济性原则：在满足量力而行、商业银行全行经济效益实现增长的前提下，以适度增加的工资成本引导分支机构和员工创造更多的附加值，实现薪酬支付的可持续发展。

2. 商业银行薪酬支付的组织管理

在董事会和经营班子的领导下，一般由总行人力资源部负责拟定员工薪酬管理制度，负责对各分支机构薪酬制度的执行情况进行考核和监督，负责制定年度薪酬预算并且予以组织落实。总行计划财务部负责协同人力资源部制定薪酬预算并予以支付。

9.2.2 商业银行薪酬支付的构成方案

商业银行员工现金总收入由固定薪酬和浮动薪酬（绩效奖金）组成，并由地区系数进行调节。本节设计了一个较为详细的薪酬支付构成方案，以供示例和参考。

1. 固定薪酬

固定薪酬包括基本工资、岗位工资和津贴。

（1）基本工资。

普通员工的基本工资为五个等级，主要依据学历、工龄、行龄、职称、过往绩效等个人背景资历情况，实行统一加权综合评定。助理以上中层管理岗位的基本工资，根据其职级差别，分为六个等级。

（2）岗位工资。

岗位工资为十九个等级，每级十三档。员工所在岗位的评估价值、个人资历情况、岗位胜任程度、年度绩效考核结果和地区系数是确定岗位工资级档的主要因素。

（3）津贴。

津贴主要体现对员工的关怀，包括过节费、交通津贴、防暑降温费、取暖费等。

2.绩效奖金

绩效奖金是指根据员工的绩效目标完成情况而获得的奖金。

3.地区系数

地区系数是指城市薪酬差异系数（CDI）。对不同地区工作的员工应体现薪酬的地区差，通常的方法是系数调节法。商业银行通常以总行所在地为标准薪酬系数，其他地区的分支机构根据数据比照总行所在地的薪酬系数，体现薪酬水平的地区差异，解决内部公平性和外部竞争性问题。

地区系数通常由第三方专业咨询公司根据商业银行业界薪酬调研数据、国家统计局发布的社会平均工资、国内城市GDP、各地区居民消费价格指数、社会消费品零售额、城镇居民人均可支配收入、城乡居民储蓄年末余额、职工工资总额、当地人才市场状况、生活指数等因素确定。

9.2.3 商业银行薪酬支付——固定薪酬的调整

1.基本工资调整

员工基本工资的调整时间原则上为一年一次，主要针对员工资历和绩效表现等要素所发生的变化，予以重新测算和评级。

2.岗位工资调整

岗位工资的总体调整原则上为一年一次。其中，员工个体发生岗位变动，其岗位工资应做出适当的调整。

3.年度调薪管理

薪酬年度调整分为两个步骤：调整总体岗位薪酬表和调整个人薪酬。

其中：第一，调整总体岗位薪酬表的主要依据为银行业薪酬调查情况、人才市场情况、内部薪酬预算等因素。第二，按照“绩效优先”的原则，对员工的固定薪酬实行动态管理，员工的年度绩效评估结果是决定岗位工资晋级或降级的关键指标，其中对于年度工资晋级实行总体比例和等级比例控制。

4.岗位变动调薪

岗位变动调薪包括晋级调薪、降级调薪、平级调薪。因岗位变动导致月固定薪酬调整的，应在岗位变动的下一个月兑现。

（1）晋级调薪：指员工由低职级岗位调至高职级岗位，且预计变动时间延续一年以上。晋级调薪有以下两种情况：其一，员工原有月岗位工资低于新任岗位工资的最低档，且调薪30%后仍未达到下限，则按照原岗位工资30%的增幅进行一次调薪，然后在晋升半年后进行绩效检视，如该员工绩效考核合格，进行二次调薪至新任岗位薪酬区间最低档。若调薪30%超过新任岗位工资的最低档，则执行新任岗位工资的最低档。其二，员工原月岗位工资高于新任岗位的岗位工资下限，就近就高套入相应的档位。

（2）降级调薪：指员工由高职级岗位调至低职级岗位，且预计变动时间延续一年以上。降级调薪有以下两种情况：其一，高于上限，若原月岗位工资高于新任岗位的岗位工资上限，原则上可调至新任岗位的岗位工资上限。其二，低于上限，原则上应就近就低套入相应的档位。

（3）平级调薪：指员工的原有岗位与新任岗位的职级相同。平级调动的员工，月岗位工资保持不变。

5.一人多岗

由于编制所限或者阶段性的工作任务增加等原因，在一定时期之内出现一人兼多岗现象的，应当界定主岗和副岗，其岗位工资执行主岗标准，副岗经过考核，在年终绩效奖金分配时予以适当体现。

9.2.4　商业银行薪酬支付——薪酬预算、计算与给付

1.薪酬预算管理

薪酬预算是指根据全面预算管理的要求，结合人工成本管控指标，对年度薪酬支出进行预算管理。

薪酬预算计划的制订，指根据上年度的薪酬支付总额、当年度的薪酬支付能力、经营效益预计水平、市场薪酬调整幅度等因素，预算出全年的薪酬支付总额。

薪酬预算管理的原则是，根据“季度监控、年终考核”的原则，结合全行考核计划，参照人力资源的配置要求，根据预算对薪酬发放实行动态监控管理。

2.薪酬计算和给付

（1）薪酬计算与给付的依据。

员工薪酬的计算与给付，须依照员工考勤记录进行。员工未能正常出勤的，其固定薪酬的扣除（发放）的标准，按照考勤管理制度的有关规定执行。

（2）特殊情况下月固定薪酬的计算。

第一，应届大学毕业生试用期的基本工资均为AA元，岗位工资按照学历分为两个等级，本科生为BB元，研究生为CC元。

第二，应届大学毕业生在成长期的基本工资均为DD元，本科生和研究生的岗位工资分别为EE元、FF元。成长期结束且经考核合格后，按照实际工作岗位确定固定工资标准。

第三，对于进入总行机关工作的新员工，符合成长期条件的，其基本工资为GG元，岗位工资为HH元。成长期结束且经考核合格后，按照实际工作岗位确定固定工资标准。

第四，从社会招聘的人才，其岗位工资级档的判定，根据其岗位任职资格状况、人才市场情况、相同岗位或类似岗位现有员工的薪资水平以及在招聘评估过程中表现出来的胜任能力等因素，由人力资源部和用人部门来共同确定。

第五，符合下列情形的员工，其当月固定工资计算为：在上半月到岗

或在下半月离岗的，计全月工资；在下半月到岗或上半月离岗的，计半月工资。①新聘的员工；②在本行内部调动工作的；③自愿离职或被解聘的。

第六，待岗工资为II元，待岗员工无固定工资和绩效奖金。

(3) 浮动薪酬的计算。

浮动薪酬（绩效奖金）的计算，与员工的季度和年终绩效评估考核结果直接挂钩。

(4) 固定薪酬的给付。

固定薪酬的发放日为每月Y日。逢节假日的，应当提前到发放日的前一个工作日。

9.2.5 商业银行稳健薪酬和薪酬支付模型

商业银行的员工薪酬不是一次性发放的，为了发挥薪酬在商业银行公司治理和风险管理中的导向作用，防止激励不当或激励过度以及与风险挂钩不足而导致员工不审慎行为的出现。根据中国银监会2010年公布实施的关于《商业银行稳健薪酬监管指引》的文件要求，各商业银行均制定了相应的绩效薪酬支付办法。

本研究设计的薪酬支付模型，主要基于薪酬考核模型所计算的支付基数，并根据银监会2010年《商业银行稳健薪酬监管指引》的要求，将绩效薪酬延期支付锁定限期为三年，即剩余绩效将分三年进行发放。延期支付的比例为：中高级管理人员的绩效薪酬的40%进行延期支付；对风险有重要影响岗位的员工的绩效薪酬的30%进行延期支付。在延期支付时段中遵循等分原则，避免前重后轻，具体措施见表9-6。

表9-6　**薪酬支付模型绩效薪酬延期支付时间与比例表**

延期支付比例	第一年	第二年	第三年	第四年
中高级管理人员	60%	10%	10%	20%
对风险有重要影响岗位的员工	70%	10%	10%	10%

商业银行中高级管理人员及对风险有重要影响岗位的员工包括：（1）中高级管理人员是指总行助理以上干部，分支机构行长、副行长及行长助理；（2）对风险有重要影响岗位的员工是指总分行各级部门对风险有重要影响的管理人员。

需要纳入延期支付的绩效薪酬，是指支付给中高管及员工的业绩报酬。除中高管及员工领取的固定工资、津贴及福利性收入外，其他薪酬项目均为绩效薪酬，都应进行延期支付。

中高级管理人员及对风险有重要影响岗位的员工出现如下情况将触发止付：

（1）中高管及对风险有重要影响岗位的员工出现离职情况且在职期间未出现相关风险暴露的，将对离职中高管及员工延期支付剩余部分进行止付。

（2）中高管及对风险有重要影响岗位的员工在职期间，因个人本身的言行、工作表现或工作能力等方面的原因，造成银行声誉风险、信用风险、操作风险及市场风险超常暴露的，将对引致风险主体剩余绩效薪酬实施止付。在止付的同时，将对风险对应的期限内已发放的绩效薪酬进行回扣及追索，追索行为不因中高管及员工的离职行为而终止。

（3）违反相关法律法规、银行相关制度及管理办法的，行为人绩效薪酬将被实施止付。

9.3 商业银行特定工作人员绩效考核Ⅰ——营业机构派驻会计主管履职及绩效考核

商业银行特定工作人员绩效考核有着特殊的职业背景，本节结合商业银行营业机构会计主管派驻工作政策，探讨营业机构派驻会计主管履职及绩效考核方案和具体评价方案；后续章节则探讨理财经理、客户经理、信用卡营销员工绩效考核评价。

9.3.1 会计主管绩效考核相关的派驻工作政策

1.会计主管工作制度

商业银行营业机构派驻会计主管的工作制度包括：

（1）现场坐班制。营业期间应坚守岗位，认真履职，不得介入与其职责无关的其他事务；因特殊原因临时离岗须经委派行同意，由委派行运营部妥善安排相关工作。

（2）建立工作日志。每日记录职责范围内的工作及履职情况，日终前至迟次日上午提交至委派行运营部。

（3）月度工作报告。于次月月初2个工作日内报送委派行运营部。月度报告内容至少应包括派驻机构制度执行情况、执行中存在的问题及整改情况、改进工作意见及建议等。

（4）个人年度述职。应于每年年初前向委派行运营部提交年度述职报告，总结上一年度的履职情况、采取的措施、取得的管理成效、工作中存在的问题及建议，写明派驻后期的工作计划等。

（5）特殊事项报告。对于派驻机构发生的重大差错事故、经济案件、诉讼事项、员工异常行为及符合规定的其他可能造成银行重大经济损失的异常情况，应按要求立即向委派行运营部和主管行长进行书面报告。

2.营业机构派驻会计主管的人事保障

（1）委派行按照总行核定的会计主管薪酬标准进行工资发放，不得与派驻机构的经营指标挂钩，会计主管的人事、工资关系统一归属委派行运营部。

（2）委派行应每年对考核成绩突出的派驻会计主管单独进行表彰奖励。会计主管不得参与派驻机构的“先进个人”评选。

3.营业机构会计主管的职责

营业机构会计主管的职责主要包括以下内容：

（1）负责贯彻执行国家有关法律法规和总分行制定的各项规章制度，履行事中控制和业务管理职责，妥当处理实际业务问题，对派驻机构柜面业务活动的合法性、合规性把关。

（2）会计主管应按照有关规定组织会计核算，履行审核职责，真实、准确、及时、完整地提供会计信息。

（3）严格会计核算岗位分工，加强柜面业务风险点控制，监督检查各业务岗位职责的执行情况，规范柜面操作，防范化解业务风险。

（4）配合派驻机构依法合规开展经营管理工作，维护派驻机构的经济利益。

（5）对上级职能管理部门和监管部门要求报告或提供的有关情况如实进行报告，并积极协助和配合内外部审计开展的各项业务检查。

（6）负责对派驻机构柜面人员进行业务管理和培训，培训要有针对性并做好相关记录；对柜面人员的配备、考核提供相关意见。

（7）应独立行使柜面操作业务的授权、内部控制、合规管理与检查等职责，且与柜面操作职责严格分离，不得办理前台业务或到前台顶班替岗。

此外，后任会计主管对前任主管任期内发生的问题，有责任进行清理和整改，并如实上报相关问题及整改情况。

4.营业机构派驻会计主管的轮岗休假

（1）定期轮岗。委派行应对会计主管实行定期岗位轮换制，同一岗位任职原则上不得超过2年；遇特殊原因不能到期轮岗的，应安排强制休假，但在同一机构连续任职不得超过3年，两个任期内不得派驻到原所在机构。接任的会计主管应符合相应条件并按规定操作。其他管理要求一般按商业银行总行人力资源部发布的商业银行分支机构重要岗位轮岗轮换工作方案执行。

（2）强制休假。会计主管强制休假应当每年一次，最迟不得超过2年。强制休假时间一般每次不少于5个连续工作日，最长不得超过15个连续工作日。工作交接由委派行的运营部负责人或会计主管管理员或主管行领导监交，其他管理要求一般按商业银行总行人力资源部发布的商业银行分支机构重要岗位强制休假工作方案执行。

（3）代职管理。会计主管休假或因特殊情况无法到岗须经委派行同意，委派行运营部应及时派出符合相应条件的代职人员，确保派驻机构业务正常开展。代职期满，应由代职人提交代职工作报告。代职工作的管理要求一般按商业银行总行人力资源部发布的商业银行代职人管理工作方案执行。

（4）离岗审计。会计主管因轮岗或调离原来岗位时，委派行一般按“先审计、后离岗”进行操作，离岗审计工作由委派行的专职或兼职审计人员承担，由其按商业银行总行相关审计制度要求进行离岗审计，审计结束后办理离岗交接。

5.派驻会计主管履职考核基本原则

对营业机构派驻的会计主管一般实行双线考核，以委派行考核为主、派驻机构考核为辅；考核应以日常考核、年终评议和个人年度述职为依据进行综合评价，同时实行案件或重大事故一票否决制度。具体内容一般由总行和委派行共同商议确定。

9.3.2 派驻会计主管履职考核方案

1.考核内容与标准

会计主管考核实行百分考核制，定性考核与定量考核相结合，定量考核分值应不低于80分，定性考核分值应不高于20分。定性考核以委派行主管行长、运营部门负责人、派驻机构负责人和派驻机构柜面人员的民主测评以及会计主管的自我评价为依据。定量考核以日常会计主管工作考核内容与考核标准为依据。每项考核内容设定具体的考核指标及考核分值，分值既定；经考核达到标准，可获得满分，未达到标准，按会计主管考核扣分标准扣减，单项分值扣完为止。

会计主管考核包括四大项内容：职责履行情况、工作质量情况、报告制度执行情况和管理水平评价。其中职责履行情况、工作质量情况、报告制度执行情况为定量考核项，管理水平评价为定性考核项。

第一，职责履行情况。以会计主管工作职责为依据，由委派行会计主管管理部门对会计主管的职责履行情况进行定期、不定期检查，包括现场坐班情况、组织柜员培训的数量和质量情况、业务授权与审批处理、业务监督与纠正、解决客户疑难业务等方面。此项分值占考核分值的30%，即满分为30分。发现单项职责完全未履行，单项分值全部扣除；履行了但未达到效果，单项分值酌情扣除50%。

第二，工作质量情况。其指会计主管所在营业机构接受上级行业务主管部门、业务监督部门、人民银行、银监局等检查，从而发现在会计主管职责范围内出现的问题，包括日常业务差错、事后监督业务差错、业务现场检查、非现场考核结果等情况，委派行还可将派驻机构柜员参加总分行的业务考核或技能比赛的平均成绩排名纳入对会计主管的考核。此项分值占考核分值的30%，即满分为30分。

第三，报告制度执行情况。考核会计主管工作日志、月度工作报告、个人年度述职以及特殊事项报告工作执行的及时性和报告内容的有效性。此项分值占考核分值的20%，即满分为20分，其中报告报送的及时性占40%，有效性占60%。

第四，管理水平评价。通过资格证的取得、民主测评和会计主管自我评价方式进行。主要考核会计主管的业务素质和工作能力，包括理论知识、基本技能、业务能力、工作能力四方面。此项分值占考核分值的20%，即满分为20分。

第五，特殊考核项。其具体包括：①考核期间会计主管所派驻营业机构发生案件或出现《××银行全员问责暂行规定》中的违规性质严重及特别严重行为的，实行一票否决，当期考核的职责履行情况和工作质量情况两项均得“零”分。②委派行可根据银行管理实际在百分考核之外设定不超过10分的变动分值，用于会计主管在百分考核项目以外做出特殊贡献时由委派行给予酌情加分。

2.考核方式和淘汰机制

对会计主管履职实行委派行和派驻机构双线考核，委派行考核权重一般不低于80%，派驻机构考核权重一般不高于20%，由委派行结合商业银行总行管理实际在总行考核办法中具体规定。

会计主管考核分为季度考核和年度考核。季度考核以当期的工作内容为考核对象，考核结果作为季度奖金分配、解聘、续聘的依据；年度考核以第四季度工作内容、年终综合评议、年度个人述职等为考核对象，考核结果作为会计主管任免、晋升和年终奖金分配的依据，须提交委派行会计主管领导小组。

委派行一般按照季度考核结果对会计主管进行排名，当期考核得分在60分以下的为不合格，由委派行对其进行告诫谈话或解聘，解聘后可保留会计主管资格。年度考核成绩突出的应按一定比例进行表彰奖励。年度考核得分在60分以下的为年度考核不合格，该会计主管应被淘汰并取消会计主管资格，2年内不得再担任会计主管职务。商业银行营业机构派驻会计主管还应设立末位淘汰机制：对于年度考核得分达60分但排名在后的会计主管，委派行可视商业银行总行管理实际将其作为考核不合格，进行末位淘汰并取消其会计主管资格，2年内不得聘任为会计主管。

此外，考核期内发现会计主管不能尽职尽责或存在违规违纪行为，经查实应视情节轻重，由委派行给予其告诫谈话或问责处理。会计主管在任期内出现未尽职履责行为的，除按会计主管相关考核规定进行处理外，符合问责规定的还应按照规定进行问责。

9.3.3 派驻会计主管履职考核具体评价方案

本书设计了五大类评价内容，用于系统地评价商业银行营业机构派驻会计主管履职情况，其中包括：制度建设和保障情况（30分）；独立性执行情况（25分）；履职和监督管理情况（25分）；有效性情况（15分）；档案管理情况（5分）。评价方案满分总计100分。

1.制度建设和保障情况

制度建设和保障情况共计30分，具体包括：①是否细化会计主管派驻制度及配套措施3分；②是否建立完善的考核制度，制定量化的考核办法3分；③是否制定细化会计主管责任追究制度3分；④是否建立选聘制度，是否落实派驻人员及代职人员选聘要求3分；⑤是否签订聘期目标责任书3分；⑥是否异地派驻、是否执行派驻回避制度3分；⑦是否建立健全轮岗和强制休假制度3分；⑧是否进行业务培训3分；⑨是否对会计主管的履职情况进行定期检查并考核评价，是否落实“先审计，后离岗”要求3分；⑩是否建立并执行了末位淘汰制3分（见表9-7）。

2.独立性执行情况

独立性执行情况共计25分，具体包括：①是否垂直管理、集中委派5分；②是否按要求设立了会计主管管理岗，并履行了相关责任5分；③是否建立科学的报告路线5分；④是否按期履行向总行的报告职责5分；⑤是否保证会计主管工作的相对独立性5分（见表9-8）。

表9-7　　派驻会计主管履职考核——制度建设和保障情况表

评价内容	标准分值	评价标准
是否细化会计主管派驻制度及配套措施	3分	相应制度、措施不完善或执行不当，酌情扣分
是否建立完善的考核制度，制定量化的考核办法	3分	会计主管考核由委派行和派驻机构双线考核，委派行考核权重应不低于80%，派驻机构考核权重应不高于20%，考核实行百分考核制，定性考核与定量考核相结合，定量考核分值应不低于80分，定性考核分值应不高于20分。包括四大项内容：职责履行情况、工作质量情况、报告制度执行情况和管理水平评价。未制定考核制度扣3分，考核项目缺失一项扣1分
是否制定细化会计主管责任追究制度	3分	委派行对于会计主管不尽职行为应视具体情况予以纠正或处分。未建立责任追究制度扣3分，追究执行不当的酌情扣分
是否建立选聘制度，是否落实派驻人员及代职人员选聘要求	3分	未建立选聘制度扣3分，选聘制度不合理或未落实酌情扣分
是否签订聘期目标责任书	3分	委派行应与会计主管签订聘期目标责任书，明确委派会计主管的岗位职责、聘期目标、权利义务、聘期终止条件、考核与奖励等内容，缺少一项扣1分
是否异地派驻、是否执行派驻回避制度	3分	存在一项不合规扣1分
是否建立健全轮岗和强制休假制度	3分	会计主管在同一岗位任职原则上不得超过2年；遇特殊原因不能到期轮岗的，应安排强制休假，但在同一机构连续任职不得超过3年，两个任期内不得派驻到原所在机构。强制休假应当每年一次，最迟不得超过2年；强制休假时间每次不少于5个连续工作日，最长不得超过15个连续工作日。未实行轮岗和强制休假各扣1.5分
是否进行业务培训	3分	委派行应按季进行会计主管培训，并建立培训记录；会计主管应对柜面人员进行再培训并有记录。每项各1.5分
是否对会计主管的履职情况进行定期检查并考核评价，是否落实“先审计，后离岗”要求	3分	委派机构未对履职情况进行检查并评价的扣1.5分，会计主管离岗未落实“先离岗、后审计”要求的扣1.5分
是否建立并执行了末位淘汰制	3分	未建立末位淘汰制扣3分，未严格执行扣2分

表9-8　　派驻会计主管履职考核——独立性执行情况表

评价内容	标准分值	评　价　标　准
是否垂直管理、集中委派	5分	委派行是否与会计主管签订聘任合同，人员编制是否归属委派行运营部门，按照总行核定的会计主管薪酬标准进行工资发放，不与派驻机构的经营指标挂钩。有一项违反扣2.5分，执行不当视情况扣分
是否按要求设立了会计主管管理岗，并履行了相关责任	5分	委派行运营部门应设立会计主管管理员岗位，并明确A/B角色，岗位人数根据所管理的会计主管人数确定，每10位会计主管可相应配备一名会计主管管理员。负责对会计主管工作日志及报告进行初审，执行会计主管日常管理要求，推进会计主管派驻工作有效落实。未设立管理员扣5分，已设立但执行不到位或履职不充分酌情扣分
是否建立科学的报告路线	5分	会计主管应按要求提交工作日志、工作月报、年度述职报告及重大事项报告并由委派行及时审核处理，委派行定期召开会计主管工作会议。缺少报告记录或会议记录每项扣2.5分
是否按期履行向总行的报告职责	5分	委派行运营管理部门应按季、按年向总行提交会计主管派驻管理工作报告，于每季度初5日内以正式文件报送至总行运营部；会计主管选聘工作结束后的1个月内以正式文件向总行提交选聘工作报告；聘期内派驻人员发生变化时应在按季向总行提交的会计主管工作报告中说明相关情况。每缺一项报告扣1分
是否保证会计主管工作的相对独立性	5分	是否出现以下情况：（1）派驻机构及负责人阻挠会计主管履行岗位职责；（2）超越管理权限或违反规定擅自任免会计主管；（3）对会计主管履行岗位职责维护银行利益的正当行为进行打击报复。发生一项扣3分

3.履职和监督管理情况

履职和监督管理情况共计25分，具体包括：①是否履行现场坐班职责3分；②是否履行监督与纠正职责5分；③是否授权与审批职责5分；④是否向上级如实报告相关情况，积极配合各项工作3分；⑤是否尽职对柜面人员进行业务培训并提出考核意见3分；⑥是否办理前台业务或到前台顶岗3分；⑦是否按报告路线进行日志、月报和年度述职报告3分（见表9-9）。

表9-9　　派驻会计主管履职考核——履职和监督管理情况表

评价内容	标准分值	评　价　标　准
是否履行现场坐班职责	3分	会计主管应履行事中控制和业务管理职责，妥当处理实际业务问题，对派驻机构柜面业务活动的合法性、合规性把关。临时离岗应经委派行同意并合理安排人员。违反一项制度扣1分
是否履行监督与纠正职责	5分	会计主管应严格会计核算岗位分工，加强柜面业务风险点控制，监督检查各业务岗位职责的执行情况，规范柜面操作，防范化解业务风险。发现一处不合要求扣1分
是否授权与审批职责	5分	会计主管应依据各项业务核算规定和操作规程，对需要进行确认、复核、授权、检查、记录和报告等重要业务处理的合规性、业务资料及要素的完整性和真实性进行审核。发现一处不合要求扣1分
是否向上级如实报告相关情况，积极配合各项工作	3分	是否对上级职能管理部门和监管部门要求报告或提供的有关情况如实进行报告，并积极协助和配合内外部审计开展的各项业务检查。发现一项问题扣1分
是否尽职对柜面人员进行业务培训并提出考核意见	3分	会计主管应对派驻机构柜面人员进行业务管理和培训，并做好相关记录；对柜面人员的配备、考核提供相关意见。一项工作未尽职扣1分
是否办理前台业务或到前台顶岗	3分	会计主管应独立行使柜面操作业务的授权、内部控制、合规管理与检查等职责，且与柜面操作职责严格分离，不得办理前台业务或到前台顶班替岗。发现一处不合要求扣1分
是否按报告路线进行日志、月报和年度述职报告	3分	报告缺失扣3分，报告部分不合要求酌情扣分

4.有效性情况

有效性情况共计15分，具体评价派驻工作是否发挥防范柜面会计业务的操作风险和案件风险的作用（见表9-10）。

表9-10 派驻会计主管履职考核——有效性情况和档案管理情况表

评价内容		标准分值	评价标准
有效性情况	派驻工作是否发挥防范柜面会计业务的操作风险和案件风险的作用	15分	出现以下情况中的任何一项扣15分：（1）会计主管出现与所派驻机构串通妥协等不规范行为或其他未能有效发挥会计核算监督作用的行为，以及出现风险事件或案件，委派会计主管负有责任的；（2）检查出操作风险问题，派驻会计主管负有责任，或存在屡查屡犯问题的
档案管理情况	派驻管理工作中形成的资料或文件是否及时、完整、合规	5分	会计主管派驻工作档案严格执行安全和保密制度，做到妥善保管、存放有序、查找方便，使档案得到完整的保存、科学的管理和有效的利用，得5分，有不合格处酌情扣分

5.档案管理情况

档案管理情况共计5分，具体评价派驻管理工作中形成的资料或文件是否及时、完整、合规（见表9-10）。

9.4 商业银行特定工作人员绩效考核Ⅱ——理财经理绩效考核

本节结合商业银行理财经理工作政策，探讨其绩效考核的总体思路和原则，以及具体绩效评价方案。

9.4.1 理财经理绩效考核相关的工作政策

1.理财经理的职责

（1）服务客户。

利用分支行资源及自身资源，通过多种方式和岗位协作关系，积极开发个人客户；与中高端个人客户建立一对一的服务关系，保证中高端客户服务的连续性，不断提高客户的满意度和忠诚度及对银行的综合贡献度。

（2）产品营销。

吸收储蓄存款，销售各种理财产品；结合客户需求和产品特性，有针对性地向客户推荐个人消费信贷、银行卡等银行产品和服务，满足客户个性化和多样化需求。

（3）提供专业的理财规划服务。

通过理财规划服务向客户推荐组合产品，进行交叉销售，全方位满足客户需求。

（4）收集和整理客户信息。

记录中高端客户金融服务需求，建立客户档案，维护客户服务资料的完整性、连续性和可用性。

（5）关注、了解个人理财市场和竞争动态。

定期或不定期进行市场现状及市场需求调研分析，收集客户及同业的相关信息，并积极向上级反馈。

（6）风险防范。

严格执行银监会下发的《商业银行个人理财业务管理暂行办法》和《商业银行个人理财业务风险管理指引》等相关规定，积极防范风险，确保理财业务的合规性。

2.理财经理的等级设置及任职条件

理财经理应具备以下基本条件：①自觉遵守银行各项规章制度；②具有良好的职业道德；③依法合规办理各项业务；④熟悉经济、金融、财务、法律法规等相关知识和金融产品知识；⑤具有一定的独立工作能力、公关协调能力和语言表达能力；⑥具有较强的市场观念、服务意识和开拓创新精神。

理财经理实行等级管理，其等级从上至下分为首席理财经理、高级理财经理、中级理财经理、初级理财经理、见习理财经理五级。

（1）首席理财经理岗位基本要求。

首席理财经理岗位基本要求包括：①本科及以上学历，具备监管机构要求的任职资格，具有三年以上理财工作经验，取得注册理财规划师（CFP）资格；②连续五年以上无违法违纪行为或重大业务差错记录；③正直诚信，具有良好的职业道德和个人修养，具有丰富的经济、金融知识以及银行、证券、基金和保险等金融产品知识，能够正确理解并贯彻执行银行的各项业务政策和规章制度；④精通零售银行业务，在维护和发展高端客户群方面富有经验，能够根据客户的需要量身定做理财规划，提供高品质的投资理财建议，有很高的客户满意度；⑤具有良好的服务意识、很高的沟通技巧和营销技巧，能很好地掌握顾问式销售方法；⑥具有一定的管理能力和领导能力，能够带领理财经理团队开展工作，具有较强的谈判能力、组织协调能力，能够指导、帮助下一级理财经理开展营销工作；⑦达到首席理财经理的起点业绩考核要求。

（2）高级理财经理岗位基本要求。

高级理财经理岗位基本要求包括：①本科及以上学历，具备监管机构要求的任职资格，具有两年以上理财工作经验，并取得注册理财规划师（CFP）资格；②连续四年以上无违法违纪行为或重大业务差错记录；③精通零售银行业务，善于寻找、识别和拓展客户，建立、维护和发展客户关系，能够提供理财规划、投资理财咨询服务；④较好掌握经济、金融知识及银行、证券、基金和保险等金融产品知识，能够正确理解并贯彻执行银行的各项业务政策和规章制度；⑤具有较强的市场分析能力，能够帮助客户分析市场，向客户提供投资咨询服务；⑥具有指导、帮助下一级理财经理开展营销工作的能力，并具有一定的领导能力，能够带领理财经理团队开展工作；⑦达到高级理财经理的起点业绩考核要求。

（3）中级理财经理岗位基本要求。

中级理财经理岗位基本要求包括：①本科及以上学历，具有一年以上理财工作经验，具备监管机构要求的任职资格；②连续三年以上无违法违纪行为或重大业务差错记录；③熟悉零售银行业务，能够寻找、识别和拓展客户，建立、维护和发展客户关系，能够熟练地向客户介绍各类理财产品的主要特征，提供优质服务；④具有体察客户的敏感性和一定的客户需求分析能力，并能够在把握客户需求的基础上有针对性地向客户推介产品；⑤初步具备指导、帮助下一级理财经理开展营销工作的能力；⑥达到中级理财经理的起点业绩考核要求。

（4）初级理财经理岗位基本要求。

初级理财经理岗位基本要求包括：①具有大专及以上学历，具备监管机构要求的任职资格；②连续两年以上无违法违纪行为或重大业务差错记录；③从事银行工作两年以上，基本熟悉个人银行业务和产品，能够寻找、识别和拓展客户，建立、维护和发展客户关系，能够准确向客户介绍各类理财产品的主要特征，提供优质服务；④具有良好的服务意识、一定的沟通技巧和营销技巧；⑤达到初级理财经理的起点业绩考核要求。

（5）见习理财经理岗位基本要求。

见习理财经理岗位基本要求包括：①具有大专及以上学历，从事银行工作一年以上，取得银行业从业人员资格认证；②无违法违纪行为或重大业务差错记录；③了解银行业务基本知识，能够寻找、识别和拓展客户，建立、维护和发展客户关系，销售基本的银行理财产品，提供基本的个人理财服务，经办的业务没有发生人为因素造成的风险；④达到见习理财经理的起点业绩考核要求。

3.理财经理的聘用、晋升、降级与解聘

理财经理实行持证上岗和岗位聘任制。申报理财经理人员应通过资格审查和准入考试，由总行统一颁发任职资格证书，资格有效期为三年，有效期内未从事理财经理工作的，须重新考试取得任职资格。取得任职资格后，根据资格管理权限办理聘任手续。

理财经理选拔聘任的基本程序包括：①本人申请及资格审查；②准入考试；③资格认定；④择优聘任。理财经理的选拔一般由总行或分支行设立理财经理管理委员会，由零售业务主管行长、个人银行部、人力资源部、计财部等部门组成，管理委员会下设办公室，设在具体机构的个人银行部。理财经理管理委员会负责理财经理的任职资格审查、考核、定级、调级、聘任等相关管理工作，并接受理财经理的申述等，管理委员办公室负责选拔工作的具体实施。

理财经理的聘任实行分级管理，坚持公开、平等、择优的原则。高级理财经理、首席理财经理的聘任由分、支行提出意见，报总行审批；中级及以下理财经理的聘任由分、支行自行决定。

理财经理的聘任、晋升、降级和解聘，根据年度绩效考核结果每年进行一次，考核主要以经营业绩为主，管理指标为辅，兼顾客户服务、内部运营及培训学习等定性考核指标。理财经理如违反监管部门有关规定及本行规章制度，经分、支行理财经理管理委员会研究，按照相关规定，可以给予其下调理财经理等级及解聘等处理。

不具备定级条件但有必要保留、引进，且有特殊客户资源或特殊贡献的人员，由分、支行提出申请，经总行批准后方可聘用。

4.理财经理工作制度

建立理财经理的周例会、月例会制度，由分、支行个人银行部负责定期召开理财经理例会，交流经验并传达总行各种政策制度。

理财经理日常工作报告分为月工作小结和季度工作报告：①月工作小结：理财经理每月应撰写工作小结，可以围绕以下内容展开：客户开发、产品销售、工作任务、心得体会等。②季度工作报告：理财经理每季应撰写一篇工作报告，交流工作经验，提交其主管，工作报告可以围绕以下内容展开：客户开发经验与案例、市场信息及客户需求的分析反馈情况、同业动态、意见建议等。

9.4.2 理财经理的薪酬与绩效考核总体思路和原则

1.理财经理的薪酬与绩效考核总体思路

理财经理工资管理原则为“按级定薪、动态管理”，具体包括基本工资、福利待遇和绩效工资。理财经理按照不同级别，分别享受相应等级的基本工资及福利待遇，绩效工资由绩效考核结果决定。

理财经理绩效考核分为业绩指标考核和管理指标考核。其中：业绩指标考核一般围绕其为商业银行总行创造的效益，如管理资产新增、储蓄存款新增、中间业务、贵宾客户新增等；其中由理财经理自行开发的客户按100%计入业绩，维护他人的资产业务根据情况按比例计入。管理指标包括客户档案资料管理、客户满意度、日常工作考核等。

对理财经理的定级考核按年度进行，一年一次；绩效考核按季度进行，一年四次。年末达到的业绩指标是下一年度岗位定级的重要依据之一。

理财经理之间或理财经理与其他岗位人员共同合作创造的业绩由合作

人之间自行商定或由部门负责人依合作贡献情况确定分成比例，进行业绩分割。

商业银行分、支行可根据理财经理业绩完成情况对理财经理进行营销费用的支持与激励，具体实施办法由分、支行根据当地实际制定。

2.绩效考核的原则

（1）目标导向：引导和鼓励理财经理向正确的方向和目标努力，使理财经理不断提升客户服务质量和专业技能，不断提高客户的满意度和忠诚度。

（2）效益优先：引导理财经理增强效益意识、风险意识和责任意识，依法合规营销，不断开拓进取。

（3）客观公正：绩效考核指标的设置客观，计算标准统一，并可直接从财富管理系统中自动计取。

（4）操作简便：绩效考核指标的设置简单方便，易于计取，方便操作，减少管理成本。

（5）整体利益：鼓励理财经理之间的合作，增强银行服务体系的整体合作，达到银行资源的最优配置。

9.4.3　理财经理的薪酬与绩效考核具体方案

1.理财经理的绩效考核方式

理财经理的绩效考核分为两大类，即业绩指标考核和管理指标考核。通常，以业绩指标考核为主，管理指标考核为辅。

（1）理财经理的业绩指标

理财经理的业绩指标按季度进行考核，考核指标分为存量客户考核期初金融资产维护、存量客户考核期初金融资产提升、存量客户流失率。其中，存量客户，是指截至上一考核期末通过财富管理系统分配给理财经理的贵宾客户。

①存量客户考核期初金融资产维护。

存量客户考核期初金融资产维护指标，用于考核存量客户金融资产在考核期内的维护情况，基础分100分。

存量客户考核期初金融资产维护考核公式：

考核期初存量客户金融资产/全行理财经理考核期当年平均维护金融资产×100　　(9-1)

其中，全行理财经理考核期当年平均维护金融资产，每年根据业务发展情况进行调整，一般由总行个人银行部公布。

②存量客户考核期初金融资产提升。

存量客户考核期初金融资产提升指标，用于考核存量客户金融资产在考核期内的提升情况，基础分100分，上不封顶，下不保底。其中50 000元是客户的基础等级。

存量客户考核期初金融资产提升考核公式：

100+（存量客户考核期末金融资产-存量客户考核期初金融资产）/50 000　(9-2)

③存量客户流失率。

季度存量客户流失率，是指本季末金融资产降到5万元以下的上季存量客户占上季总存量客户的比率。

存量客户流失率指标，用于考核理财经理所维护客户在考核期内的流失情况，得分最高100分，最低-50分，计分标准见表9-11。

表9-11　**理财经理绩效考核——存量客户流失分值表**

存量客户流失率	计分标准
3%（含）以下	100
3%～3.5%（含）	75
3.5%～4%（含）	50
4.5%～5%（含）	25
4%～5%（含）	0
30%以上	-50

（2）理财经理的管理指标

管理指标分为日常工作的规范性、执行程度及专业资格要求。

①日常工作的规范性、执行程度。

日常工作的规范性、执行程度指标，用于考核理财经理日常工作规范情况、工作制度执行情况、支持团队业务发展和培训工作开展等情况。本指标为扣分项，满分100分。计分标准见表9-12。

表9-12　**理财经理绩效考核——日常工作的规范性、执行程度表**

序号	管理指标		考核依据	分值	考核人
1	日常工作规范和制度执行情况	贵宾客户信息完整率	根据财富管理系统反映的贵宾客户信息完整率	10	分行、支行
		周志报送及例会出勤率	根据周志报送及时性、质量和例会出勤率	10	
		客户满意度	根据贵宾客户对理财经理服务的满意度，由分行通过抽样访谈、问卷调查等形式考核	10	
2	团队业务发展支持	新客户转介	根据理财经理新客户转介情况	30	
		理财产品销售情况	根据理财产品销售工作的规范情况和对支行理财产品销售工作的支持情况	10	
		财富课堂情况	根据理财经理对支行贵宾客户维护提升活动的策划组织落实情况	10	
		内部工作协调情况及效果	根据理财经理在支行的工作情况	10	
3	开展培训情况		根据理财经理对团队或支行人员提供产品和贵宾服务培训的情况	10	

②专业资格要求。

为鼓励理财经理加强业务学习、促进理财经理提高业务素质设置专业资格要求指标，用于考核理财经理相关专业资格取得情况。

相关专业资格包括CFP、AFP、基金、保险、证券和银行业协会理财人员上岗资格六项。该指标为加分项，其中取得CFP资格加15分，取得其他资格每项加2分，最高25分。

（3）理财经理绩效考核的最低达标标准。

根据理财经理级别，制定各级理财经理绩效考核指标。理财经理绩效考核的最低达标标准见表9-13。

表9-13　理财经理绩效考核最低达标标准表

机构	岗位	级别	建议季度考核指标最低得分标准
分行/支行	理财经理	首席理财经理	1 000分
		高级理财经理	750分
		中级理财经理	600分
		初级理财经理	450分
		见习理财经理	300分

9.5　商业银行特定工作人员绩效考核Ⅲ——客户经理绩效考核

本节结合商业银行客户经理工作政策，探讨其绩效考核的总体思路和原则，以及具体绩效评价方案。

9.5.1　客户经理绩效考核相关的工作政策

1. 客户经理的职责

（1）客户开发。

与新客户建立联系，详细了解客户基本情况及对金融服务的具体需求。

（2）客户服务。

保持与客户的经常性接触，分析客户需求，发现业务机会；结合商业银行服务资源，对于业务需求复杂的重点客户，组织客户服务小组，为客户提供专业化的综合服务。

（3）产品营销。

根据商业银行产品特点及客户需求，对客户进行产品销售。

（4）风险防范。

负责密切跟踪监测客户的信用情况，及时发现风险信号，分析风险产生的原因，按照商业银行风险管理的有关要求，及时报告风险状况，并采取针对性的措施，有效防范、控制和化解风险。

2.客户经理的等级设置及任职条件

客户经理实行等级管理，客户经理的等级从上至下分为首席客户经理、高级客户经理、中级客户经理、初级客户经理、见习客户经理五级。客户经理应具备以下基本条件：①自觉遵守商业银行各项规章制度；②具有良好的职业道德；③依法合规办理各项业务；④熟悉经济、金融、财务、法律法规等相关知识和金融产品知识；⑤具有一定的独立工作能力、公关协调能力和语言表达能力；⑥具有较强的市场观念、服务意识和开拓创新精神。

（1）首席客户经理岗位基本要求。

首席客户经理岗位基本要求包括：①本科及以上学历，或获得经济类、财务会计类专业高级技术职称；②连续五年以上无违法违纪行为或重大业务差错记录；③从事零售业务工作三年以上，全面掌握零售业务，具有较高的政策法律水平，具有丰富的公关和业务开发能力、组织协调能力和丰富的风险管理经验；④组织开发和维护管理重点客户，组织协调本单位或分行个人银行部及相关部门为重点客户提供服务方案；⑤对所在地经济、房地产行业发展进行系统调研，每半年至少提供一份高质量的调研报告，为分行决策提供参考；⑥达到首席客户经理的起点业绩考核要求。

（2）高级客户经理岗位基本要求。

高级客户经理岗位基本要求包括：①本科及以上学历，或获得经济类、财务会计类专业中级及以上技术职称；②连续四年以上无违法违纪行为或重大业务差错记录；③从事零售业务工作两年以上，全面掌握零售业务，具有较高的政策法律水平，具有丰富的公关和业务开发能力、组织协调能力和丰富的风险管理经验，能够根据优质重点客户的需求提供解决方案；④达到高级客户经理的起点业绩考核要求。

（3）中级客户经理岗位基本要求。

中级客户经理岗位基本要求包括：①本科及以上学历，或获得经济类、财务会计类专业初级及以上技术职称；②连续三年以上无违法违纪行为或重大业务差错记录；③从事零售业务工作两年以上，熟悉掌握运用本行零售金融产品，具有体察客户的敏感性和一定的客户需求分析能力，能够准确把握客户需求，并有针对性地向客户推介产品；④达到中级客户经理的起点业绩考核要求。

(4) 初级客户经理岗位基本要求。

初级客户经理岗位基本要求包括：①本科及以上学历，或获得经济类专业、财务会计类初级以上技术职称；②连续两年以上无违法违纪行为或重大业务差错记录；③从事零售业务工作一年以上，熟悉个人贷款业务和产品，能够寻找、识别和拓展客户，建立、维护和发展客户关系，能够准确向客户介绍各类个贷产品的主要特征，并提供优质服务；④达到初级客户经理的起点业绩考核要求。

(5) 见习客户经理岗位基本要求

见习客户经理岗位基本要求包括：①具有大专及以上学历，从事银行工作一年以上，取得银行业从业人员资格认证（含商业银行证书）；②无违法违纪行为或重大业务差错记录；③具有良好的服务意识、较强的进取精神、业务开拓能力、客户关系管理能力、组织和协调能力，有一定的沟通技巧和营销技巧；④达到见习客户经理的起点业绩考核要求。

3.客户经理的聘用、晋升、降级与解聘

客户经理实行持证上岗和岗位聘任制。申报客户经理人员应通过资格审查和准入考试，由总行统一颁发任职资格证书，资格有效期为三年，有效期内未从事客户经理工作的，须重新考试取得任职资格。取得任职资格后，根据资格管理权限办理聘任手续。

客户经理选拔聘任的基本程序为：①本人申请及资格审查；②准入考试；③资格认定；④择优聘任。

总行、分支行设立客户经理管理委员会，由零售业务主管行长、个人银行部、人力资源部、计财部等部门组成，管理委员会下设办公室，设在个人银行部。客户经理管理委员会负责客户经理的任职资格审查、考核、定级、调级、聘任等相关管理工作，并接受客户经理的申述等，管理委员办公室负责上述工作的具体实施。

客户经理的聘任实行分级管理，坚持公开、平等、择优的原则。高级客户经理、首席客户经理的聘任由分、支行提出意见，报总行审批；中级及以下客户经理的聘任由分、支行自行决定。

客户经理的聘任、晋升、降级和解聘，根据年度绩效考核结果每年进行一次，考核主要以经营业绩为主，管理指标为辅，管理指标作为适当扣减项。客户经理如违反监管部门有关规定及本行规章制度，经分、支行客户经理管理委员会研究，按照相关规定，可以给予其下调客户经理等级及解聘等处理。

不具备定级条件但有必要保留、引进，且有特殊客户资源或特殊贡献的人员，由分、支行提出申请，经总行批准后方可聘用。

4.客户经理的日常工作制度

客户经理工作制度具体包括以下四类：

第一，工作日志制度。客户经理要将每天的工作情况、遇到的问题及处理结果，客户提出的意见和建议记入工作日志。客户经理主管应定期或不定期检查客户经理的工作日志。

第二，定期访问客户制度。客户经理应定期或不定期访问客户，了解客户对银行各项业务和服务的需求，听取他们的意见和建议。访问情况应每月向主管领导汇报一次。对客户急需的业务需求及重大意见、建议，应随时向主管领导汇报。

第三，信息反馈制度。对客户提出的各种需求、意见和建议，客户经理要通过口头或书面的形式及时反馈。

第四，例会制度。各分、支行主管行长应定期组织客户经理会议，交流工作经验，研究、解决客户提出的意见和建议，协调处理客户经理工作中遇到的问题，制定加强客户营销、改进服务的措施。

9.5.2　客户经理的薪酬与绩效考核总体思路和原则

1.客户经理的薪酬与绩效考核总体思路

客户经理工资管理原则为“按级定薪、动态管理”，具体包括基本工资、福利待遇和绩效工资。客户经理按照不同级别，分别享受相应等级的基本工资及福利待遇，绩效工资由绩效考核结果决定。

客户经理绩效考核分为业绩考核和管理指标考核。一方面，业绩考核以商业银行资金转移价格为基础，统一折算成模拟利润，包含储蓄存款、个人贷款、中间业务，其中由客户经理自行开发的客户按100%计入业绩，维护他人的业务根据情况按比例计入；另一方面，管理指标包括档案资料管理、客户满意度、成本控制考核等。

对客户经理的定级考核按年度进行，一年一次；绩效考核按季度进行，一年四次。年末达到的业绩指标是下一年度岗位定级的重要依据之一。分、支行可根据客户经理业绩完成情况对客户经理进行营销费用的支持与激励，具体实施办法由分、支行根据当地实际制定。

2.客户经理的薪酬与绩效考核原则

客户经理绩效考核的原则为：

第一，目标导向。引导和鼓励客户经理向正确的方向和目标努力，使客户经理不断提升客户服务质量和专业技能，不断提高客户的满意度和忠诚度。

第二，效益优先。引导客户经理增强效益意识、风险意识和责任意识，依法合规经营，不断开拓进取。

第三，客观公正。绩效考核指标的设置客观，计算标准统一，并可直接从个人客户关系管理系统（CRM）中自动计取。

第四，操作简便。绩效考核指标的设置简单方便，易于计取，方便操作，减少管理成本。

第五，整体利益。鼓励客户经理之间的合作，增强银行服务体系的整体合作，达到银行资源的最优配置。

9.5.3 客户经理的薪酬与绩效考核的具体方案

1.客户经理的绩效考核方式

客户经理的绩效考核以业绩考核为主，管理指标考核为辅，管理指标作为扣分项，分、支行根据情况可做适当扣减。

客户经理业绩考核方式为各级客户经理所创模拟利润，主要包括储蓄存款模拟利润、个人贷款（扣减不良贷款后）模拟利润和中间业务模拟利润，外币业务折合成人民币计算。计算公式为：

$$\text{模拟利润}=\text{储蓄存款模拟利润}+\text{个人贷款（扣减不良贷款后）模拟利润}+\text{中间业务模拟利润} \tag{9-3}$$

扣减不良贷款是指如贷款状态是次级、可疑、损失时，不计算当期模拟利润，待清收回来后再予以补计。

储蓄存款模拟利润=［储蓄存款日均余额×（存款FTP价格-执行利率）］/360　　(9-4)

个人贷款模拟利润=［个人贷款日均余额×（贷款利率-贷款FTP价格）］/360　(9-5)

中间业务模拟利润 =中间业务收入-中间业务支出　　(9-6)

需要特别注意的是，存款、贷款价格应根据存款、贷款的产品种类来确定。

客户管理指标考核包括档案资料管理、客户满意度、成本控制考核等，作为上述公式的扣分项使用。

2.客户经理的年度业绩考核标准

各级客户经理年度业绩考核，必须达到某一水平的业绩考核标准，方可认定为合格。本节给出虚拟金额的建议（见表9-14）。其中，X是虚拟基准金额，由见习客户经理的最低模拟利润表示。

表9-14　**客户经理的年度业绩考核标准建议表**

客户经理级别	模拟利润/季
见习客户经理	X万元
初级客户经理	2X万元
中级客户经理	3X万元
高级客户经理	4X万元
资深客户经理	5X万元

9.6 商业银行特定工作人员绩效考核Ⅳ——信用卡营销员工绩效考核

本节结合商业银行信用卡营销员工工作政策，探讨其绩效考核的总体思路和原则，以及具体绩效评价方案。

9.6.1 信用卡营销与绩效考核的思路和原则

商业银行信用卡业务采用行内员工全员营销方式推广，并给予推广员工相应奖励，以提升发卡规模和中间业务收入。

1.信用卡营销奖励内容和发放风险防范

信用卡营销奖励内容包括：

（1）发卡奖励。

以下发卡在成功核发并激活的情况下可获得发卡奖励：①非本商业银行信用卡客户，首张新增普卡/金卡/白金卡/钻石卡；②商业银行普卡/金卡及各种联名卡持卡人，首张新增白金卡/钻石卡；③商业银行白金卡持卡人，首张新增钻石卡。

以下发卡不获得发卡奖励：①员工信用卡，不进行奖励；②客户柜面申请信用卡，计入分支行的发卡指标，但受理员工不享受发卡奖励，同时不必承担持卡人用卡风险。

（2）收益奖励。

计算收益奖励的信用卡手续费收入包括转账支付手续费、分期付款手续费两项。按手续费收入的一定比例作为中间业务模拟利润，计入个人CRM系统，并按照中间业务奖励比例，在每月工资中发放给推广员工。

收益奖励是主动营销并且负责发卡后风险管理和逾期催收的收益奖励：员工主动营销，并负责前期调查和信息核实，负责发卡后的风险管理及逾期催收，即可得到客户手续费收入的一定比例作为奖励（需签署“信用卡风险管理责任书”）。

信用卡营销奖励发放方式为，信用卡部每月初对上月的信用卡发卡奖励和收益奖励进行统计，在推广员工的当月工资中发放。年底将进行综合收益评比，名列前茅者可获得额外奖励。

2.信用卡发放风险防范

推广员工在获得奖励的同时，也必须负责相应的风险防控。发卡前期，推广员工要严格遵守信用卡业务制度，做到“三亲见”，负责信息的真实性；签署“信用卡风险管理责任书”的推广员工要做详尽的前期调查，并负责发卡后风险管理和逾期催收工作。

（1）前期调查。

推广员工一定要对申请人及其家庭的基本情况、信用状况、收入状况、负债情况等进行全面透彻的了解，综合判断申请人的总体偿付能力，给予合理建议额度。

（2）发卡后风险管理。

成功发卡后，推广员工要对持卡人至少半年进行一次风险排查，掌握持卡人的家庭、经营、收入和资信等情况的变动，注意是否有影响其偿还能力、偿还意愿的重大事项，如发现持卡人出现可能导致其不能履行还款义务的情况，应及时采取措施进行资产保全，并向信用卡部申请卡片止付或降低信用额度。

（3）对虚假信息的处罚。

①申请审批阶段。

若申请文件信息及资信证明材料虚假，此卡不予审批，推广员工将被扣减与此卡种类级别相同的发卡奖励；所属行将被扣减本年度一个发卡指标。

②核发后用卡阶段。

若信息及资料虚假，情节恶劣或给商业银行造成损失的，推广员工将被扣减本人名下年度所获得的全部信用卡营销奖励，并根据规定进行问责和处罚；所属行将被扣减本年度一个发卡指标。

9.6.2　信用卡营销与绩效考核的具体奖励措施

信用卡营销与绩效考核的具体奖励措施，可分为发卡奖励和收益奖励。本书设计了虚拟金额的具体奖励措施，见表9-15。

表9-15　　　　信用卡营销与绩效考核的奖励措施表

1.发卡奖励		
钻石卡		L元/张
精英卡、商务卡、白金卡		M元/张
标准卡		N元/张
2.收益奖励		
是否承担发卡后风险管理和逾期催收的责任（签署“信用卡风险管理责任书”）	欠款催收责任	收益奖励
否（负责主动营销）	协助	手续费收入×1%（只限发卡第一年）
是（负责营销、前期调查、发卡后风险管理和逾期催收）	负责	手续费收入×5%（发卡第一年） 手续费收入×3%（发卡第二年） 手续费收入×1%（发卡第三年）
备注： （1）年度核发的卡在当年销卡，则发卡奖励将于年底被原数扣减，但保留收益奖励； （2）年度新成为信用卡持卡人的客户，同时在本年度新核发更高级别的卡种（普卡/金卡→白金卡/钻石卡，或白金卡→钻石卡），于年底扣除相应低级别卡种的发卡奖励； （3）逾期三期及以上的卡，将扣减该卡的年度所获全部收益奖励（对年度发放的卡将同时扣减发卡奖励）		

9.7 本章小结

商业银行的薪酬是银行工作人员为银行提供的劳动和服务而获得的经济报酬，其基本形式包括以现金形式支付的工资、奖金和以限制股份和股票期权等形式提供的奖励和以其他形式提供的保险、福利等物质利益。本研究设计的薪酬考核及支付模型结合组织机构的绩效考核，即以三维绩效考核模型为基础，是三维绩效考核模型的延伸。

商业银行员工的绩效是无法脱离商业银行组织机构单独存在的，本研究设计的薪酬考核模型，以三维绩效考核模型中的核心、战略与管理三个维度为基准。其中：（1）核心指标考核员工所在分支机构利润价值贡献和业务规模发展，设置拨备前利润、对公日均存款及储蓄日均存款三项指标。（2）战略指标考核员工所在分支机构战略转型落实情况，包括风险资产收益率、中间业务收入、小企业贷款占比、零售贷款占比及贸易融资投放量五项指标。（3）管理指标考核员工所在分支机构风险管理情况，包括不良贷款率控制目标、信贷资产管理指标、内控合规评估指标三项。

为了体现商业银行规模效应和快速发展的现实需要，充分体现员工所在分支机构利润倍增、存款倍增的贡献度，薪酬考核模型对核心指标增设业绩倍增系数来调节核心指标得分。本研究对员工所在分支机构的拨备前利润和存款的目标值设置了三种水平，分别为正常情境目标值A、乐观情境目标值B和激进情境目标值C，通过情境设置完善薪酬考核模型的综合得分。

薪酬考核模型综合考核得分，基于商业银行全行各项业务预算计划确定绩效考核量化指标，对于核心、战略指标采用实际与计划之比的完成率折算法计算得分，对于管理指标采用综合考评法计算得分。

薪酬考核模型依据员工所在分支机构绩效综合考核得分作为绩效等级评定的基础，共分为A、B、C、D四个等级，并根据考核总得分最终评定级次，用于薪酬考核及支付基数的计算。

薪酬考核模型绩效薪酬分配方案依照普通员工的绩效薪酬分配方案和

分支机构负责人的绩效薪酬分配方案分别进行考核和分配。其中，普通员工的绩效薪酬分配方案为：等级为A的员工将在次年享受上一周期职工工资10%的额度奖励，等级为B的员工将在次年享受上一周期职工工资5%的额度奖励，等级为C的员工将在次年不享受额外的职工工资奖励，等级为D的员工将在次年扣减上一周期职工工资5%的额度。此外，分支机构负责人的年终绩效系数根据绩效考核综合得分、拨备前利润总额、人均利润和多维满意度等四项指标的综合排名来确定。

商业银行的员工的薪酬不是一次性发放的，为了发挥薪酬在商业银行公司治理和风险管理中的导向作用，防止激励不当或激励过度以及与风险挂钩不足而导致员工不审慎行为的出现。根据中国银监会2010年公布实施的关于《商业银行稳健薪酬监管指引》的文件要求，各商业银行均制定了相应的绩效薪酬支付办法。

本研究设计的薪酬支付模型，主要基于薪酬考核模型所计算的支付基数，并根据银监会2010年《商业银行稳健薪酬监管指引》的要求，将绩效薪酬延期支付锁定期限为三年，即剩余绩效将分三年进行发放。延期支付的比例为：中高级管理人员的绩效薪酬的40%进行延期支付；对风险有重要影响岗位的员工的绩效薪酬的30%进行延期支付。

此外，商业银行特定工作人员绩效考核有着特殊的职业背景，本章结合商业银行营业机构会计主管派驻工作政策，探讨营业机构派驻会计主管履职考核方案和具体评价方案；结合商业银行理财经理工作政策，探讨其绩效考核的总体思路和原则，以及具体绩效评价方案；结合商业银行客户经理工作政策，探讨其绩效考核的总体思路和原则，以及具体绩效评价方案；结合商业银行信用卡营销员工工作政策，探讨其绩效考核的总体思路和原则，以及具体绩效评价方案。

第 10 章

国有商业银行总行机关部门绩效考核方案

国有控股商业银行有一个共同特性，即是从事业单位转制为商业银行，其内部治理保留了事业单位机关部门的特性。因此，国有商业银行总行机关部门的绩效考核有其特殊方法。商业银行多维绩效评价主要针对各类商业银行绩效考核，于是，设计一套具有衔接性的国有商业银行总行机关部门绩效考核方案，能够为商业银行多维绩效评价提供有益的补充。

本书介绍的国有商业银行总行机关部门绩效考核方案，是全面贯彻国有商业银行经营发展战略、积极落实经营机构改革、客观公正地衡量和评价国有商业银行总行各部门的工作业绩和管理水平、切实提高国有商业银行总行机关工作效率而特别制订的考核方案。

10.1 国有商业银行总行机关部门绩效考核原则依据和监督

依照万德（Wind）数据库2016年上市银行统计的实际控制人，中国银行的实际控制人为中央汇金投资有限责任公司；工商银行的实际控制人为中华人民共和国财政部和国务院国有资产监督管理委员会；建设银行的实际控制人为国务院国有资产监督管理委员会；交通银行和中信银行的实际控制人为中华人民共和国财政部。因此，上述商业银行都可以被列为国有控股商业银行。此外，我国存在大量城市商业银行（城商行），其实际控制人为中央或地方国有资本，同样可以被列为国有控股商业银行。

1.国有商业银行总行机关部门绩效考核基本原则

（1）坚持业务拓展和管理责任并重的原则；

（2）体现激励与约束相结合的原则；

（3）强调实事求是、客观公正、科学合理的原则。

2.国有商业银行总行机关部门绩效管理的依据

一般而言，国有商业银行总行机关部门绩效管理的依据为：其一，国有商业银行总行的各项管理制度和对应考核年度的年度经营计划指标；其二，落实国有商业银行改革的要求。

3.国有商业银行总行机关部门绩效考核纪律监督

国有商业银行应设立总行部门综合绩效考核小组，小组成员包括各分管行长、人力资源部、综合管理部和计划财务部。办公室设在人力资源部，按年度对总行各部门进行绩效综合评价、考核和等级排名。

总行部门综合绩效考核小组应该认真履行考核职责，按照规定的程序和要求考核，全面、准确、细致、公正地衡量和评价各部门的工作业绩和管理水平，对考核结果的客观性和真实性负责。

国有商业银行总行机关各部门在考核期终了的M个工作日内，完成本部门的自我评价工作，并将考核表加盖部门公章上报人力资源部。人力资源部在考核期终了的N个工作日内完成考评工作。

总行部门综合绩效考核小组对各部门考核表进行监督复核和综合评价，得出综合考评分值，并经各分管行长核实确认，确定最终考核结果。

凡在国有商业银行总行机关部门绩效考核评价工作中弄虚作假、虚报瞒报的，将追究有关领导和当事人的责任，并进行通报。

10.2　国有商业银行总行机关部门绩效考核内容和指标

10.2.1　国有商业银行总行机关部门考核内容

国有商业银行总行机关部门考核内容主要包含：

（1）结合国有商业银行总行机关各部门的业务功能特点，总行部门综合绩效评价分为三方面内容：一是内部管理绩效评价；二是综合业务评价；三是问责（扣分项目）。

$$\text{总行部门绩效得分}=\text{内部管理绩效得分}\times\text{权重（30\%）}+\text{综合业务评价}\times\text{权重（70\%）}-\text{问责（扣分项目）} \quad (10-1)$$

（2）总行部门绩效考核分为半年考核和年终考核两次，半年考核分数的权重为20%，年终考核分数的权重为80%。

$$\text{年度考核分数}=\text{半年考核分数}\times\text{权重（20\%）}+\text{年终考核分数}\times\text{权重（80\%）} \quad (10-2)$$

（3）评价方式采取自评、问卷调查、考核小组综合评价等方式进行。根据综合得分，分为优秀、达标、不达标三个等级。其中优秀比例占总行部门总数的20%，达标比例占总行部门总数的60%，不达标比例占总行部门总数的20%。

总行部门年度绩效考核结果和年终绩效挂钩，对于绩效考核没有达标的部门扣发部门总经理、分管行领导相应的绩效工资，部分设置加分项的部门按照加分指标的超额完成情况给予一定的奖励。

10.2.2 国有商业银行总行机关部门考核指标

国有商业银行总行机关部门绩效考核指标中，包含内部管理绩效评价和综合业务绩效评价两大部分。

1. 内部管理绩效评价

内部管理绩效评价用于综合考评各部门管理和内控情况，属于通用考评指标，采用百分制，分值权重为30%。

$$\text{内部管理绩效得分}=\text{内部管理评价指标得分}\times 30\% \quad (10-3)$$

内部管理绩效评价指标考评方式和考评内容，主要采取各部门自评、考核小组监督复核确定分值的方式，具体分为八部分：

（1）工作计划制订的全面性、科学性、可行性和创新性，按照银行年度工作计划的有关要求及各自的工作职能制订，要全面完整、科学准确，包含任务要求、措施方法、时间步骤。工作计划要有可行性，富有开拓创新精神，有助于业务发展和管理水平的提高。

（2）工作计划完成情况，主要指年终工作的完成与年初所定计划内容的比例及督办事项完成情况。处理突发事件及计划外业务不在此考虑。完成比例具体分为五档，分别对应相应分值。

（3）规章制度管理，包括健全业务规章制度、操作流程、岗位责任制、违规待岗制和失责追究制等，未发生违规违章行为等。

（4）风险防范，包括案件专项治理工作落实，上级工作检查无问题，办公环境安全管理无隐患等。

（5）培训学习，包括制订培训计划，按计划要求完成培训等。

（6）信息宣传，包括加强内外网信息交流，每月向综合管理部报送宣传信息和在公开杂志发表稿件内容等。

（7）创新管理，包括全年实施管理创新项目、全年进行课题研究项目、人均合理化建议项目等。

（8）其他，包括计划外工作情况、工作流程的改善情况。

2.综合业务绩效评价

综合业务绩效评价采用百分制，分值权重为70%。

综合业务绩效得分=综合业务评价指标得分×70%　　（10-4）

综合业务评价考评方式和考评内容，主要依据国有商业银行总行机关各部门当年工作计划，针对前、中、后台的业务职能和管理效能分别制定不同的评价标准，体现各部门拓展业务、强化管理、控制风险和加强服务等不同的职能。本书将国有商业银行总行部门分为三类，具体是：

（1）业务拓展条线，包括公司银行部、个人银行部、国际业务部、信用卡部、金融同业部、资金运营部、小企业金融业务管理部和投资银行部八个部门，主要突出以上部门的业务营销、市场拓展、利润贡献和管理效能的职能，体现业务拓展、价值创造和管理责任并重，考评主要分为发展规模和管理效能两个方面，其中发展规模指标权重较大。未完成指标情况下，发展规模指标按照指标完成比例确定分值。

指标分值=该指标满分分值×该指标实际完成量/指标计划完成量×100%　　（10-5）

对公司银行部的日均存款指标、个人银行部的日均存款指标、国际业务部的国际结算量和外汇中间业务收入指标以及信用卡部中间业务收入指标设置加分项，标准为超额完成率达到5%以上给予加分，加分最高上限为20%。

加分值=该项指标的满分分值×（超额完成率-5%） （10-6）

（2）业务管理条线，包括计划财务部、信贷评价与管理部、授信审批部、运营部、稽核审计部、法律合规部和风险管理部七个部门，突出以上部门对各类业务进行全面的管理、指导、监督、调控和风险控制等职能，体现风险防范、运营支持和管理责任并重，考评分为管理效能和风险控制两个方面。

（3）保障支持条线，包括综合管理部及党群监察部、人力资源部、安全保卫部、信息科技部、发展研究部、组织部六个部门，突出以上部门的后勤保障、服务支持和监督评价等职能，体现保障支持、风险防范和管理责任并重，考评分为管理效能和服务水平两个方面。

综合业务评价采用自评、考核小组监督复核的方式确定最终分值。此外，凡是发生违规行为，要在相关部门问责项目中扣除相应的分值。

10.3 国有商业银行总行机关部门内部管理工作评价方案

国有商业银行总行机关部门内部管理工作评价包括：工作计划制订、工作计划完成、规章制度、风险防范、培训学习、信息宣传和创新管理等。

本研究设计的国有商业银行总行机关部门内部管理工作评价方案，适用于一般国有商业银行总行机关部门的内部管理工作评价，包含评价内容和分值赋权，能够在国有商业银行总行机关的工作实践中使用。本方案设计满分分值为100分，各具体评价分值和内容如下：

1.工作计划制订（20分）

工作计划制订具体包括全面性、科学性、可行性和创新性，见表10-1。

2.工作计划完成（50分）

工作计划完成，首先依据工作计划完成比例得到实际分值，其次对督办事项完成情况进行评价，见表10-1。

表10-1　　国有商业银行总行机关内部管理工作评价方案
——工作计划制订和工作计划完成情况表

<table>
<tr><th>项　目</th><th colspan="2">评价内容</th><th>满分分值</th></tr>
<tr><td rowspan="4">工作计划制订</td><td colspan="2">全面性</td><td>5</td></tr>
<tr><td colspan="2">科学性</td><td>5</td></tr>
<tr><td colspan="2">可行性</td><td>5</td></tr>
<tr><td colspan="2">创新性</td><td>5</td></tr>
<tr><td rowspan="6">工作计划完成</td><td rowspan="5">完成比例</td><td>100%</td><td>40</td></tr>
<tr><td>80%～100%</td><td>30</td></tr>
<tr><td>50%～80%</td><td>20</td></tr>
<tr><td>30%～50%</td><td>10</td></tr>
<tr><td>30%以下</td><td>5</td></tr>
<tr><td colspan="2">督办事项完成情况</td><td>10</td></tr>
</table>

3.规章制度（6分）

规章制度具体包括健全业务规章制度和操作流程，岗位责任制、违规待岗制、失责追究制落实，未发生违规违章行为等，见表10-2。

4.风险防范（5分）

风险防范具体包括案件专项治理工作落实，上级工作检查无问题，办公环境安全管理无隐患等，见表10-2。

5.培训学习（3分）

培训学习具体包括制订全年培训工作计划，按计划要求完成培训等，见表10-2。

6.信息宣传（3分）

信息宣传具体包括加强内外网信息交流，每月向综合管理部报送宣传材料2篇以上，每月向本行或金融期刊投递稿件至少1篇，每年至少在各类期刊发表稿件2篇等，见表10-2。

表10-2　　国有商业银行总行机关内部管理工作评价方案
——其他指标评价表

项　目	评价内容	满分分值
规章制度	健全业务规章制度和操作流程	6
	岗位责任制、违规待岗制、失责追究制落实	
	未发生违规违章行为	
风险防范	案件专项治理工作落实	5
	上级工作检查无问题	
	办公环境安全管理无隐患	
培训学习	制订全年培训工作计划	3
	按计划要求完成培训	
信息宣传	加强内外网信息交流，每月向综合管理部报送宣传信息2篇以上	3
	每月向本行或金融期刊投递稿件至少1篇，每年至少在各类期刊发表稿件2篇	
创新管理	全年实施管理创新不少于2项	3
	全年进行课题研究不少于2项	
	人均合理化建议不少于1项	
其他	计划外工作情况	5
	工作流程的完善	5

7.创新管理（3分）

培训学习具体包括全年实施管理创新不少于2项，全年进行课题研究不少于2项，人均合理化建议不少于1项等，见表10-2。

8.其他（10分）

培训学习具体包括计划外工作情况、工作流程的完善等，见表10-2。

10.4 国有商业银行总行机关具体部门业务评价方案

本书设计了三类国有商业银行总行机关具体部门业务评价方案，包括国有商业银行总行机关业务拓展条线综合业务评价、总行机关业务管理条线综合业务评价和总行机关保障支持条线综合业务评价。

10.4.1 国有商业银行总行机关业务拓展条线综合业务评价

国有商业银行总行机关业务拓展条线综合业务评价，具体包括公司银行部综合业务评价方案、个人银行部综合业务评价方案、国际业务部综合业务评价方案、信用卡部综合业务评价方案、金融同业部综合业务评价方案、资金运营部综合业务评价方案、小企业部综合业务评价方案、投资银行部综合业务评价方案等。

1.国有商业银行公司银行部综合业务评价方案

国有商业银行公司银行部综合业务评价包含发展规模和管理效能两大类指标，方案设计满分分值为100分，各具体评价分值和内容见表10-3。

表10-3　　**国有商业银行公司银行部综合业务评价表**

项　目	评　价　内　容	满分分值
发展规模	对公日均存款A亿元	20
	对公时点存款B亿元	20
	中间业务手续费收入实现C亿元	15
	新增有效开户数D户	15
	小计	70
管理效能	加强公司客户经理管理，提高客户经理业务素质	10
	强化公司业务条线管理职能	5
	进一步完善公司产品体系，推动公司业务发展	5
	加快产品经理队伍建设	5
	依托对公CRM系统，完善公司客户各项数据	3
	加强分支行公司银行部综合岗人员管理，提高数据统计能力	2
	小计	30
综合得分		100

2.国有商业银行个人银行部综合业务评价方案

国有商业银行个人银行部综合业务评价包含发展规模和管理效能两大类指标，方案设计满分分值为100分，各具体评价分值和内容见表10-4。

表10-4　　国有商业银行个人银行部综合业务评价表

项　目	评　价　内　容	满分分值
发展规模	储蓄时点存款E亿元	3
	储蓄日均存款F亿元	2
	个人贷款余额G亿元	5
	中间业务手续费收入达到H亿元	2
	新增中高端客户数量I个	8
	小计	20
管理效能	继续贯彻落实《零售业务中长期发展规划》的各项工作	5
	出台更多的储蓄、个贷、中间业务奖励和考核措施，组织劳动竞赛；实行差异化经营，指导和帮助新分行开业；加强对分支行的业务指导及检查监督和服务	10
	进一步贯彻落实和不断完善银行零售业务的各项规章制度，继续完善《零售业务手册》《个贷手册》《储蓄手册》等	3
	进一步完善CRM系统、财富系统、个贷系统、国债系统、客服中心系统的升级、使用及培训工作，继续加强零售业务系统建设工作，开发理财销售系统等	10
	修改客户经理和理财经理管理办法和考核办法，出台大堂经理管理办法	5
	全年计划销售理财产品J亿元	5
	推动基金、黄金、保险、国债的销售工作	5
	加强零售条线队伍建设，配合人力资源做好客户经理、理财经理、大堂经理的引进及管理工作等	5
	加大对零售从业人员的培训，全年组织培训K次	5
	加强新产品研发和推广，研发个贷新产品H款；同时对现有产品进行推广应用，组织新产品培训工作	5
	强化条线管理和考核，追踪业务进展情况	4
	完善贵宾服务手段，不断挖潜，加大发放贵宾卡力度	5
	加强理财中心建设，服务好贵宾客户	4
	加大各营业网点的服务检查力度，充分发挥“优质服务示范单位”和“服务明星”、“优秀坐席员”的示范作用	5
	不断完善客服中心业务咨询及业务办理职能，高效处理客户咨询、投诉和建议等	4
	小计	80
综合得分		100

3.国有商业银行国际业务部综合业务评价方案

国有商业银行国际业务部综合业务评价包含发展规模和管理效能两大类指标，方案设计满分分值为100分，各具体评价分值和内容见表10-5。

表10-5　　国有商业银行国际业务部综合业务评价表

项　目	评　价　内　容	满分分值
发展规模	国际结算量实现L亿美元	20
	国际贸易融资投放量M亿美元	20
	国际业务中间业务收入N亿元	10
	小计	50
管理效能	防范外汇业务市场风险，保证累计外汇敞口头寸比例在Q%以下	6
	加强产品开发与创新，推出内外贸一体、综合性多行业解决方案	8
	加强分支行管理与业务指导，推动分支行外汇业务稳健发展	6
	加强全面风险管理，深入扎实做好案件治理工作	8
	建设单证中心以及上海分中心，进一步推进流程银行改造	8
	加强外币流动性监测，做好流动性安排，无风险隐患	6
	大力发展贸易融资业务，带动国际结算量和中间业务收入增长	8
	小计	50
综合得分		100

4.国有商业银行信用卡部综合业务评价方案

国有商业银行信用卡部综合业务评价包含发展规模和管理效能两大类指标，方案设计满分分值为100分，各具体评价分值和内容见表10-6。

表10-6　　国有商业银行信用卡部综合业务表

项　目	评　价　内　容	满分分值
发展规模	年内“融易通”信用卡有效发卡量R张	25
	网银有效客户数S万户	15
	提高网上银行的使用效率，年内确保分行网银业务柜面替代率为T%以上	10
	中间收入实现U亿元	20
	小计	70
管理效能	加强信用卡营销队伍管理，尝试建立专业的信用卡营销团队	10
	加强分支行管理和业务指导，推动分支行信用卡业务稳健发展	5
	针对中小企业经营业者推出“融易通”信用卡产品，在空白的市场上形成产品优势	5
	加强自助渠道的开发、宣传、管理工作，分流柜面业务压力	5
	加强与各业务条线合作，完善对公和对私网银功能	5
	小计	30
综合得分		100

5.国有商业银行金融同业部综合业务评价方案

国有商业银行金融同业部综合业务评价包含发展规模和管理效能两大类指标，方案设计满分分值为100分，各具体评价分值和内容见表10-7。

6.国有商业银行资金运营部综合业务评价方案

国有商业银行资金运营部综合业务评价包含发展规模和管理效能两大类指标，方案设计满分分值为100分，各具体评价分值和内容见表10-8。

表10-7　　国有商业银行金融同业部综合业务评价表

项　目	评　价　内　容	满分分值
发展规模	同业收入V亿元	30
管理效能	做好同业市场分析，制定同业业务发展策略，扩大金融机构授信范围	15
	联系基金公司，开展业务洽谈，寻求业务合作	15
	组织人民币代付业务	10
	加大对分支机构业务指导及管理	20
	积极开发创新产品	10
综合得分		100

表10-8　　国有商业银行资金运营部综合业务评价表

项　目	评　价　内　容	满分分值
发展规模	全行债券投资业务收入及本部门票据等各项业务收入W亿元	60
	小计	60
管理效能	加强分支行管理与业务指导	15
	加强本币流动性监测，做好流动性安排	15
	积极开发创新产品	10
	小计	40
综合得分		100

7.国有商业银行小企业部综合业务评价方案

国有商业银行小企业部综合业务评价包含发展规模和管理效能两大类指标，方案设计满分分值为100分，各具体评价分值和内容见表10-9。

表10-9　　国有商业银行小企业部综合业务评价表

项　目	评　价　内　容	满分分值
发展规模	年末小企业贷款余额X亿元	20
	年末小企业贷款日均余额Y亿元	20
	小计	40
管理效能	强化条线管理职能，完善相应规章制度	20
	完善小企业客户经理管理体系	10
	梳理和优化小企业业务流程，提高业务效率	10
	完善产品体系，加强对金融服务品牌的宣传推广	5
	对小企业业务开展风险排查，加强风险管控能力	10
	加强对小企业业务条线的营销指导和市场分析	5
	小计	60
综合得分		100

8.国有商业银行投资银行部综合业务评价方案

国有商业银行投资银行部综合业务评价包含发展规模和管理效能两大类指标，方案设计满分分值为100分，各具体评价分值和内容见表10-10。

表10-10　　国有商业银行投资银行部综合业务评价表

项　目	评　价　内　容	满分分值
发展规模	实现中间业务收入Z万元	70
	小计	70
管理效能	创新基金管理模式，提升银行基金托管价值	6
	以融资策划为起点，尝试开办财务顾问业务	6
	组织全行公司团队，推动银行债务融资工具承销业务	6
	开办信托收益权投资业务，拓宽银行盈利渠道	6
	完善并购贷款管理办法，尝试开展并购业务	6
	小计	30
综合得分		100

10.4.2 国有商业银行总行机关业务管理条线综合业务评价

国有商业银行总行机关业务管理条线综合业务评价，具体包括信贷评管部综合业务评价方案、法律合规部综合业务评价方案、风险管理部综合业务评价方案、计划财务部综合业务评价方案、稽核审计部综合业务评价方案等。

1.国有商业银行信贷评管部综合业务评价方案

国有商业银行信贷评管部综合业务评价包含管理效能和风险控制两大类指标，方案设计满分分值为100分，各具体评价分值和内容见表10-11。

表10-11 国有商业银行信贷评管部综合业务评价表

项目	评价内容	满分分值
管理效能	协调相关部门，督促各分支机构优化信贷结构，提升信贷质量，控制全行不良贷款比率在1.5%以下	15
	当年新增贷款利息回收率不低于100%，当年贷款利息回收率不低于90%，全部贷款利息回收率不低于85%	15
	全行信贷投放严格按照银监会下达的投放额度及节奏，充分利用，严格管控	10
	推动××市内四家中心支行完成退出类贷款压缩的最低目标	10
	小计	50
风险控制	提高风险分析评价能力，健全完善评价体系	15
	加强档案管理，完成信贷系统影像流模块建设工作	15
	加强对分支行出账工作的指导、监督及检查	10
	开展信贷业务专项检查，规范信贷行为	10
	小计	50
综合得分		100

2.国有商业银行法律合规部综合业务评价方案

国有商业银行法律合规部综合业务评价包含管理效能和风险控制两大类指标，方案设计满分分值为100分，各具体评价分值和内容见表10-12。

3.国有商业银行风险管理部综合业务评价方案

国有商业银行风险管理部综合业务评价包含管理效能和风险控制两大类指标，方案设计满分分值为100分，各具体评价分值和内容见表10-13。

4.国有商业银行计划财务部综合业务评价方案

国有商业银行计划财务部综合业务评价包含管理效能和风险控制两大类指标，方案设计满分分值为100分，各具体评价分值和内容见表10-14。

表10-12　　国有商业银行法律合规部综合业务评价表

项　目	评　价　内　容	满分分值
管理效能	继续完善适应银行发展需求的法律合规部管理架	10
	启动内部控制规范体系建设项目，用两年左右的时间达到五部委《企业内部控制基本规范》及其配套应用指引的要求	20
	做好全行存量和新增诉讼案件的代理、执行、依法清收及管理工作	10
	尝试规范全行合同管理流程，制定管理办法，明确合同管理的职责分工	10
	小计	50
风险控制	根据《企业内部控制基本规范》《商业银行内部控制指引》等的要求，继续完善全行内部控制评价办法与工作制度，完成2011年度对各分支行内部控制情况的现场检查评价工作	20
	继续完善内控合规管理系统，加强对制度流程的管理，夯实全行制度的基础，做好全行与新业务、新产品相关的内部制度的合规性审核工作	20
	落实人民银行关于反洗钱的考核机制，加强尽职履职评价，使反洗钱工作得到具体落实	10
	小计	50
综合得分		100

表10-13　　国有商业银行风险管理部综合业务评价表

项　目	评　价　内　容	满分分值
管理效能	围绕新资本协议启动信用风险数据管理及风险计量项目，为未来实现风险限额、贷款定价、经济资本计量和配置以及实施新资本协议奠定基础	20
	制定《××银行全面风险管理体系建设纲要》，明确银行未来全面风险管理体系建设的目标方向和实现路径	20
	调整和完善风险管理委员会职责，对高管层风险管理委员会的职责范围重新明确，保证全行战略目标的有效实现	20
	完善和健全全面风险报告制度，实行全行矩阵式双线报告制度，为高层决策提供支持	20
	通过在企业网设立专栏、组织培训等多种方式，在全行树立风险管理理念，继续做好风险管理文化培育工作	20
	小计	100
综合得分		100

表10-14　　国有商业银行计划财务部综合业务评价表

项　目	评　价　内　容	满分分值
发展指标	控制全行风险资产总量	20
管理效能	落实等级行管理政策，强化规模、效益和质量的平衡发展，为实施分支行分类管理提供依据	5
	进一步完善资产负债管理委员会管理职能，加强总行调控，有效发挥财务管理职能	10
	推进成本分摊项目建设，年内上线运行	5
	基于战略规划，建立健全2011年分支行业绩考核体系	5
	加强营业费用管理，保证成本收入比例不超标	5
	推动全面预算体系，制订预算提升方案	5
	加强对资本充足率的测算和评估，加强对风险资产值的评估，及时提出资本补充或风险资产调控计划	5
	强化财务监督管理，规范引导财务业务行为	5
	全力配合上市前期准备工作	5
	小计	70
风险控制	保证全行资金安全筹集、灵活运作，保证正常备付	5
	保证资本充足率不低于监管水平	5
	对分支行每季度考核一次，不出现偏差和疏漏	5
	定期对人民币流动性风险进行压力测试	5
	加强各项监管指标的计量、监测、预警	5
	提高利率风险计量和监测水平	5
	小计	30
综合得分		100

5.国有商业银行稽核审计部综合业务评价方案

国有商业银行稽核审计部综合业务评价包含管理效能和风险控制两大类指标，方案设计满分分值为100分，各具体评价分值和内容见表10-15。

表 10-15　　国有商业银行稽核审计部综合业务评价表

项目	评 价 内 容	满分分值
管理效能	按照银行要求继续深化案件防控工作	15
	以风险管理有效性为导向，强化内审监督检查力度，充分发挥风险管理第三道防线的职能作用	10
	引进外部审计机构合作开展专业性强、复杂程度高的专业审计，培养内审人才，填补审计空白	10
	提高对异地分行的审计频率，在条件具备的前提下，尝试在机构集中区域实行审计派驻	10
	以提高能力为核心，建立和完善后续教育培训机制	5
	强化内审预警提示机制，有效识别、揭示和控制经营风险	10
	小计	60
风险控制	保质保量完成所承担的专项稽核项目和其他稽核项目	15
	积极参与全面风险管理体系的建设工作	10
	及时报告审计中发现的问题（未尽职责或隐瞒不报造成重大案件该项不得分）	5
	加大内审的力度和频度，实现审计覆盖率100%，发现问题应严格按照相关规定实施处罚	10
	小计	40
综合得分		100

10.4.3 国有商业银行总行机关保障支持条线综合业务评价

国有商业银行总行机关保障支持条线综合业务评价，具体包括组织部综合业务评价方案、科技信息部综合业务评价方案、发展研究部综合业务评价方案、人力资源部综合业务评价方案、综管党群部综合业务评价方案、安全保卫部综合业务评价方案等。

1.国有商业银行总行机关组织部综合业务评价方案

国有商业银行组织部综合业务评价，具体包含管理效能和服务水平两大类指标，方案设计满分分值为100分，各具体评价分值和内容见表 10-16。

表10-16 **国有商业银行组织部综合业务评价表**

项目	评价内容	满分分值
管理效能	加强领导班子建设，增强班子集体的凝聚力、创造力、战斗力	10
	切实加强干部管理，培养和打造素质优良的中层管理人员队伍	10
	根据业务发展需要，完善多层级管理人员和后备人才培训体系与制度建设，提高管理能力与水平	10
	围绕全行战略发展，建设科学、高效的后备人才培养机制，储备充足的后备人才力量	10
	做好分支行领导班子和全行中层管理人员年度考核评价工作	10
	坚持“不拘一格选人才”，充分建立高效的管理人才补充机制，优化管理人员结构	10
	小计	60
服务水平	根据工作需要，及时做好管理人员的调配、使用工作	10
	推进全行管理文化的进一步融合，做好总分行管理岗位业务交流	10
	按照提高后备人才实践能力需要，安排后备人才挂职锻炼，做好挂职锻炼期间的考察工作	10
	做好引进人才相关手续的办理，做好高管任职资格申报的相关工作	10
	小计	40
综合得分		100

2.国有商业银行总行机关科技信息部综合业务评价方案

国有商业银行科技信息部综合业务评价，具体包含管理效能及系统安全性、服务水平和其他三大类指标，方案设计满分分值为100分，各具体评价分值和内容见表10-17。

3.国有商业银行总行机关发展研究部综合业务评价方案

国有商业银行发展研究部综合业务评价，具体包含管理效能和服务水平两大类指标，方案设计满分分值为100分，各具体评价分值和内容见表10-18。

表10-17　国有商业银行总行机关科技信息部综合业务评价表

项　目	评　价　内　容	满分分值
管理效能及系统安全性	保证全年计算机系统快捷、顺畅、安全、高效（因不可抗拒因素出现安全事故不扣分）	10
	加强银行信息系统建设，确保年内按照时间进度完成银行的系统项目建设	6
	完成数据中心硬件设备及全网通信设施的调整和强化	10
	运行队伍和维护队伍的彻底分离	8
	重构数据中心网络体系	8
	实施软件质量全生命周期管理	8
	小计	50
服务水平	继续实施核心业务系统的瘦身改造	8
	优化门户平台	5
	推进综合信息服务平台的持续建设	4
	持续做好应用系统的推广工作	5
	进一步完善数据质量管理平台的建设	8
	小计	30
其他	计划外工作	20
综合得分		100

4.国有商业银行总行机关人力资源部综合业务评价方案

国有商业银行人力资源部综合业务评价，统一用管理效能及服务水平综合表示，方案设计满分分值为100分，各具体评价分值和内容见表10-19。

表10-18　**国有商业银行总行机关发展研究部综合业务评价表**

项　目	评　价　内　容	满分分值
管理效能	协助行领导做好银行中长期战略规划实施情况的跟踪管理工作	10
	制定银行2010年度异地分支机构建设规划，协助行领导做好拟设分行所在地监管部门的沟通协调工作，按时完成拟建分行筹建申报资料的编写申报工作；做好分行下设支行的设立审查与筹建跟踪工作	10
	制订××地区网点整合建设计划并组织各中心支行落实	10
	组织××地区中心支行对低效网点存在的问题进行分析调研，提出改进方案	10
	协同组织社区银行服务模式优化的调研与推动工作	10
	优化产品创新流程，做好产品创新工作的组织推动	10
	抓好博士后工作站的日常管理和课题研究	10
	小计	70
服务水平	分析研究国内外宏观经济形势、金融同业发展动态，开展本行业务发展和经营中的有关重大问题研究，为行领导决策提供有效参考	10
	及时开展拟建异地分行所在地金融环境及同业动态的调研工作，为拟建异地分行筹建及业务拓展提供有效的资讯参考	10
	主动参与监管部门的课题研究，承担部分研究任务，以“研究”为纽带加强与监管部门的联系；积极参加银行同业的研究论坛和研讨会活动	10
	小计	30
综合得分		100

表10-19　国有商业银行总行机关人力资源部综合业务评价表

项　目	评　价　内　容	满分分值
管理效能及服务水平	建立符合现代银行发展要求的人力资源管理体制和机制	15
	根据银行发展战略，制定和完善人力资源3～5年规划	10
	规范异地分行人力资源管理	10
	对人事劳资管理要合法合规，不出现失误	5
	确保不发生因工作不力、措施不当引发劳动纠纷	5
	调整完善银行薪酬制度工作	20
	进一步加强和完善岗位管理体系	10
	持续推进网络大学建设，全面提升面授培训工作，打造一支过硬的行内师资队伍，有计划、有步骤地建立科学的专业考试题库，引导全行培训工作驶入健康发展轨道	20
	落实总行部门考核评定工作	5
综合得分		100

5. 国有商业银行总行机关综管党群部综合业务评价方案

国有商业银行综管党群部综合业务评价，具体包含管理效能和服务水平两大类指标，方案设计满分分值为100分，各具体评价分值和内容见表10-20。

6. 国有商业银行总行机关安全保卫部综合业务评价方案

国有商业银行安全保卫部综合业务评价，统一用管理效能及服务水平表示，方案设计满分分值为100分，各具体评价分值和内容见表10-21。

表10-20　　国有商业银行总行机关综管党群部综合业务评价方案

项　目	评　价　内　容	满分分值
管理效能	完善OA和门户系统功能，实现档案电子化，提高公文流转效率	10
	加强全行声誉风险管理	10
	做好对分支行综合管理部、党群监察工作的指导和管理	10
	加强行政管理，做好重要会议及重大活动的组织保障工作	10
	推进企业文化建设，规范信息宣传工作	10
	加强分支行党组织建设，进一步做好全行党风廉政工作	10
	小计	60
服务水平	对所负责处理、发送、传递的文件，必须做到处理及时、准确	10
	对向市政府和银监局等相关部门办理的常规和临时事务，必须准确、及时、合规	10
	强化沟通协调职能，保证信息渠道畅通	10
	做好总行机关办公环境、食堂、车辆等后勤服务保障工作	10
	小计	40
综合得分		100

表10-21　　国有商业银行总行机关安全保卫部综合业务评价表

项　目	评　价　内　容	满分分值
管理效能及服务水平	构建平安银行，确保银行安全	35
	建立完善安全保卫责任制	10
	完善各项规章制度	10
	进一步完善保卫机构和保卫队伍建设	5
	加强银行物防、技防建设	10
	加强异地分行的安全保卫工作	10
	加强银行运钞车和保安队伍的监管工作	10
	实行量化考核与经济处罚并举，进一步强化各项制度的落实	10
综合得分		100

10.5 本章小结

国有控股商业银行有一个共同特性，即是从事业单位转制为商业银行，其内部治理保留了事业单位机关部门的特性。因此，对国有商业银行总行机关部门绩效考核有其特殊方法。商业银行多维绩效评价主要针对各类商业银行绩效考核，设计一套具有衔接性的国有商业银行总行机关部门绩效考核方案，能够为商业银行多维绩效评价提供有效补充。

本书介绍的国有商业银行总行机关部门绩效考核方案，是全面贯彻国有商业银行经营发展战略、积极落实经营机构改革、客观公正地衡量和评价国有商业银行总行各部门的工作业绩和管理水平、切实提高国有商业银行总行机关工作效率而特别制订的考核方案。

依照万德（Wind）数据库2016年上市银行统计的实际控制人，中国银行的实际控制人为中央汇金投资有限责任公司；工商银行的实际控制人为中华人民共和国财政部和国务院国有资产监督管理委员会；建设银行的实际控制人为国务院国有资产监督管理委员会；交通银行和中信银行的实际控制人为中华人民共和国财政部。因此，上述商业银行都可以被列为国有控股商业银行。此外，我国存在大量城市商业银行（城商行），其实际控制人为中央或地方国有资本，同样可以被列为国有控股商业银行。

国有商业银行总行机关部门绩效考核基本原则有：（1）坚持业务拓展和管理责任并重的原则；（2）体现激励与约束相结合的原则；（3）强调实事求是、客观公正、科学合理的原则。国有商业银行总行机关部门绩效管理的依据为：其一，国有商业银行总行的各项管理制度和对应考核年度的年度经营计划指标；其二，落实国有商业银行改革的要求。

国有商业银行应设立总行部门综合绩效考核小组，小组成员包括各分管行长、人力资源部、综合管理部和计划财务部。总行部门综合绩效考核小组应该认真履行考核职责，按照规定的程序和要求考核，全面、准确、细致、公正地衡量和评价各部门的工作业绩和管理水平，对考核结果的客观性和真实性负责。凡在国有商业银行总行机关部门绩效考核评价工作中弄虚作假、虚报瞒报的，将追究有关领导和当事人的责任，并进行通报。

国有商业银行总行机关部门考核内容包含三个方面：一是内部管理绩效评价；二是综合业务评价；三是问责（扣分项目）。国有商业银行总行机关部门绩效考核指标中，包含内部管理绩效评价和综合业务绩效评价两大部分。总行部门综合绩效考核小组对各部门考核表进行监督复核和综合评价，得出综合考评分值，并经各分管行长核实确认后，确定最终考核结果。

本研究设计的国有商业银行总行机关部门内部管理工作评价方案适用于一般国有商业银行总行机关部门的内部管理工作评价，包含评价内容和分值赋权，能够在国有商业银行总行机关的工作实践中使用。

本书设计了三类国有商业银行总行机关具体部门业务评价方案，包括国有商业银行总行机关业务拓展条线综合业务评价、总行机关业务管理条线综合业务评价和总行机关保障支持条线综合业务评价。

国有商业银行总行机关业务拓展条线综合业务评价，具体包括公司银行部综合业务评价方案、个人银行部综合业务评价方案、国际业务部综合业务评价方案、信用卡部综合业务评价方案、金融同业部综合业务评价方案、资金运营部综合业务评价方案、小企业部综合业务评价方案、投资银行部综合业务评价方案等。

国有商业银行总行机关业务管理条线综合业务评价，具体包括信贷评管部综合业务评价方案、法律合规部综合业务评价方案、风险管理部综合业务评价方案、计划财务部综合业务评价方案、稽核审计部综合业务评价方案等。

国有商业银行总行机关保障支持条线综合业务评价，具体包括组织部综合业务评价方案、科技信息部综合业务评价方案、发展研究部综合业务评价方案、人力资源部综合业务评价方案、综管党群部综合业务评价方案、安全保卫部综合业务评价方案等。

第 11 章

商业银行多维绩效评价的管理机制

绩效考核管理机制是商业银行多维绩效评价顺利实施并产生良好效果的基本保证。针对各类商业银行实际需求，本章从考核机构、考核制度创新、激励机制、考核纪律与监督等角度来阐释与商业银行多维绩效评价相适应的绩效考核管理机制。

11.1 总行绩效考核委员会和秘书组

考核者自身的权威性和公正性是整个考核机制顺畅运转的基本保证。随着各类商业银行规模的扩大和部门的增加，商业银行多维绩效评价需要保证整个银行绩效考核工作的统一性，促进商业银行整体业务的协调发展，避免效率低下的“大机构病”。因此，有必要设立专门的绩效考核组织机构。本书认为，各类商业银行均应设立“总行绩效考核委员会”和“绩效考核委员会秘书组”。

11.1.1 总行绩效考核委员会的设置意义

商业银行总行设立“绩效考核委员会”，是针对各类商业银行的一项重要“顶层设计”，对于充分发挥绩效考核这一战略落实的“指挥棒”作用意义重大。绩效考核委员会的设置作用主要有：

（1）有助于商业银行绩效考核工作更好地统一指挥，充分发挥战略落实的“指挥棒”作用。管理学大师法约尔告诉我们，人类社会和动物界一样，一个身体有两个脑袋，就是个怪物，就难以生存，即组织机构设置需要贯彻“统一领导原则”，即在设置组织机构的时候，一个下级不能有两个直接上级。随着经济社会的发展，各类商业银行逐渐形成相对庞大的组织机构，绩效评价就更多地依赖牵头的职能部门。而不同维度的评价，其牵头部门不一样，见表11-1。设置进行专业化管理的参谋组织“绩效考核委员会”，能够统一指挥各个牵头部门，实现共同的战略目标，实现部门间的协调统一。

（2）有助于提高商业银行绩效考核工作的权威性，消除下属考核领导的误解。随着商业银行经营转型的深入，绩效评价对象也逐渐从对分支机构的单一维度考核向多维度考核转变，尤其是对业务板块的绩效考核逐渐强化。于是，负责各板块业务的总行副行长逐渐成为商业银行绩效的重要责任人。因此，需要对各个副行长负责的业务板块进行考核。但从实际情况看，若严格按照表11-1执行，则计划财务部负责牵头对副行长负责的板块进行考核。

表11-1　　**商业银行各职能部门绩效评价基本分工表**

序号	责任主体	考核牵头部门
1	分行	计划财务部
2	前台板块、条线	
3	总行部门	人力资源部
4	普通员工	
5	领导干部	党委组织部

然而，计划财务部仅仅是一个职能部门，总行副行长在行政职位上是计划财务部总经理的领导，尤其是分管计划财务部的副行长。这样很容易造成下属（计划财务部总经理）考核上级（总行副行长）的误解。这也造成事实上对各副行长的考核落空。那么，在行长之下设置绩效考核委员会可以有效消除这一误解，使对板块的考核落到实处。

（3）设置绩效考核委员会有助于各维度考核的协调统一。同时，绩效考核委员会应设在行长之下，各部门之上，由行长直接兼任委员会主任。

11.1.2 总行绩效考核委员会的工作职责、成员职责和议事规则

1.商业银行总行绩效考核委员会的工作职责

（1）负责建立全行绩效考核组织架构，定义成员部门职责，制定全行绩效考核管理办法及业绩评价细则，组织全行有效落实；

（2）根据全行中长期发展战略，制定年度经营发展目标及相关阶段性考核目标，横向分解到总行业务条线，纵向分解到分支行；

（3）定期组织全行对经营目标执行情况进行分析，及时督促成员部门按照年初计划完成各项目标任务；

（4）定期听取成员部门绩效考核管理工作汇报，研究解决工作中出现的问题，提出有效解决办法，对下一步绩效考核管理工作做出部署；

（5）强化绩效考核工作力度，检查全行绩效考核执行情况，颁布工作指导意见。

2.商业银行绩效考核委员会成员职责

（1）主任委员职责。负责领导全行绩效考核管理工作，对绩效考核管理提出工作要求，审批全行年度或阶段性考核目标，对全行部门机构、人员考核指标和考核结果有审批和裁定权；主持委员会日常工作或委托专人代行主持委员会日常工作。

（2）副主任委员职责。受主任委员委托主持委员会日常工作，牵头制定全行绩效考核工作目标，组织全行有效贯彻落实；负责审核分管部门年度或阶段性绩效考核目标，审批目标分解及各项考核指标和评价标准，确保绩效考核工作顺利进行；根据全行绩效考核管理工作要求，负责本业务板块绩效考核管理工作的组织、协调、控制、分析和监督工作，按季度完成绩效考核评审工作。有权发起召开绩效考核委员会工作会议的建议。

（3）成员部门职责。共同研究、探讨、决定全行绩效考核体系建设，设计成员部门绩效考核指标和标准，提出工作建议及相关要求。负责制定成员部门及分支行年度或阶段性绩效考核目标，审核年度目标分解情况，按季度完成绩效考核评审工作。有权发起召开绩效考核委员会工作会议的

建议。

3.商业银行绩效考核委员会议事规则

（1）绩效考核委员会负责全行绩效管理工作所有相关事项，以会议或会签方式进行议事及决策。

（2）绩效考核委员会主要议事形式包括：召开全体委员会议，审议全行部门、分支机构年度或阶段性目标设定方案等重大事项，审议相关部门及分支机构目标制定及考核组织情况。

（3）绩效考核委员会的主任委员和副主任委员有权根据工作事项的实际情况确定工作事项以及具体牵头部门或人员。

（4）绩效考核委员会原则上每季度定期召开一次全体委员会议，不定期召开专题会议。

11.1.3　绩效考核委员会秘书组

一个木桶的盛水量，不仅取决于最短木板的长度，更取决于木板间的紧密程度。商业银行总行由行长直接挂帅的绩效考核委员会的成立，为绩效考核工作的跨部门协调提供了契机。然而，对于绩效考核工作很好地跨部门协同，只有绩效考核委员会还不够，还需要为它设置一个创新性的办公机构。

本书认为应设置跨部门的“秘书组”，秘书组的人员由分别来自计划财务部、人力资源部、党委组织部等不同部门的绩效考核岗的职员组成，具体设置如图11-1所示。对于绩效考核委员会秘书组的日常工作职责，本书认为可包括这样几项：

（1）日常跨部门协调。秘书组内的各位成员应互通各种绩效考核信息，来自计划财务部、人力资源部和组织部的秘书还应分别对各自所在部门总经理负责。这样就构成了一个“法约尔天桥”，如图11-2所示。

（2）绩效考核日常信息与文档管理。

（3）专业知识与专业能力提升的推动，如平衡计分卡理念的推广、EVA和RARAOC指标的宣讲等。

（4）绩效考核委员会安排的其他任务。

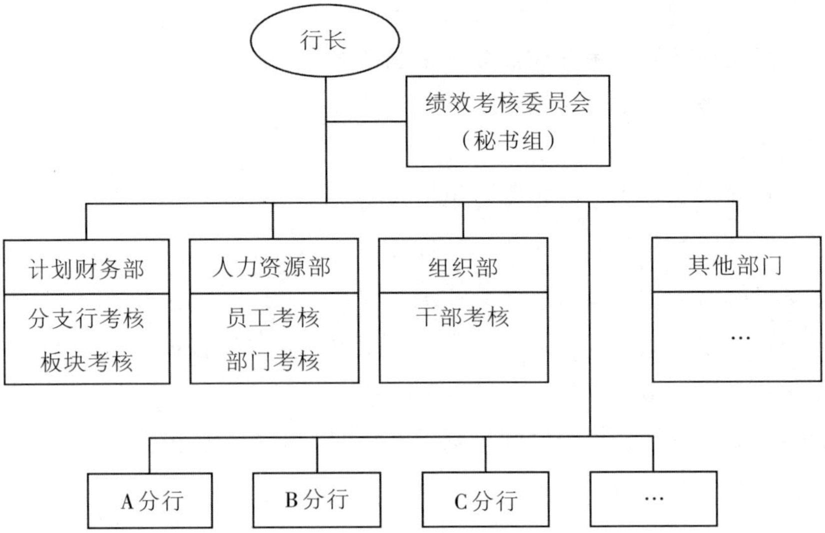

图 11-1　商业银行多维绩效评价绩效考核组织结构图

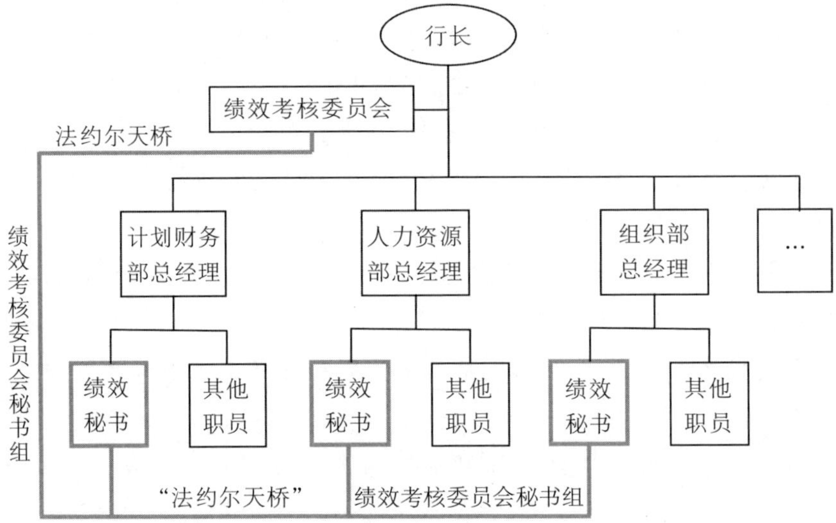

图 11-2　秘书组搭建“法约尔天桥”示意图

绩效考核委员会秘书组由计划财务部、人力资源部和组织部的绩效考核岗位人员组成，要受所在部门总经理指挥，但又依照“绩效考核委员会秘书”（以下简称“绩效秘书”）的身份与来自其他部门的绩效秘书直接联系，并可以向作为绩效考核委员会主任的行长直接报告。这样“法约尔天桥”就搭建起来了。这是一项制度创新，既可增强秘书组的跨部门协调能力，又可以消除办公室承担部门独立业务经办的困难。

11.2　多维绩效评价的考核制度体系创新

理论上，绩效评价的维度越多，管理的精细化程度也越高。然而，绩效评价的考核制度受制于如下四个原则：①成本效益原则。绩效评价的维度扩展，则信息科技投入、信息收集成本会成倍增加。②关联不相容原则。绩效评价能够从不同视角反映经营战略，彼此勾稽、关联，但又不存在重叠和包含关系，包括机构与区域、部门和产品的关系。③可行性原则。绩效评价的经营需要、管理能力和技术手段均至关重要，数据的准确性、管理思路的合理性、配套机制的健全性也不容忽视。④实效性原则。绩效评价需要提升精细化管理，服务应用是根本，无效数据则形成信息超载。

根据中国商业银行实际情况，本书建议在通过拓展和细化考核维度来推进管理精细化时遵循这样的原则：①急用先行原则。②敢为人先原则。③配套协调原则。④成本效益原则。

绩效考核维度的增加需要以管理会计核算能力的提升为基础，核算能力的提高能够促进多维绩效评价的考核制度快速形成。商业银行管理会计应用实践包括成本分摊（CA）系统、资金转移定价（FTP）系统等。

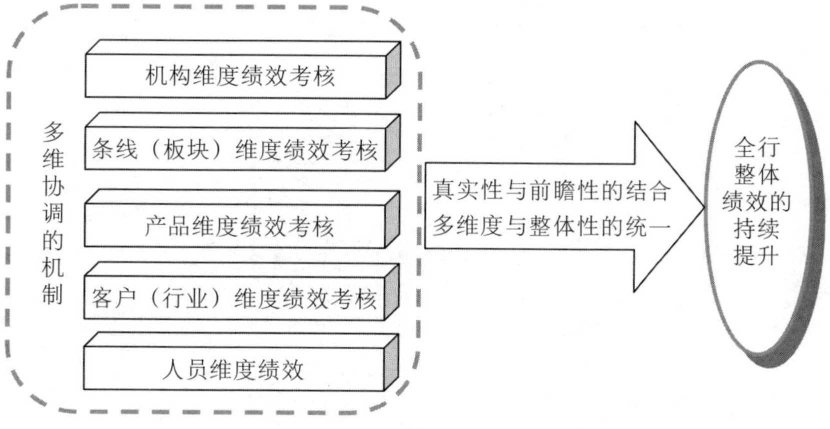

图 11-3　“L 银行”预期实施五维绩效考核对象的制度体系图

随着管理会计核算能力的进一步提高，各类商业银行完全可以突破目前的三维（机构、产品、行业）的限制，而搭建起更加多维的考核制度体系。例如，“L银行”预期实施五维绩效考核对象的制度体系，如图11-3所示。所谓五维，是指商业银行的整体绩效可从五个维度进行细分，包括机构维度（分行、支行、网点等）、条线维度（可灵活合并出板块的绩效数据）、产品维度、客户维度（可灵活合并出各行业的绩效数据）、人员维度（包括客户经理、普通员工、领导干部等的绩效）。该制度能够更加精细地实现真实性与前瞻性的结合，实现多维度与整体性的统一。

考核维度拓展的制度体系创新，需要配以多维协调的机制和文化，是一个长期的过程。商业银行多维绩效评价需要特别注意的是：真实性和前瞻性的结合，多维度和整体性的统一。更加多维的绩效考核虽然烦琐，但多维绩效评价是管理精细化的主要体现，它将更好地发挥战略落实指挥棒的作用，能够带来商业银行整体绩效的持续提升。

此外，利用本书提出的三维绩效考核模型进行横向与纵向沟通，同样能够实现多维绩效评价的考核制度体系创新，如图11-4所示。

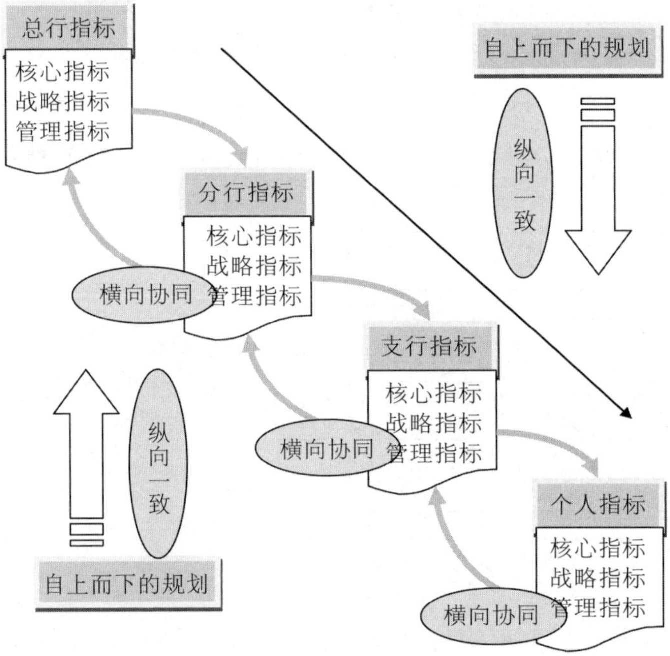

图11-4　利用三维绩效考核模型进行横向与纵向沟通示意图

在图11-4中，无论是总行层面，还是分行、支行、个人层面，都可以将考核指标按照“核心、战略、管理”的三分法进行分解，这可保证商业银行整体战略在各个层面的协同一致，同样实现了多维绩效评价的考核制度体系创新。

11.3　物质激励与非物质激励

1995年我国《商业银行法》的颁布，为国有银行的商业化改革提供了法律基础。商业银行既然是公司，那“赚钱”就是天经地义的了。作为绩效考核对象的内部单位和人员，在为商业银行整体和外部利益相关者赚钱的同时，自然也会要求分享，这是无可厚非的。因此，物质激励仍是首要的激励方式，因此，薪酬考核及支付模型显得十分重要，需要持续认真研究。

随着生产力水平的提高，我国正步入小康社会，生活物资匮乏问题已经基本解决。对于商业银行来说，对员工和内部单位的纯物质激励显然已经不够了，需要克服“经济人假设”的局限，贯彻“以人为本”的先进理念，需要认真研究非物质激励的问题。例如，综合绩效排名第一名的分支机构可获得先进分支行奖励；人均EVA第一名可获得人均利润最佳贡献奖；核心指标较上年增长幅度较大的分支机构可获得进步最快奖，等等。

除了获得个人或集体的“先进”称号外，非物质激励的手段还有很多值得尝试。如运用机构绩效评价结果，支持分支机构的等级评定、授权调控和资源分配，运用产品绩效评价结果为营销议价提供标准参考价格，运用绩效评价结果作为员工利益分配的科学依据，为职务晋升、岗位调整以及职业培养提供重要参考。一般来说，总行对分行绩效考核的结果可应用于以下方面：（1）授权管理。为了便于开展经营活动，向广大消费者提供便捷、优质的金融服务，商业银行一般都设有分布范围广泛的支行。在当今商业银行的组织结构迅速转变为“大总行、小支行”的情况下，支行的经营权限和资源控制权限已经上收总行，由总行根据支行绩效考核的结果，向支行分配各种资源与权限。授权管理就是商业银行在一级法人制度框架下，总行对各个支行、各个部门甚至各个岗位，在经营管理活动中所具有的权限进行严格约束的一种管理行为。与授权管理相配合的是授信管理，也即商业银行总行对其各个支行所辖区域以及客户所规定的内部信用的最高额度。现代商业银行的管理授权一般是一种动态化的有限分级授权。在实际授权时还要注意授权管理的方式方法。（2）经营费用分配。（3）绩效工资分配。具体分配方式可包括总额占比、等级划分、强制分布、与责任绩效实现数额挂钩等。

在本书的调研过程中，商业银行分支行的一些中层干部反映，到总行学习交流的机会、和总行领导接触的机会也是很宝贵的。因为分行的中层干部人数众多，其升迁的机会不是很多，能有机会和总行领导接触就增加了其获得认可和升迁的可能性。因此，本书认为可以将分支行的整体绩效考核结果，运用到分支行干部晋升人数的确定中。例如，效益最好的分行，可特许其2个中层干部荣升总行部门或分行副职，或者给予更多的培训机会。

总之，人不是纯物质的，绩效考核结果的激励性运用需要更多地从关注物质到关注人。企业激励理论中的“人本中心”思想会在商业银行实际工作中有更多的体现。

11.4 绩效考核纪律与监督

商业银行多维绩效评价，需要严格执行银监会《银行业金融机构绩效考评监管指引》要求，确保在考评指标设置、确定及分解时，符合审慎经营和自身能力相适应的原则，无违反《银行业金融机构绩效考评监管指引》的规定情形。

商业银行多维绩效评价考核数据的提供者（分支机构）应确保数据的真实性，发现弄虚作假，除按照核定后的数据重新计算考核得分外，还将视其严重程度对被考核者进行扣分，跨年度发现存在弄虚作假现象的，扣减当年度对应指标分值，并对指标的运用进行相应的调整。

商业银行多维绩效评价的考核人员要认真履行考核职责，按照规定的程序和要求实施考核，要全面、准确、细致地了解和客观公正地反映考核对象的情况，并对考核结果的客观性、真实性负责。被考核分支机构或部门对考核工作必须积极配合，全面真实地提供有关情况，并为考核工作提供必要的工作条件。

此外，凡在考核评价工作中弄虚作假、虚报瞒报的，应当追究有关领导和当事人的责任，并全行通报。触犯法律的，应承担相应民事或刑事责任。

11.5 外部监督和导向管理

本节所言的外部监督和导向管理，是中国银行业监督管理委员会（中国银监会）及其附属地方管理机构，对商业银行金融机构做好绩效考评工作的意见和指引。在商业银行绩效考核的具体执行中，中国银监会等外部监管机构往往同样发挥着重要的管理职能和作用，其管理导向不可忽略。综合历年外部监督和政策导向，本书归纳出如下管理导向：

1.充分发挥绩效考评对稳健经营的引导作用

中国银监会及其附属地方管理机构，要求各商业银行机构切实推动以做大规模为主的业务发展思路，向以质量效益为主的内涵式发展转变，科学建立绩效考评制度体系，充分发挥绩效考评对稳健经营和科学发展的引导作用。

地方法人银行业机构需要按照中国银监会及其附属地方管理机构对口监管部门监管要求，做好《银行业金融机构绩效考评监管指引》贯彻落实工作。具体而言，要求科学制订经营计划、合理分解考评任务、强化风险合规考评、科学设置发展转型类指标、完善绩效薪酬管理制度、加大信息科技对绩效考评工作的支持、加强分支机构绩效考评管理、实施绩效考评内部审计，加快完善绩效考评制度及其配套机制建设。

非法人分支机构要加强与商业银行总行沟通，以审慎经营和与自身能力相适应为原则，合理分解、细化绩效考评指标，确保与商业银行总行的绩效考评要求保持一致，全面执行商业银行总行的战略目标、经营理念和风险政策。

各商业银行总、分行机构设置绩效考评指标时，应当恪守“四条禁令”，不设立时点性规模指标，不在综合绩效考评指标体系外设定单项或临时性考评指标，不设定没有具体目标值、单纯以市场份额或市场排名为要求的考核指标，不自行制定考评办法或提高考评标准及相关要求。

2.认真履行绩效考评报告责任

要求各商业银行机构认真按照《银行业金融机构绩效考评监管指引》要求，充分做好以下报告工作：

（1）年度经营计划和绩效考评制度应于每年3月末前以正式文件报告中国银监会及其附属地方管理机构。地方法人银行业机构应报告董事会批准的年度经营计划和高级管理层制定的绩效考评制度。非法人分支机构应报告总行（公司）下达的年度经营计划、考评要求和经总行（公司）同意的绩效考评方案。

（2）在年度期间对绩效考评进行调整的，应将调整情况于调整后10日内通过中国银监会及其附属地方管理机构电子政务平台报对口监管处室。

（3）年终绩效考评结果应于考评结果做出后10日内通过中国银监会及其附属地方管理机构电子政务平台报对口监管处室。地方法人银行业机构年终绩效考评结果应不迟于次年3月末前报告。

（4）地方法人银行业机构绩效考评审计报告应于审计报告出具后10日内通过中国银监会及其附属地方管理机构电子政务平台报对口监管处室。

3.扎实开展年度绩效考评制度建设评估工作

各银行业机构要依规在年度中期组织开展对年度绩效考评的专项评估，对照《银行业金融机构绩效考评监管指引》要求全面审视绩效考评合规性、审慎性以及配套机制建设情况。具体评估内容如下：

（1）考评机制建设情况及评估。内容包括但不限于绩效考评工作的组织架构、工作制度、职责分工、工作流程以及绩效考评的管理监督等。

（2）考评指标设置情况及评估。内容包括但不限于考评指标分类、各类指标设置及权重情况，有无违反“四条禁令”情况；非法人分支机构还应评估考评方案是否符合总行（公司）考评要求，是否提高了考评标准及相关要求，考评任务向下分解是否合规等。

（3）风险合规考评情况及评估。内容包括但不限于合规经营类和风险管理类指标权重是否高于其他类指标，两类指标的具体考核方法如何，考核是否贯穿于业务经营管理的过程与环节中，对强化基层风险合规意识作用如何；对于外部检查被实施或受到监管措施或行政处罚的，是否调低绩效考评等级；对于发生案件的考评对象是否调低绩效考评等级等。

（4）考评结果应用情况及评估。内容包括但不限于绩效考评结果在评定等级、确定管理授权、分配信贷资源和财务费用、核定绩效薪酬总额、评价高级管理人员和确定其绩效薪酬等方面的应用情况；核定考评对象的绩效薪酬总额和确定高级管理人员的绩效薪酬时，是否符合《商业银行稳健薪酬监管指引》关于薪酬延期支付和扣回制度的有关规定。

中国银监会及其附属地方管理机构对各银行业机构绩效考评情况进行再评估，评估结果纳入监管评级或年度监管评价机制。对监管评估中发现的突出问题，根据《中华人民共和国银行业监督管理法》的相关规定责令限期整改，并将有关问题向承担法人监管职责的监管部门和银监局通报。整改不到位的，依法实施监管措施或行政处罚。

11.6　商业银行多维绩效评价管理机制的创新思维

商业银行多维绩效评价的管理机制不应停留于现有监管要求和商业银行内部企业文化基础，更应该依据会计学、审计学等理论知识探索创新思维方式。这不仅是商业银行绩效评价理论发展的需要，也是商业银行未来稳健经营的长期需要。因此，本书建议采用一种“绩效评价关键岗位备份”，它是“关键岗位人员轮岗制度”的升级版，虽然可能增加企业的经营成本，但通过互相监督，也带来经营风险降低、员工素质提升等直接或间接的经济效益，抵消绩效考核舞弊而对商业银行带来的直接或间接损失。

11.6.1 绩效考核关键岗位人员轮岗制衡

关键岗位人员轮岗制衡，是指为了消除小团体、避免一些要害部门的人员长期在一个部门而滋生腐败的一种岗位轮换，它的两大职能就是预防和备份，商业银行总行绩效考核委员会和秘书组尤其要注意岗位轮换①。

《企业内部控制规范——基本规范》规定：人力资源政策至少应当包括财务会计、内部控制等关键岗位员工的轮岗制衡要求。《企业内部控制规范——基本规范》同样规定企业应当结合岗位特点和重要程度，明确关键岗位员工轮岗的期限和有关要求，建立规范的岗位轮换制度，对关键岗位的员工，可以实行强制休假制度，并确保最长不超过五年的时间内进行岗位轮换，以强化职责分工控制的有效性。商业银行多维绩效评价的组成人员是与财务会计、内部控制等关键岗位同等重要且相关的执行者。

在外部审计中，签字注册会计师强制定期轮换，其规则为：两名签字注册会计师为同一相关机构连续提供审计服务的期限在同一年度达到五年的，可由一名签字注册会计师延期为该相关机构提供审计服务，但延期不得超过一年。签字注册会计师已连续为同一相关机构提供五年审计服务并被轮换后，在两年以内，不得重新为该机构提供审计服务。这是审计关键岗位人员轮岗制的一种表现，对提高审计质量、保障投资者权益提供了制度保障，起到很好地防止舞弊或合谋的应用效果。

按照《企业内部控制规范》的要求，关键岗位应该定期实行轮换制度。在实际执行绩效评价的过程中，大部分商业银行却忽略了《企业内部控制规范》的要求，认为绩效考核岗位具有临时性，不是固定岗位或关键岗位，没有按规定严格执行，这是绩效考核在部分商业银行没有很好实施甚至出现绩效考核弄虚作假的问题之一。究其原因，可以归结为：（1）绩效考核人员权力过大，岗位分工往往也不是很明确，具有临时性。（2）绩效考核的人员存在内生性。商业银行中绩效考核的人，同时也是绩效考核的对象。因此，有很多不相容的绩效考核工作也能够有机会由一个人或一个部门兼任。（3）大部分商业银行绩效考核委员会认为，岗位轮换会引发

① 该处部分观点来自：吴敏艳. 中小企业内部控制问题探讨——基于会计岗位轮换制度的缺失［J］. 财政监督，2010（16）:56-57.

一些不必要的麻烦，对前任考核人不尊重。(4) 岗位轮换制度的执行成本比较高。

然而，商业银行绩效考核评价关键岗位轮换能满足企业内部控制和绩效考核公正性的内在需求，能增强全体员工对绩效考核结果的认可度，进而提高企业的经济效益；关键岗位轮换能克服由于长期从事一项工作而给他人带来的信任危机；关键岗位轮换能提高绩效考核队伍的素质，完善内部治理。

11.6.2　绩效考核关键岗位备份

"绩效考核关键岗位备份"是"绩效考核关键岗位人员轮岗制度"的升级版。绩效考核关键岗位不但要形成关键岗位人员轮岗制度，形成必要的职责分离；而且，要形成横向与纵向相互监督制约关系，形成绩效考核责任的划分机制，形成绩效考核管理漏洞的预防机制，以及形成人才培养和储备的良性机制。

"绩效考核关键岗位备份"具体可包括：(1) 绩效考核关键岗位轮岗；(2) 绩效考核委员会的备份和监督；(3) 秘书组的备份和监督。其中，绩效考核委员会的备份和监督及秘书组的备份和监督解释如下：

其一，总行绩效考核委员会的备份及监督，是指总行绩效考核委员会分别由行长和董事长，或者董事长或国有银行的书记，担任总行绩效考核委员会的主任，对绩效考核关键岗位进行备份。由主执行组执行绩效考核，由备份执行组复核。

其二，秘书组的备份和监督，是指总行绩效考核委员会秘书组分别选出两个秘书组，可以设置主执行组和备份执行组，也可以两个组交叉分工，对绩效考核秘书组的工作进行备份和监督。

《商业银行内部控制指引》和《商业银行内部控制评价试行办法》规定商业银行应明确所有与财务会计、风险和内部控制有关的部门、岗位、人员的职责和权限；明确关键岗位、特殊岗位、不相容岗位及其控制要求；建立关键岗位定期或不定期的人员轮换和强制休假制度。然而，在实际执行的过程中，商业银行对绩效考核还缺乏完善的关键岗位轮换制度，更缺乏"关键岗位备份"。

商业银行的绩效考核执行人员流动起来才能有说服力，才能发现问题，才能实现公开、公平、公正。同时，对绩效考核关键岗位进行备份，能够及时发现绩效考核中的漏洞，防止绩效考核关键管理人员渎职舞弊而给商业银行带来直接或间接损失。虽然这一方法可能增加企业的经营成本，但也带来经营风险降低、公信力提升等直接或间接的经济效益。

因此，“绩效考核关键岗位备份”能有效杜绝绩效考核工作中的漏洞，提高绩效考核结果的公信力和透明度。

11.7 本章小结

绩效考核管理机制是商业银行多维绩效评价顺利实施并产生良好效果的基本保证。针对各类商业银行实际需求，本章从考核机构、考核制度创新、激励机制等角度来阐释与商业银行多维绩效评价相适应的绩效考核管理机制。

考核者自身的权威性和公正性是整个考核机制顺畅运转的基本保证。随着各类商业银行规模的扩大和部门的增加，商业银行多维绩效评价需要保证整个银行绩效考核工作的统一性，促进商业银行整体业务的协调发展，避免效率低下的“大机构病”。因此，有必要设立专门的绩效考核组织机构。本书认为，各类商业银行均应设立“总行绩效考核委员会”和“绩效考核委员会秘书组”。

商业银行总行设立“绩效考核委员会”，是针对各类商业银行的一项重要“顶层设计”，对于充分发挥绩效考核这一战略落实的“指挥棒”作用意义重大。绩效考核委员会的设置作用主要有：(1) 有助于商业银行绩效考核工作更好地统一指挥，充分发挥战略落实的“指挥棒”作用。(2) 有助于提高商业银行绩效考核工作的权威性，消除下属考核领导的误解。(3) 设置绩效考核委员会有助于各维度考核的协调统一。

商业银行总行绩效考核委员会的工作职责包括：(1) 负责建立全行绩效考核组织架构，定义成员部门职责，制定全行绩效考核管理办法及业绩评价细则，组织全行有效落实；(2) 根据全行中长期发展战略，制定年度经营发展目标及相关阶段性考核目标，横向分解到总行业务条线，纵向分解到分支行；（3）定期组织全行对经营目标执行情况进行分析，及时督促成员部门按照年初计划完成各项目标任务；（4）定期听取成员部门绩效考核管理工作汇报，研究工作中出现的问题，提出有效解决办法，对下一步绩效考核管理工作做出部署；（5）强化绩效考核工作力度，检查全行绩效考核执行情况，颁布工作指导意见。

为使绩效考核工作很好地跨部门协同，只有绩效考核委员会还不够，还需要为它设置一个创新性的办公机构。本书认为应设置跨部门的“秘书组”，秘书组的人员由分别来自计划财务部、人力资源部、党委组织部等不同部门的绩效考核岗的职员组成。绩效考核委员会秘书组的日常工作职责包括以下几项：（1）日常跨部门协调。（2）绩效考核日常信息与文档管理。（3）专业知识与专业能力提升的推动。（4）绩效考核委员会安排的其他任务。

绩效考核委员会秘书组由计划财务部、人力资源部和组织部的绩效考核岗位人员组成，要受所在部门总经理指挥，但又依照“绩效考核委员会秘书”的身份与来自其他部门的绩效秘书直接联系，并可以向作为绩效考核委员会主任的行长直接报告。这样“法约尔天桥”搭建起来了。这是一项制度创新，既可增强秘书组的跨部门协调能力，又可以消除办公室承担部门独立业务经办的困难。

理论上，绩效评价的维度越多，管理的精细化程度也越高。然而，绩效评价的考核制度受制于如下四个原则：①成本效益原则。②关联不相容原则。③可行性原则。④实效性原则。根据中国商业银行实际情况，本书建议在通过拓展和细化考核维度来推进管理精细化时遵循这样的原则：①急用先行原则。②敢为人先原则。③配套协调原则。④成本效益原则。

绩效考核维度的增加需要以管理会计核算能力的提升为基础，核算能力的提高能够促进多维绩效评价的考核制度快速形成。随着管理会计核算能力的进一步提高，各类商业银行完全可以突破目前的三维（机构、产品、行业）的限制，而搭建起更加多维的考核制度体系。考核维度拓展的制度体系创新，需要配以多维协调的机制和文化，是一个长期的过程。商业银行多维绩效评价需要特别注意的是：真实性和前瞻性的结合，多维度和整体性的统一。更加多维的绩效考核虽然烦琐，但多维绩效评价是管理精细化的主要体现，它将更好地发挥战略落实“指挥棒”的作用，能够带来商业银行整体绩效的持续提升。此外，利用本书提出的三维绩效考核模型进行横向与纵向沟通，同样能够实现多维绩效评价的考核制度体系创新。

1995年我国《商业银行法》颁布，为国有银行的商业化改革提供了法律基础。商业银行既然是公司，那“赚钱”就是天经地义的了。作为绩效考核对象的内部单位和人员，在为商业银行整体和外部利益相关者赚钱的同时，自然也会要求分享，这是无可厚非的。因此，物质激励仍是首要的激励方式，因此，薪酬考核及支付模型显得十分重要，需要持续认真研究。

随着生产力水平的提高，我国正步入小康社会，生活物资匮乏问题已经基本解决。对于商业银行来说，对员工和内部单位的纯物质激励已经显然不够了，需要克服“经济人假设”的局限，贯彻 “以人为本”的先进理念，需要认真研究非物质激励的问题。个人或集体的“先进”称号、赴总行学习交流的机会、职务晋升等都是商业银行员工的非物质激励需求。

商业银行多维绩效评价，需要严格执行银监会《银行业金融机构绩效考评监管指引》要求，确保在考评指标设置、确定及分解时，符合审慎经营和自身能力相适应的原则，无违反《银行业金融机构绩效考评监管指引》的规定情形。

商业银行多维绩效评价考核数据的提供者（分支机构）应确保数据的真实性，如发现弄虚作假，除按照核定后的数据重新计算考核得分外，还将视其严重程度对被考核者进行扣分，跨年度发现存在弄虚作假现象的，扣减当年度对应指标分值，并对指标的运用进行相应的调整。

商业银行多维绩效评价的考核人员要认真履行考核职责，按照规定的程序和要求实施考核，要全面、准确、细致地了解和客观公正地反映考核对象的情况，并对考核结果的客观性、真实性负责。被考核分支机构或部门对考核工作必须积极配合，全面真实地提供有关情况，并为考核工作提供必要的工作条件。

此外，凡在考核评价工作中弄虚作假、虚报瞒报的，应当追究有关领导和当事人的责任，全行通报。触犯法律的，应承担相应民事或刑事责任。

外部监督和导向管理，是中国银行业监督管理委员会及其附属地方管理机构，对商业银行金融机构做好绩效考评工作的意见和指引。在商业银行绩效考核的具体执行中，中国银监会等外部监管机构往往同样发挥着重要的管理职能和作用，其管理导向不可忽略。综合历年外部监督和政策导向，本书归纳出如下管理导向：其一，充分发挥绩效考评对稳健经营的引导作用；其二，认真履行绩效考评报告责任；其三，扎实开展年度绩效考评制度建设评估工作。

中国银监会及其附属地方管理机构对各银行业机构绩效考评情况进行再评估，评估结果纳入监管评级或年度监管评价机制。对监管评估中发现的突出问题，根据《中华人民共和国银行业监督管理法》的相关规定责令限期整改，并将有关问题向承担法人监管职责的监管部门和银监局通报。整改不到位的，依法实施监管措施或行政处罚。

商业银行多维绩效评价的管理机制不应停留于现有监管要求和商业银行内部企业文化基础，更应该依据会计学、审计学等理论知识探索创新思维方式。这不仅是商业银行绩效评价理论发展的需要，也是商业银行未来稳健经营的长期需要。因此，本书建议一种"绩效评价关键岗位备份"，它是"关键岗位人员轮岗制度"的升级版，虽然可能增加企业的经营成本，但通过互相监督，也将带来经营风险降低、员工素质提升等直接或间接的经济效益，抵消绩效考核舞弊而给商业银行带来的直接或间接损失。

"绩效考核关键岗位备份"是"绩效考核关键岗位人员轮岗制度"的升级版。绩效考核关键岗位不但要形成关键岗位人员轮岗制度，形成必要的职责分离；而且，要形成横向与纵向相互监督制约关系，形成绩效考核责任的划分机制，形成绩效考核管理漏洞的预防机制，以及形成人才培养和储备的良性机制。

"绩效考核关键岗位备份"具体可包括：（1）绩效考核关键岗位轮岗；（2）绩效考核委员会的备份和监督；（3）秘书组的备份和监督。

商业银行的绩效考核执行人员流动起来才能有说服力，才能发现问题，才能实现公开、公平、公正。同时，对绩效考核关键岗位进行备份，能够及时发现绩效考核中的漏洞，防止绩效考核关键管理人员渎职舞弊而给商业银行带来直接或间接损失。虽然这一方法可能增加企业的经营成本，但也带来经营风险降低、公信力提升等直接或间接的经济效益。

因此，“绩效考核关键岗位备份”能有效杜绝绩效考核工作中的漏洞，提高绩效考核结果的公信力和透明度。

第 12 章

商业银行多维绩效评价与应用研究的实效与推广

商业银行多维绩效评价与应用研究的选题着力于商业银行实际，总结和升华商业银行在绩效评价中所积累的成功经验，积极探索和试图解决商业银行在绩效评价建设中遇到的问题。本章对商业银行多维绩效评价的研究结论、实施效果以及对其他各类商业银行的借鉴意义予以探讨。

12.1 本书研究结论

商业银行多维绩效评价与应用研究，立论于商业银行多维绩效评价与应用，首先，需要厘定商业银行多维绩效评价的基本内涵。其次，从商业银行三大类绩效考核层面出发，对商业银行公司层面、特殊业务层面和人员绩效考核层面的绩效评价予以探讨。再次，在上述三大类绩效考核层面的具体研究中，主要探讨上述三大类绩效考核层面下，绩效考核具体的考核模型、指标设置、计分方法与指标赋权方法。不容忽视的是，商业银行绩效考核的监管机制是绩效考核生存和发展的土壤，因此也一并探讨。最后，结合商业银行绩效考核的特点、三大类绩效考核评价的总体框架以及商业银行绩效考核的应用环境，探讨上述三大类绩效评价的具体应用，同时，进行其他外延性研究。以上研究共同构成商业银行多维绩效评价的组成部分。

本书通过对商业银行多维绩效评价的潜心研究，在商业银行多维绩效评价与应用的研究领域做了如下有益的探索和创新：

第一，构建了商业银行多维绩效评价的概念和内涵。多维绩效评价主要从商业银行绩效评价的内容角度进行定义：其一，企业（全行）组织机构的绩效考核，即从总行（总公司）到分支机构的各级绩效评价和考核机制，以及绩效考评的综合应用机制。其二，商业银行特定业绩中心的成绩或特殊业务成果测评。其三，对商业银行各级分支机构个体员工过去的工作行为及取得的工作业绩进行评价。

第二，依据商业银行多维绩效评价三个层面的具体绩效评价内涵，即商业银行组织机构的绩效考核、商业银行特定业绩中心或特殊业务成果测评和商业银行员工工作业绩评价，分别设计了三维绩效考核模型、全面业绩评价模型、薪酬考核模型和薪酬支付模型对商业银行的总体绩效进行多维评价。

第三，本研究提出的三维绩效考核模型，在借鉴平衡计分卡注重多方平衡优点的同时，将指标维度分为“核心、战略、管理”三个方向，并设有示例性的二级维度和三级维度，可以使不同管理基础的各类银行组织结构快捷清晰地设置出自己需要的考核指标体系。

第四，本研究构建的适用于商业银行特定业绩中心和特殊业务成果的全面业绩评价模型，以BSC和EVA为构建平台，将EVA作为财务层面主要指标并建立多层次EVA中心，并合理选择BSC中的关键指标，此外，还注重业绩评价与日常管理的结合，能够对商业银行特定业绩中心和特殊业务成果进行精确评价。

第五，本研究设计的薪酬及支付模型结合组织机构的绩效考核，即以三维绩效考核模型为基础，设置了员工超额奖励的规定系数和目标值修正系数进行调整，并根据考核总得分最终评定级次，用于薪酬考核及支付基数的计算。

第六，本研究设计的薪酬支付模型，主要基于薪酬考核模型所计算的支付基数，并根据银监会2010年《商业银行稳健薪酬监管指引》的要求，设计了绩效薪酬延期支付锁定限期和延期发放方案，具有实用性的特点。

第七，针对各类商业银行实际需求，本研究从考核机构、考核制度创新、激励机制等角度，设计“绩效考核委员会”、“秘书组”、多维考核制度创新方案、非物质激励等，阐释与商业银行多维绩效评价相适应的绩效考核管理机制。

第八，提出“绩效考核关键岗位备份”，具体可包括：（1）绩效考核关键岗位轮岗；（2）绩效考核委员会的备份和监督；（3）秘书组的备份和监督。

总之，商业银行多维绩效评价，针对商业银行经营管理的实际需要，根植于改革开放以来数十年商业银行发展的实践经验，是从实际出发大胆创新的管理智慧。商业银行多维绩效评价也是一个开放的理论体系，模型设计、评价内容、计分方法、赋权方法上的多样性和评价机制上的灵活性等既方便具体银行落实其独特的经营战略，又使该评价机制对其他各类型商业银行的绩效评价工作具有普遍借鉴意义。

12.2　商业银行多维绩效评价在“L银行”的应用效果

为了验证商业银行多维绩效评价理论体系的实用性，本研究的理论成果已经在数家银行的工作实践中开展应用，“L银行”[①]就是一家正在运用“商业银行多维绩效评价”理论的中国商业银行。

“L银行”被虚拟为一家由国有股份、中资法人股份及个人股份共同组成的地方性股份制商业银行。21世纪初，“L银行”在某直辖市设立了第一家异地分行，迈出了从地方银行向全国性银行转型的第一步。如今，“L银行”异地分行已达数十家，成为中国境内有一定影响力的全国性股份制商业银行。

“L银行”实施多维绩效评价体系，有力地推动了“L银行”经营目标的实现，而且在银行经营的各方面都表现出全面向好的趋势。

首先，“L银行”实现了经营目标，具体表现为：

（1）对公存款业务喜报频传。

（2）零售业务增长迅猛。

① “L银行”是本书作者构建的一个虚拟称谓，是应用本研究理论成果的数家银行的虚拟集合体。

（3）董事会对“L银行”业务的发展表示满意。

表12-1是“L银行”实施多维绩效评价后201×年一季度的主要业绩指标完成情况。由表12-1可见，仅仅一个季度，“L银行”大部分的经营目标实现了25%以上，一些指标甚至接近全年的计划任务。可见，“L银行”实施多维绩效评价体系能够促进经营目标的实现。

表12-1　**“L银行”多维绩效评价实施后201×年一季度的实际效果**

模型指标	年度计划（万元）	一季度完成（万元）	完成率
拨备前利润	393 700	116 967	29.7%
经济增加值	212 600	49 961	23.5%
对公日均存款	13 804 000	13 083 859	94.8%
储蓄日均存款	5 001 936	4 853 249	97.0%
中间业务收入	75 320	19 117	25.4%

其次，“L银行”的经营管理全面向好，具体表现为：

（1）风险管理水平稳步提升。商业银行是经营风险的企业，通过绩效考核推动了“L银行”风险管理水平的提升。

在多个信用风险等管理提升项目顺利进行的同时，201×年，“L银行”又启动了操作风险三大管理工具试点工作，标志着“L银行”操作风险管理体制改革已步入实质攻坚阶段。操作风险管理体制改革涉及组织架构、管理流程、工具开发、系统平台、资本计提等方面，操作风险三大管理工具开发和实施则是实现从定性管理向定量管理的核心。“L银行”行长在讲话中指出：其一，“L银行”最大的危险是不发展的危险，最大的风险是信用风险，最致命的风险是操作风险。重大操作风险事件或案件的发生不仅严重影响银行发展，而且对区域经济金融稳定也会产生影响，全行要统一思想，统一认识。其二，要加强与监管部门的沟通，主动汇报项目进展，积极取得监管部门的支持和指导。其三，充分发挥合规对银行发展起到的稳定器作用，完善管理制度和业务操作流程，将员工教育与关爱员工有效结合，使员工不能、不敢、不愿作案。其四，一道防线在操作风险管理方面尤为重要，要主动学习，加强人才培养，扎实做好咨询成果落地，实现稳步发展的目标。其五，要视野开阔、眼界高远，强化执行力，有效贯彻管理要求，为百年基业做好保证。

（2）制度改革与流程优化。改革是最大的红利，制度和流程则是改革的主要对象，“L银行”的制度改革和流程优化首先在零售业务上取得重大突破。

201Y年，“L银行”召开“零售业务体制机制改革”和“零售评分卡开发及应用策略优化”项目联合启动会议，标志着“L银行”零售业务开始深化转型。“零售业务体制机制改革”是“L银行”201Y年零售业务转型的首要任务和核心工作，将在组织架构、人力资源管理、财务资源管理、绩效考核、风险管控、业务运营等方面全方位向零售业务“专业化经营”转变。“零售评分卡开发及应用策略优化”项目通过引入专业计量工具，提高零售信贷业务的审批效率，提升管理的科学性和精细化，同时，这也是新资本协议达标项目之一。“L银行”领导在讲话中指出：这次会议是根据“L银行”201Y年1号文件《关于启动零售业务体制、机制改革有关工作的通知》和“L银行”全面风险管理实施规划启动的。“L银行”零售业务经过201×年“转型元年”的一年工作，打破了原来举步不前的发展状态，取得超预期效果，特别是储蓄存款快速增长，市场影响力进一步提升，目前已处在深化转型、全面构建可持续发展能力的重要转折点。“成功不是赢在起跑线，而是赢在转折点上，必须抓住时机，深化零售业务转型，实现弯道超越。”“L银行”201Y年零售业务点面结合，有规划、有体系地进行深化转型，实现业务发展与风险管控的“双赢”。

“L银行”行长多次强调，要建设流程银行，实现流程优化，这在多维绩效评价的推动下也正取得进展，特别是零售业务条线表现突出。根据201Y年年初工作的总体安排，“L银行”总行将业务流程的改进优化确定为当年的一个工作重点，并以此作为当年推动业务发展的一大动力。“L银行”总行首席风险官带领个人银行部、信息科技部、法律合规部、运营部，于201Y年组成流程优化项目组。项目组成立后，深入分支行广泛征求在业务办理和制度规范等方面的意见和建议。项目组秉承“后台为前台服务、二线为一线服务、全行为客户服务”的工作理念，已深入部分分支机构进行了调研工作，并以座谈讨论的方式与一线人员进行了沟通和交流，征集到很多宝贵的意见和建议。流程优化项目组已及时将分支行反映出的问题进行了归类整理，明确分支行所提问题归属的职责部门，做到责任到人，限时完成。流程优化项目组在工作中定期对工作进展程度和改进实际情况进行通报，同时，“L银行”总行搭建长效的沟通平台，听取来自一线的声音，采集客户之声，加强总分行的信息互动与交流，快速改进和优化。“L银行”在全行上下的共同努力下，通过不断的流程优化挖掘出更多的业务潜力，为“L银行”全行经营发展助力。

（3）企业文化继续强化。文化是企业核心竞争力的重要组成部分，人是企业最宝贵的财富，“L银行”在企业发展的同时，企业文化也得以强化。如今，积极热心社会公益事业、履行社会公益责任已经从“L银行”的光荣传统升华为“L银行”的核心价值理念。

12.3 L银行多维绩效评价对其他银行的借鉴作用

中国商业银行大都是由国有股份向股份制转型形成的；并且，相同的市场环境和政策背景，相同的市场竞争格局，相似的企业转型战略目标，使得中国商业银行群体具有诸多相似性。因此，多维绩效评价对其他各类型银行也有重要的借鉴作用。

12.3.1 绩效考核诉求和制度发展背景的相似性

1.绩效考核诉求的相似性

巴塞尔协议认为，信用风险、市场风险、操作风险等是银行面临的主要风险，因此需要储备一定的资本。实际上在我国现实市场竞争中，对各类商业银行来说，还有一项重要风险，即不发展或发展慢的风险。尤其是我国中小商业银行多由信用社合并而成，往往背有沉重的历史包袱，对于这些问题的解决归根结底是要靠发展。要在发展中解决，否则就会出现可能影响社会稳定的大问题。发展是硬道理，一切难题（如历史包袱的化解）都只有在持续快速发展中才可能得到有效解决。另外，银行是一个规模取胜的行业，只有取得规模效应才能实现成本的降低。

因此，对于各类商业银行来说，在绩效考核这个“指挥棒”面前有一项共同的任务，即促进发展。就绩效考核具体工作来说，“发展”就是“绩效改进”，就是更好地实现发展的战略目标。绩效考核的根本目的就是“实现银行整体绩效的持续提升”，是通过让各被考核对象既“见贤”又“思齐”，促进银行整体的大发展。

2.制度发展背景的相似性

我国各类商业银行，除了12家股份制商业银行，占据更多数量的是由城市信用社合并而成的城市商业银行和由农村信用社合并而成的农村商业银行。这些银行的改革历程大体相似，在很大程度上是我国地方金融政策变化的结果。而且，这些银行大多具有地方性，与地方经济具有密切的关联度。

政府政策和地方经济的巨大影响是决定各类商业银行，尤其是中小商业银行业绩变化的重要因素。这也决定了在一家银行行之有效的绩效考核方法（如三维绩效考核模型）在其他银行也具有实用性。

12.3.2　商业银行多维绩效评价的普适性

绩效考核是个“指挥棒”，各个考核指标可以被看做一条条“指令”，而各指标的相对权重则表明了这些“指令”间的相对重要性。而战略管理水平的高低往往就体现在这些指标相对重要性的认定上。

与平衡计分卡的四维模型一样，“L银行”应用的三维绩效考核模型对各个考核指标的权重设定没有限制，因此各类商业银行均可根据自己的实际情况灵活选择。银行业的外部经济环境一直在急剧变化中，环境的变化必然带来商业银行战略的调整。未来经济发展可能会减缓，但变化不会变，机遇和挑战总是存在，只有灵活地调整发展战略才可能趋利避害，再创辉煌。而战略调整必然带来绩效考核的调整，特别是精细化管理在绩效考核的调整中表现为商业银行绩效评价逐渐向多维化发展、向精细化发展。

附　录

附录1　银行业金融机构绩效考评监管指引

银行业金融机构绩效考评监管指引

（银监发〔2012〕34号）

第一章　总则

第一条　为促进银行业金融机构建立有效的激励约束机制，转变发展方式，实现审慎经营，根据《中华人民共和国银行业监督管理法》等法律法规，制定本指引。

第二条　本指引所称银行业金融机构，是指在中华人民共和国境内依法设立的商业银行、农村信用社等吸收公众存款的金融机构。

在中华人民共和国境内依法设立的金融资产管理公司、信托公司、财务公司、金融租赁公司、城市信用社以及经银监会批准设立的其他金融机构，适用本指引。

政策性银行和实施条线管理的商业银行参照本指引执行。

第三条　本指引所称绩效考评，是指银行业金融机构为落实监管要求和实现自身发展战略，通过建立考评指标、设定考评标准，对考评对象在特定期间的经营成果、风险状况及内控管理进行综合评价，并根据考评结果改进经营管理的过程。

第四条　银行业金融机构绩效考评应当坚持以下原则：

（一）稳健经营。银行业金融机构应当树立稳健绩效观，确定稳健的发展战略和经营计划，制定稳健的绩效考评目标和具体指标。

（二）合规引领。绩效考评应当体现监管要求，促进银行业金融机构合规经营和有序竞争，培养合规文化，维护良好市场秩序。

（三）战略导向。绩效考评应当以发展战略为导向，以经营计划为目标，通过科学合理的绩效考评，坚持既定市场定位，执行既定发展战略，实现差异化发展、内涵式发展、均衡性发展，提高服务实体经济的能力。

（四）综合平衡。银行业金融机构应当统筹业务发展与风险防控，建立兼顾效益与风险、财务因素与非财务因素、当期成果与可持续发展的绩效考评指标体系，全面客观地实施绩效考评。

（五）统一执行。银行业金融机构应当建立有效的考评管理机制，注重绩效考评的过程和质量管理，强化绩效考评执行力和约束力，确保经营管理要求逐级传导的一致性。

第二章　考评指标

第五条　银行业金融机构绩效考评指标包括五大类：合规经营类指标、风险管理类指标、经营效益类指标、发展转型类指标、社会责任类指标。

第六条　合规经营类指标用于评价银行业金融机构遵守相关法律法规和规章制度、内部控制建设及执行的情况，包括合规执行、内控评价、违规处罚等方面。

合规经营类指标中的内控评价，应当与银行业金融机构自身或外部审计的年度评价结果相一致。

银行业金融机构应当区分内部自查、外部检查以及违规程度，确定合规经营类指标中违规处罚的具体分值和权重。对于外部检查发现并实施监管措施或行政处罚的，应当调低绩效考评等级。

第七条　风险管理类指标用于评价银行业金融机构风险状况及变动趋势，包括信用风险指标、操作风险指标、流动性风险指标、市场风险指标、声誉风险指标等。

在计算风险管理类指标时，银行业金融机构应当充分考虑考评对象风险分类、识别和计量的准确性。对于发生案件的考评对象，应当调低绩效考评等级。

第八条　经营效益类指标用于评价银行业金融机构经营成果、经营效率和价值创造能力，包括利润指标、成本控制指标、风险调整后收益指标等。

在经营效益类指标中，银行业金融机构应当以风险调整后收益指标为核心，确定合理的分值和权重。采用资本计量高级方法的银行业金融机构，应当将基于高级方法得出的风险参数作为计算风险调整后收益指标的重要依据。银行业金融机构应当充分考虑资产期限及风险延期暴露等因素，降低中长期资产收益对经营效益类指标的贡献度。

第九条　发展转型类指标用于评价银行业金融机构根据宏观经济政策、结构调整及自身需要，推动业务发展和战略转型的情况，包括业务及客户发展指标、资产负债结构调整指标、收入结构调整指标等。

银行业金融机构应当根据考评对象的经营地域、客户结构、市场需求以及服务能力，合理确定发展转型类指标。对于以贷转存、以贷收费和转嫁成本等不规范经营的考评对象，应当调低发展转型类指标的考评得分。

第十条　社会责任类指标用于评价银行业金融机构提供金融服务、支持节能减排和环境保护、提高社会公众金融意识的情况，包括服务质量和公平对待消费者、绿色信贷、公众金融教育等。银行业金融机构应当在社会责任报告中，披露社会责任类指标的总体情况。

第十一条　银行业金融机构应当根据监管要求，结合本行发展战略、风险偏好和市场定位等因素，确定绩效考评的具体指标及其权重。银行业金融机构应当突出合规经营和风险管理的重要性，合规经营类指标和风险管理类指标权重应当明显高于其他类指标。

第十二条　银行业金融机构及其分支机构在设置考评指标、确定考评标准和分解考评指标时，应当符合审慎经营和与自身能力相适应的原则，不得有下列情形：

（一）设立时点性规模考评指标；

（二）在综合绩效考评指标体系外设定单项或临时性考评指标；

（三）设定没有具体目标值、单纯以市场份额或市场排名为要求的考评指标；

（四）分支机构自行制定考评办法或提高考评标准及相关要求。

第十三条　考评对象在细化绩效考评指标时，应当与总行（公司）的绩效考评要求总体保持一致，全面执行总行（公司）的战略目标、经营理念和风险政策。

第十四条　银行业金融机构在计算绩效考评指标时，应当使用符合财务会计制度的相关数据。

第三章　考评机制

第十五条　银行业金融机构应当根据现代金融企业制度和内部管理体制特点，建立科学合理的绩效考评组织架构，完善工作制度，明确职责分工，强化绩效考评的体制机制保障。

第十六条　银行业金融机构董事会应当根据国民经济发展状况、市场变化、自身发展战略和风险偏好等因素，审批确定审慎、可行的年度经营计划。董事会及相关专门委员会应当充分论证年度经营计划的科学性。

第十七条　银行业金融机构高级管理层应当按照董事会批准的年度经营计划，制定本行绩效考评制度和指标体系，并对绩效考评负最终责任。

绩效考评应当以年度经营计划为主要依据，设定明确、可行的目标值。

第十八条　银行业金融机构应当指定专门部门，负责绩效考评的制度建设、组织实施和质量控制。

第十九条　下级考评对象应当将绩效考评方案报上级机构批准同意后实施。

第二十条　银行业金融机构应当建立规范的绩效考评管理流程，确保绩效考评指标体系和实施过程公开透明，并与考评对象及其员工进行有效沟通。

第二十一条　银行业金融机构应当建立绩效考评结果定期公布制度，向全体考评对象通报绩效考评结果，促进其改善经营管理。

第二十二条　银行业金融机构应当加强绩效考评结果的应用管理，建立科学合理的绩效考评结果挂钩机制。绩效考评结果的应用至少应当包括以下方面：

（一）评定等级行；

（二）确定管理授权；

（三）分配信贷资源和财务费用；

（四）核定绩效薪酬总额；

（五）评价高级管理人员和确定其绩效薪酬。商业银行在核定考评对象的绩效薪酬总额和确定高级管理人员的绩效薪酬时，应当符合《商业银行稳健薪酬监管指引》相关规定。

第二十三条　银行业金融机构应当提高财务信息质量，加强会计体系管理和信息科技平台建设，不断提高绩效考评的准确性和及时性。

第二十四条　银行业金融机构应当培育公开透明、审慎稳健的绩效考评文化，充分发挥绩效考评对经营管理和业务发展的引领作用。

第二十五条　银行业金融机构应当加强绩效考评的管理与监督，指导考评对象依法合规做好考评工作，及时纠正各种违规问题。银行业金融机构审计和监察部门应当对绩效考评实施情况进行检查，对将业务费用变相作为绩效奖励、弄虚作假、违规操作等问题严肃问责。

第四章　监督管理

第二十六条　银监会负责对银行业金融机构绩效考评工作进行监管管理。

第二十七条　银行业金融机构应当于年初将董事会批准的年度经营计划和高级管理层制定的绩效考评制度报送银监会或其派出机构。各级考评对象应当于年初将上级机构考评要求和本级机构对下考评要求，报送银监会派出机构。银行业金融机构在年度期间对绩效考评进行调整的，应当将调整情况及时报送银监会或其派出机构。

第二十八条　银行业金融机构年终绩效考评工作完成后，银行业金融机构和各级考评对象应当于10日内将考评结果报送银监会或其派出机构。

第二十九条　银监会对银行业金融机构绩效考评进行监督管理。重点关注以下事项：

（一）年度经营计划的审慎性；

（二）绩效考评目标与年度经营计划的吻合性；

（三）绩效考评指标设置与上级机构考评要求的一致性；

（四）业务归属和会计核算的准确性；

（五）财务数据和管理信息的规范性。

第三十条　银行业金融机构绩效考评实施情况纳入年度监管评价，并与监管激励措施挂钩：

（一）与考评对象设立机构挂钩；

（二）与考评对象开办新业务挂钩；

（三）与考评对象高级管理人员任职资格核准挂钩。

第三十一条　对绩效考评制度建设不合规、考评指标体系不科学、考评结果应用不全面的银行业金融机构及其考评对象，应当加大现场检查力度。

第三十二条　银行业金融机构及其考评对象绩效考评工作不符合本指引要求的，根据《中华人民共和国银行业监督管理法》的相关规定责令限期整改，整改不到位的，依法实施监管措施或行政处罚。

第五章　附则

第三十三条　银行业金融机构对职能部门的绩效考评参照本指引执行。银行业金融机构对风险管理、内控合规、内部审计等部门的绩效考评，应当有利于其独立、全面地履行职能。

第三十四条　银行业金融机构设在境外的分支及全资附属的银行机构，由总行（公司）根据本指引的原则和要求，结合所在国家和地区的法律规定、监管要求实施绩效考评。

第三十五条　按照并表管理原则，银行业金融机构对全资或控股的非银行金融机构的考评参照本指引执行。

第三十六条　本指引由银监会负责解释。

第三十七条　本指引自印发之日起施行。

附录2 商业银行稳健薪酬监管指引

商业银行稳健薪酬监管指引

（银监发〔2010〕14号）

第一章 总则

第一条 为充分发挥薪酬在商业银行公司治理和风险管控中的导向作用，建立健全科学有效的公司治理机制，促进银行业稳健经营和可持续发展，根据《中华人民共和国银行业监督管理法》的有关规定，参照金融稳定理事会《稳健薪酬实践的原则》等国际准则，制定本指引。

第二条 本指引所称薪酬，是指商业银行为获得员工提供的服务和贡献而给予的报酬及其相关支出，包括基本薪酬、绩效薪酬、中长期激励、福利性收入等项下的货币和非现金的各种权益性支出。

第三条 本指引所称商业银行，是指在中华人民共和国境内依法设立的吸收公众存款、发放贷款、办理结算等业务的企业法人。

第四条 商业银行应制定有利于本行战略目标实施和竞争力提升与人才培养、风险控制相适应的薪酬机制，并作为公司治理的主要组成部分之一。薪酬机制一般应坚持以下原则：

（一）薪酬机制与银行公司治理要求相统一。

（二）薪酬激励与银行竞争能力及银行持续能力建设相兼顾。

（三）薪酬水平与风险成本调整后的经营业绩相适应。

（四）短期激励与长期激励相协调。

第二章 薪酬结构

第五条 商业银行应设计统一的薪酬管理体系，其薪酬由固定薪酬、可变薪酬、福利性收入等构成。固定薪酬即基本薪酬，可变薪酬包括绩效薪酬和中长期各种激励，福利性收入包括保险费、住房公积金等。

第六条 基本薪酬是商业银行为保障员工基本生活而支付的基本报酬，包括津补贴，主要根据员工在商业银行经营中的劳动投入、服务年限、所承担的经营责任及风险等因素确定。津补贴是商业银行按照国家规定，为了补偿员工特殊或额外的劳动消耗，以及受物价变动影响导致员工实际收入下降等给予员工的货币补助。商业银行应当按照国家有关津贴、补贴的政策标准确定津补贴。

商业银行应科学设计职位和岗位，合理确定不同职位和不同岗位的薪酬标准。不鼓励商业银行设立保底奖金，如果确有实际需要，保底奖金只适用于新雇佣员工入职第一年的薪酬发放。

商业银行的基本薪酬一般不高于其薪酬总额的35%。

第七条　绩效薪酬是商业银行支付给员工的业绩报酬和增收节支报酬，主要根据当年经营业绩考核结果来确定。绩效薪酬应体现充足的各类风险与各项成本抵扣和银行可持续发展的激励约束要求。

商业银行主要负责人的绩效薪酬根据年度经营考核结果，在其基本薪酬的3倍以内确定。

第八条　商业银行根据国家有关规定制定本行中长期激励计划。商业银行应确保可变薪酬总额不会弱化本行持续增强资本基础的能力。

第九条　福利性收入包括商业银行为员工支付的社会保险费、住房公积金等。对于福利性收入的管理，商业银行要按国家有关规定执行。

第十条　商业银行支付给员工的年度薪酬总额要综合考虑当年人员总量、结构以及企业财务状况、经营成果、风险控制等多种因素，参考上年薪酬总额占上年业务管理费的比例确定，国有商业银行还应执行国家相关规定。

第三章　薪酬支付

第十一条　薪酬支付期限应与相应业务的风险持续时期保持一致。商业银行应根据不同业务活动的业绩实现和风险变化情况合理确定薪酬的支付时间并不断加以完善性调整。

第十二条　基本薪酬按月支付。商业银行根据薪酬年度总量计划和分配方案支付基本薪酬。

第十三条　商业银行应合理确定一定比例的绩效薪酬，根据经营情况和风险成本分期考核情况随基本薪酬一起支付，剩余部分在财务年度结束后，根据年度考核结果支付。

第十四条　中长期激励在协议约定的锁定期到期后支付。中长期激励的兑现应得到董事会同意。锁定期长短取决于相应各类风险持续的时间，至少为3年。

第十五条　住房公积金、各种保险费应按照国家有关规定纳入专户管理。

第十六条　商业银行高级管理人员以及对风险有重要影响岗位上的员工，其绩效薪酬的40%以上应采取延期支付的方式，且延期支付期限一般不少于3年，其中主要高级管理人员绩效薪酬的延期支付比例应高于50%，有条件的应争取达到60%。在延期支付时段中必须遵循等分原则，不得前重后轻。

商业银行应制定绩效薪酬延期追索、扣回规定，如在规定期限内其高级管理人员和相关员工职责内的风险损失超常暴露，商业银行有权将相应期限内已发放的绩效薪酬全部追回，并止付所有未支付部分。商业银行制定的绩效薪酬延期追索、扣回规定应同样适用离职人员。

第四章　薪酬管理

第十七条　商业银行应建立健全科学合理的薪酬管理组织架构。董事会按照国家有关法律和政策规定负责本行的薪酬管理制度和政策设计，并对薪酬管理负最终责任；董事会应设立相对独立的薪酬管理委员会（小组），组成人员中至少要有三分之一以上的财务专业人员，且薪酬管理委员会（小组）应熟悉各产品线风险、成本及演变情况，以有效和负责地审议有关薪酬制度和政策。

管理层组织实施董事会薪酬管理方面的决议，人力资源部门负责具体事项的落实，风险控制、合规、计划财务等部门参与并监督薪酬机制的执行和完善性反馈工作。

商业银行审计部门每年应对薪酬制度的设计和执行情况进行专项审计，并报告董事会和银行业监督管理部门。

外部审计应将薪酬制度的设计和执行情况作为审计内容。审计、财务和风险控制部门员工的薪酬应独立于所监督的业务条线，且薪酬的规模和质量应得到适当保证，以确保其能够吸引合格、有经验的人才。

第十八条　商业银行应制订科学、合理、与长期稳健可持续发展相适应的薪酬管理制度。薪酬管理制度一般应包括以下内容：

（一）银行员工职位职级分类体系及其薪酬对应标准。

（二）基本薪酬的档次分类及晋级办法。

（三）绩效薪酬的档次分类及考核管理办法。

（四）中长期激励及特殊奖励的考核管理办法等。

第十九条　商业银行应建立科学的绩效考核指标体系，并层层分解落实到具体部门和岗位，作为绩效薪酬发放的依据。商业银行绩效考核指标应包括经济效益指标、风险成本控制指标和社会责任指标。

（一）经济效益指标按国家有关规定选取。

（二）风险成本控制指标至少应包括资本充足率、不良贷款率、拨备覆盖率、案件风险率、杠杆率等。信用风险与市场风险成本度量时应考虑经济资本配置和资本成本本身变化以及拨备成本和实际损失。流动性风险成本在度量时应主要考虑压力测试下的流动性覆盖率和流动性资源本身的成本等因素。

（三）社会责任指标一般应包括风险管理政策的遵守情况、合法性、监管评价及道德标准、企业价值、客户满意度等。

董事会应于每年年初确定当年绩效考核指标，并报银行业监督管理部门备案。

第二十条　本指引第十九条所列风险成本控制指标对绩效薪酬的约束参照如下标准执行：

（一）有一项指标未达到控制要求的，当年全行人均绩效薪酬不得超过上年水平。

（二）有两项指标未达到控制要求的，当年全行人均绩效薪酬在上年基础上实行下浮，高级管理人员绩效薪酬下浮幅度应明显高于平均下浮幅度。

（三）有三项及以上指标未达到控制要求的，除当年全行人均绩效薪酬参照第（二）款调整外，下一年度全行基本薪酬总额不得调增。

第二十一条　商业银行应建立有效薪酬监督机制，不得为员工或允许员工对递延兑现部分的薪酬购买薪酬保险、责任险等避险措施降低薪酬与风险的关联性。

第二十二条　商业银行董事会应每年全面、及时、客观、详实地披露薪酬管理信息，并列为年度报告披露的重要部分。商业银行的薪酬信息披露情况应报国家有关主管部门和银行业监督管理部门备案。年度薪酬报告的信息披露内容主要包括：

（一）薪酬管理架构及决策程序，包括薪酬管理委员会（小组）的结构和权限。

（二）年度薪酬总量、受益人及薪酬结构分布。

（三）薪酬与业绩衡量、风险调整的标准。

（四）薪酬延期支付和非现金薪酬情况，包括因故扣回的情况。

（五）董事会、高级管理层和对银行风险有重要影响岗位上的员工的具体薪酬信息。

（六）年度薪酬方案制定、备案及经济、风险和社会责任指标完成考核情况。

（七）超出原定薪酬方案的例外情况，包括影响因素，以及薪酬变动的结构、形式、数量和受益对象等。

第五章　薪酬监管

第二十三条　银行业监督管理部门应将商业银行薪酬管理纳入公司治理监管的重要内容，至少每年一次对商业银行薪酬管理机制的健全性和有效性做出评估。

第二十四条　银行业监督管理部门应动态跟踪监测商业银行薪酬管理制度的实施情况，并根据实际情况对商业银行风险控制等考核指标的执行情况进行现场检查。

第二十五条　对于商业银行薪酬管理制度和绩效考核指标不符合有关规定的，银行业监督管理部门有权根据《中华人民共和国银行业监督管理法》的相关规定责令纠正，并对下列问题予以查处：

（一）薪酬管理组织架构、薪酬管理制度不符合规定的。

（二）未按规定核定、执行和报备绩效考核办法或年度薪酬方案的。

（三）绩效考核不严格、不符合规定或弄虚作假的。

（四）未按规定计发基本薪酬、延发绩效薪酬的。

（五）未按规定追索或止付绩效薪酬的。

（六）未按规定披露薪酬信息的。

（七）其他不符合国家有关政策规定的。

第二十六条　符合下列情况之一的，商业银行薪酬结构与水平应报救助机构和银行业监督管理部门确定：

（一）已经实施救助措施的。

（二）商业银行面临重大声誉风险并有可能对其持续经营产生实质性影响的。

（三）商业银行濒临破产、倒闭的。

（四）商业银行被依法接管的。

（五）商业银行被关停的。

第六章　附则

第二十七条　商业银行在参加基本社会保险的基础上为员工建立企业年金和补充医疗保险的，应符合国家有关规定。扣回的薪酬应按照有关规定冲减当期费用。

第二十八条　商业银行在境外设立的子行、分行、非银行金融性公司由母行根据本指引的原则并结合不同国家和地区的法律规定、监管要求对其薪酬进行调控。

由银行业监督管理部门监管的其他类银行、非银行金融机构参照本指引执行。

第二十九条　本指引由中国银监会负责解释。

第三十条　本指引自2010年3月1日起施行。

附录3　金融企业绩效评价办法

金融企业绩效评价办法

（财金〔2011〕50号）

第一章　总则

第一条　为了加强对金融企业的财务监管，进一步规范金融企业绩效评价工作，综合反映金融企业资产营运质量，推动金融企业提升经营管理水平，促进金融企业健康发展，根据《金融企业财务规则》（财政部令第42号）等有关法律法规，制定本办法。

第二条　在中华人民共和国境内依法设立金融企业的绩效评价工作，适用本办法，金融企业具体包括：

（一）执业需取得银行业务许可证的政策性银行、邮政储蓄银行、国有商业银行、股份制商业银行、城市商业银行、农村商业银行、农村合作银行、信用社、新型农村金融机构、信托公司、金融租赁公司、金融资产管理公司和财务公司等；

（二）执业需取得保险业务许可证的各类保险企业等；

（三）执业需取得证券业务许可证的证券公司、期货公司和基金管理公司等；

（四）各类金融控股公司、信用担保公司以及金融监管部门所属的从事相关金融业务的企业。

第三条　本办法所称绩效评价，是指通过建立评价财务指标体系，对照相应行业评价标准，对金融企业一个会计年度的盈利能力、资产质量、偿付能力以及经营增长状况等进行的综合评判。

第四条　财政部依据本办法组织实施中央管理金融企业的绩效评价工作；省级人民政府财政部门（以下简称财政部门）依据本办法组织实施本地区金融企业的绩效评价工作。

第五条　金融企业绩效评价工作应当遵循以下原则：

（一）综合性原则。金融企业绩效评价应当通过建立综合的指标体系，对金融企业特定会计期间的财务状况和经营成果进行多角度的分析和综合评判；

（二）客观性原则。金融企业绩效评价应当充分考虑市场竞争环境，依据统一测算的、同一期间的国内行业标准值，客观公正地评判金融企业的经营成果；

（三）发展性原则。金融企业绩效评价应当在综合反映金融企业年度财务状况和经营成果的基础上，客观分析金融企业年度之间的增长状况及发展水平。

第六条　为确保绩效评价工作的客观、公正与公平，绩效评价工作原则上应当以社会中介机构按中国审计准则审计后的财务会计报告为基础，其中，财务报表应当是按中国会计准则编制的合并财务报表。

第七条　金融企业绩效评价标准值根据金融企业年度财务会计报告数据，运用数理统计方法，分年度、分行业统一测算并公布。根据金融企业的实际情况，本办法划分为银行业、保险业、证券业和其他金融业4大类金融企业进行绩效评价。

第八条　金融企业绩效评价结果作为评价金融企业绩效、确定金融企业负责人薪酬、加强金融企业经营管理的重要依据，应当反馈给金融企业及相关部门，并以适当形式予以公开。

第二章　评价指标与权重

第九条　金融企业的绩效评价指标具体包括：

（一）盈利能力指标：包括资本利润率（净资产收益率）、资产利润率（总资产报酬率）、成本收入比、收入利润率、支出利润率、加权平均净资产收益率6个指标，主要反映金融企业一定经营期间的投入产出水平和盈利质量。

（二）经营增长指标：包括国有资本保值增值率、利润增长率、经济利润率3个指标，主要反映金融企业的资本增值状况和经营增长水平。

（三）资产质量指标：包括不良贷款率、拨备覆盖率、杠杆率、认可资产率、应收账款比率、净资本与风险准备比率、净资本与净资产比率7个指标，主要反映金融企业所占用经济资源的利用效率、资产管理水平与资产的安全性。

（四）偿付能力指标：包括资本充足率、核心资本充足率、偿付能力充足率、净资本负债率、资产负债率5个指标，主要反映金融企业的债务负担水平、偿债能力及其面临的债务风险。

第十条　金融企业绩效评价各单项指标的权重，依据指标的重要性和引导功能确定，具体见分行业金融企业绩效评价结果计分表。各单项指标计分加权形成金融企业绩效评价综合指标得分。

第三章　评价基础数据与调整

第十一条　金融企业绩效评价基础数据资料具体包括：

（一）金融企业的年度财务会计报告，其中，金融资产管理公司政策性业务尚未清算前，使用商业化数据进行考核；

（二）会计师事务所出具的审计报告，其中，金融企业不能提供会计师事务所出具的审计报告的，以该金融企业提供的、经财政部门认可的年度会计报表为依据进行考核，若以后发现所提供的财务数据不实，财政部门将追溯调整金融企业的绩效评价结果；

（三）关于金融企业经营情况的说明或财务分析报告。

第十二条　为了确保绩效评价工作的真实、完整、合理，金融企业可以按照重要性和可比性原则对评价期间的基础数据申请进行适当调整，有关财务指标相应加上客观减少因素、减去客观增加因素。可以进行调整的事项主要包括：

（一）金融企业在评价期间损益中消化处理以前年度资产或业务损失的，可把损失金额作为当年利润的客观减少因素；

（二）金融企业承担政策性业务对经营成果或资产质量产生重大影响的，可把影响金额作为当年利润或资产的客观减少因素；

（三）金融企业会计政策与会计估计变更对经营成果产生重大影响的，可把影响金额作为当年资产或利润的客观影响因素；

（四）金融企业被出具非标准无保留意见审计报告的，应当根据审计报告披露影响经营成果的重大事项，调整评价基础数据；

金融企业申请调整事项对绩效评价指标的影响超过1%的，作为重大影响。

第十三条　金融企业发生客观调整因素，相应调整以下绩效评价指标：

（一）收入、成本发生变动时，相应调整资本利润率、净资产收益率、资产利润率、总资产报酬率、成本收入比、收入利润率、支出利润率、加权平均净资产收益率、国有资本保值增值率、利润增长率、经济利润率等；

（二）利润发生变动时，相应调整资本利润率、净资产收益率、资产利润率、总资产报酬率、收入利润率、支出利润率、加权平均净资产收益率、国有资本保值增值率、利润增长率、经济利润率等；

（三）资产发生变动时，相应调整资产利润率、总资产报酬率、国有资本保值增值率、净资本与净资产比率、资本充足率、核心资本充足率、不良贷款率、拨备覆盖率、杠杆率、资产负债率等。

第十四条　金融企业对基础数据进行调整的说明材料包括：

（一）《金融企业绩效评价基础数据调整表》；

（二）调整事项有关证明材料。

调整事项主要适用于当年基础数据资料的调整，必要时也可调整以前年度事项，由金融企业申报。

组织实施单位根据被评价金融企业提供的绩效评价基础数据资料和调整说明材料分别进行审查、复核和确认。

第四章　评价标准与评价计分

第十五条　财政部根据中央管理金融企业和省级财政部门报送的资料，对金融企业数据进行筛选，剔除不适合参与测算的金融企业数据，保留符合测算要求的数据，建立样本库。

被剔除的金融企业数据主要包括：

（一）根据评价指标的经济特性，不符合计算模型需要的数据，如计算相对值时分母和分子同时为负数的数据；

（二）相关指标与正常金融企业相差很大，如正处于停业、托管或业务清算状态的金融企业数据。

第十六条　财政部根据金融企业绩效评价基础数据，分行业统一测算金融企业绩效评价标准值。

金融企业经营多种业务的，以其主营业务为基础，确定评价指标适用的行业。标准值适用情况如下：

（一）政策性银行、邮政储蓄银行、国有商业银行、股份制商业银行、城市商业银行、农村商业银行、农村合作银行、信用社等适用银行业标准值；

（二）各类保险企业适用保险业标准值；

（三）证券公司、期货公司和基金管理公司等适用证券业标准值；

（四）各类信用担保公司、新型农村金融机构、信托公司、金融租赁公司、财务公司以及金融监管部门所属的从事相关金融业务的企业等适用其他金融业标准值；

（五）金融控股集团公司、金融资产管理公司、金融投资管理公司等金融企业先按控股子公司（企业）持有金融业务许可证的类型分别确定所适用的行业标准值（无金融业务许可证的控股子公司（企业）适用其他金融业标准值），再按控股子公司（企业）各自得分及其净资产权重综合计算绩效评价得分。对阶段性持股子公司（企业）不进行单独评价。

第十七条　依据所建样本库中金融企业的数据，财政部采用分段简单平均法测算每项财务指标的标准值。具体步骤包括：

（一）对测算样本的财务指标按照实际值从大到小（对于逆向指标，从小到大）进行排序；

（二）将排好序的样本，平均划分为4部分，前25%的样本数据为第一段，前50%的样本数据为第二段，全部样本数据作为第三段，后50%的样本数据为第四段，后25%的样本为第五段；

（三）将每一段样本的财务指标实际值加总，再除以样本个数，得到该段财务指标的简单平均数；

（四）将五段财务指标的简单平均数分别作为该财务指标的“优秀值”、“良好值”、“平均值”、“较低值”和“较差值”，对应五档评价标准的标准系数分别为1.0、0.8、0.6、0.4、0.2。

第十八条　评价计分是将金融企业调整后的评价指标实际值对照金融企业所处行业标准值，按照以下计算公式，利用绩效评价软件计算各项基本指标得分：

绩效评价指标总得分=∑单项指标得分

单项指标得分=本档基础分+调整分

本档基础分=指标权数×本档标准系数

调整分=功效系数×（上档基础分-本档基础分）

上档基础分=指标权数×上档标准系数

功效系数=（实际值-本档标准值）/（上档标准值-本档标准值）

本档标准值是指上下两档标准值中居于较低的一档标准值。

第十九条　考虑到金融企业的实际情况，政策性银行的“资本充足率”“核心资本充足率”“杠杆率”“资产利润率”“资本利润率”五项指标，主营政策性业务保险公司的“偿付能力充足率”“净资产收益率”“总资产报酬率”三项指标，以及金融基础设施企业的“资本利润率”指标按平均值取分。

第二十条 金融企业发放较多涉农贷款、中小企业贷款，提供较多农业保险的，给予适当加分，以充分反映不同金融企业社会贡献。具体的加分办法如下：

（一）涉农贷款加分：金融企业提供的涉农贷款占比超过10%加1分，超过15%加1.5分，超过20%加2分，超过25%加2.5分，超过30%加3分。其中，涉农贷款占比=年末涉农贷款余额/年末贷款余额×100%；

（二）中小企业贷款加分：金融企业提供的中小企业贷款占比超过20%加1分，超过25%加1.5分，超过30%加2分，超过35%加2.5分，超过40%加3分，其中，中小企业贷款占比=年末中小企业贷款余额/年末贷款余额×100%；

（三）农业保险加分：金融企业提供的农业保险市场占比超过10%加1分，超过15%加1.5分，超过20%加2分，超过25%加2.5分，超过30%加3分；金融企业提供的农业保险如市场占比在10%以下，但自身占比超过50%加1分，超过60%加1.5分，超过70%加2分，超过80%加2.5分，超过90%加3分。其中，农业保险市场占比=年度农业保险保费收入总额/全部财产保险公司年度农业保险保费收入总额×100%，农业保险自身占比=年度农业保险保费收入总额/年度全部财产保险保费收入总额×100%。

以上在计算涉农贷款和中小企业贷款占比时，分子分母均采用境内口径；农业保险按保险监管部门规定的口径执行。

第二十一条 对被评价金融企业所评价期间（年度）发生以下不良重大事项，予以扣分：

（一）重大事项扣分：金融企业发生属于当期责任的重大资产损失事项、重大违规违纪案件，或发生造成重大不利社会影响的事件，根据相关部门的处理处罚情况扣1～3分。正常的资产减值准备计提不在此列；

（二）信息质量扣分：金融企业不按照规定提供财务会计信息，或提供虚假财务会计信息，根据相关部门的处理处罚情况扣1～3分。金融企业财务快报与财务决算报表报送净利润数值增幅（减幅）超过10%扣1

分，超过15%扣1.5分，超过20%扣2分，超过25%扣2.5分，超过30%扣3分。

第二十二条　对存在加分和扣分事项的，财政部门与金融企业和有关部门核实，获得必要证据后，应当填写《金融企业绩效评价加减分事项表》。

第五章　评价结果与评价报告

第二十三条　为平滑不同金融行业的年度经营状况，财政部根据金融企业报送的资料分行业设定绩效评价行业调节系数。

金融企业绩效评价分数（行业调节后）=本期绩效评价分数×行业调节系数。

其中，金融控股集团公司、金融资产管理公司、金融投资管理公司等金融企业在综合计算绩效评价得分后，采用其他金融业行业调节系数进行调节。

第二十四条　为平滑不同年度绩效评价得分的明显波动，财政部根据金融企业报送的资料设定绩效评价年度调节系数。

金融企业绩效评价年度调节系数以绩效评价年度平均得分为基础，综合考虑年度GDP增减、CPI增减、财政货币政策和会计准则的变化，以及行业盈利状况等因素确定。

金融企业绩效评价分数（年度调节后）=金融企业绩效评价分数（行业调节后）×年度调节系数。

第二十五条　绩效评价结果是指根据绩效评价分数及分析得出的评价结论，以评价得分、评价类型和评价级别表示。

评价得分用百分制表示。

评价类型是根据评价分数对企业综合绩效所划分的水平档次，用文字和字母表示，分为优（A）、良（B）、中（C）、低（D）、差（E）五种类型。

评价级别是对每种类型再划分级次，以体现同一评价类型的不同差异，采用在字母后重复标注该字母的方式表示。

第二十六条　绩效评价结果以80、65、50、40分作为类型判定的分数线。

（一）评价得分达到80分以上（含85分）的评价类型为优（A），在此基础上划分为3个级别，分别为：AAA≥90分；90分 > AA≥85分；85分 > A≥80分。

（二）评价得分达到65分以上（含65分）不足80分的评价类型为良（B），在此基础上划分为3个级别，分别为：80分 > BBB≥75分；75分 > BB≥70分；70分 > B≥65分。

（三）评价得分达到50分以上（含50分）不足65分的评价类型为中（C），在此基础上划分为2个级别，分别为：65分 > CC≥60分；60分 > C ≥50分。

（四）评价得分在40分以上（含40分）不足50分的评价类型为低（D）。

（五）评价得分在40分以下的评价类型为差（E）。

第二十七条 金融企业绩效评价报告是根据评价结果编制、反映被评价金融企业绩效状况的文本文件。

财政部门在收到金融企业的绩效评价材料后，按规定填列计算《金融企业绩效评价基础数据调整表》、《金融企业绩效评价加分扣分事项表》和《金融企业绩效评价结果计分表》，并及时将金融企业绩效评价结果反馈给金融企业及相关部门。

第六章 工作要求与责任

第二十八条 中央管理金融企业应当于每年5月15日前，一式两份向财政部报送上一年度绩效评价的基础数据资料、对基础数据进行调整的说明材料。

第二十九条 地方金融企业向本级财政部门报送绩效评价材料的具体内容和时间要求，由省级财政部门确定。

第三十条 金融企业应当提供真实、全面的绩效评价基础数据资料，金融企业主要负责人、总会计师或主管财务会计工作的负责人应当对提供的年度财务会计报告和相关评价基础资料的真实性、完整性负责。

金融企业在报送绩效评价材料中，存在故意漏报、瞒报以及提供虚假材料等情况的，由本级财政部门责令限期改正，并给予警告。

第三十一条 中央管理金融企业和省级财政部门应当根据《金融企业

国有资本保值增值结果确认暂行办法》（财政部令第43号）和财政部年度财务决算工作的安排做好国有资本保值增值结果的确认工作。

第三十二条　省级财政部门应当于每年5月15日前，分户（按法人单位）将上一年度本地区金融企业调整后的绩效评价基础数据资料和情况说明报送财政部。

第三十三条　财政部根据中央管理金融企业和省级财政部门报送的资料，于每年6月底前分别公布银行业、保险业、证券业和其他金融业4大类金融行业评价指标的标准值、行业调节系数和年度调节系数。

第三十四条　省级财政部门应当遵循以上原则要求做好本地区金融企业的绩效评价工作，并于每年11月30日前，将本地区金融企业的绩效评价结果汇总报送财政部。

第三十五条　财政部门的相关工作人员组织开展金融企业绩效评价工作应当恪尽职守、规范程序、加强指导。

对于在绩效评价过程中滥用职权、玩忽职守、徇私舞弊，或者泄露金融企业商业秘密的，依法给予行政处分。

第三十六条　受托开展金融企业审计业务的机构及其相关工作人员应严格执行金融企业绩效评价工作的规定，规范技术操作，确保评价过程独立、客观、公正，评价结论适当，并严守金融企业的商业秘密。

对参与造假、违反程序和工作规定，导致评价结论失实以及泄露金融企业商业秘密的，财政部门将责令不再委托其承担金融企业审计业务，并将有关情况通报其行业主管机关，建议给予相应处罚。

第七章　附则

第三十七条　金融企业开展内部绩效评价工作，可依据本办法制定具体的工作规范。

第三十八条　各省、自治区、直辖市、计划单列市财政部门可以依据本办法和财政部的其他规定，结合本地区金融企业实际，制定具体的实施办法，报财政部备案。

第三十九条　本办法自印发之日起施行，金融企业2010年度绩效评价工作执行本办法。《财政部关于印发〈金融类国有及国有控股企业绩效评价暂行办法〉的通知》（财金〔2009〕3号）、《财政部关于金融类国有及国有控股企业绩效评价相关事项的通知》（财金〔2009〕27号）和《财政部关于印发〈金融类国有及国有控股企业绩效评价实施细则〉的通知》（财金〔2009〕169号）同时废止。

主要参考文献

[1] CHARNES A, COOPER W W, PHODES E. Measuring the Efficiency of DMU [J]. European Journal of Operational Research, 1978 (2): 429-444.

[2] FARRELL M J. The Measurement of Productive Efficiency [J]. Journal of the Royal Statistical Society, 1957 (120A): 125-281.

[3] GUODONG SUN, DAXING ZHAO. A Small Bank Intermediary Business System for Social Insurance Based on Tuxedo [C]. Proceedings of International Conference on Computational Intelligence and Industrial Application, IEEE, 2011: 41-44.

[4] HAN CHANG-HEE, LIM CHANG-KYU, KIM MIN-KWAN. A Study on Design of KPI Weighting for Measuring Performance of B2B e-Commerce Guarantee Intermediary Service [J]. Korean Management Science Review, 2011 (1): 75-90.

[5] HARKER P T, ZENIOS S A. Performance of Financial Institutions—efficiency, Innovation, Regulation [M]. New York: Cambridge University Press, 2000: 3-31.

[6] OHLSON J A. Earnings, Book Values, and Dividends in Equity Valuation [J]. Contemporary Accounting Research, 1995 (11): 661-687.

[7] SANGEETHA J. Financial Crisis and Omani Commercial Banks: A Performance Review [J]. European Journal of Business and Management, 2012 (4): 171-176.

[8] STIROH K. Diversification in Banking: Is Non-interest Income the Answer? [J]. Journal of Money, Credit and Banking, 2004, 36 (5): 853-882.

[9] LIU BIN, XU MINGSHENG, ZHANG TONGBIN. The Information Content of Comprehensive Earnings in the OTC market [C]. Faculty of Management and Economics, Dalian University of Technology, 2013 (4): 724-727.

[10] Nzewi H N, Chiekezie O M, Ogbeta M E. Talent Management and Employee Performance in Selected Commercial Banks in Asaba, Delta State, Nigeria [J]. Social Science Electronic Publishing, 2016, 8 (1): 01-01.

[11] 卡普兰，诺顿. 平衡计分卡——化战略为行动 [M]. 刘俊勇，孙薇，译. 广州：广东经济出版社，2004.

[12] 艾林，曹国华. 商业银行盈余管理与经营绩效 [J]. 管理世界，2013 (11): 174-175.

[13] 曹建平，姚舜，黄明喜. 平衡计分卡在商业银行绩效考核中的运用 [J]. 上海金融，2004 (2): 51-54.

[14] 曹志鹏，王晓芳. 商业银行支行绩效实证研究 [J]. 财经问题研究，2007 (9): 61-66.

[15] 陈国辉，刘斌. 场外市场剩余收益的信息含量 [J]. 审计与经济研究，2012 (6): 57-66.

[16] 陈华. 关于完善商业银行支行综合绩效考核体系的思考 [J]. 经济研究参考，2013 (70): 62-63，84.

[17] 陈全兴，王晓娜. 现代商业银行绩效评价框架——基于价值理论与多维视角的分析 [J]. 金融论坛，2012 (3): 67-74.

[18] 陈文玉，唐铭帅. 创新人力资源管理提升国有商业银行核心竞争力 [J]. 中国流通经济，2006 (9): 32-35.

[19] 陈晓，黄旭. 中国大型商业银行管理部门绩效管理问题分析 [J]. 金融论坛，2013 (4): 66-72.

[20] 陈学彬. 中国商业银行薪酬激励机制分析 [J]. 金融研究，2005 (7): 76-94.

[21] 陈莹. 我国商业银行经营绩效的比较与驱动因素分析 [J]. 金融论坛，2008 (10): 47-51.

[22] 迟国泰，朱战宇，徐琤. 基于“三性”分析的商业银行经营绩效综合评价模型 [J]. 中国管理科学，1999 (4): 58-67.

[23] 丁增稳. 我国商业银行分行传统业绩评价的缺陷及重建 [J]. 金融论坛，2009 (11): 16-21.

[24] 丁忠明，张琛．基于DEA方法下商业银行效率的实证研究［J］．管理世界，2011（3）：172-173．

[25] 董爱国．城市商业银行资本监管的博弈分析［J］．河南金融管理干部学院学报，2008（1）：50-53．

[26] 董银霞．我国商业银行经营绩效的全局主成分分析［J］．会计之友，2014（7）．

[27] 窦荣兴．基于团队管理模式的大客户经理激励体系研究［J］．金融研究，2005（7）：104-112．

[28] 杜莉，张鑫．国有商业银行产权制度改革绩效评析［J］．经济学家，2014（2）：73-79．

[29] 范曙光．发展商业银行中间业务的策略选择［J］．金融研究，2004（4）：82-87．

[30] 方心童，高诚昊．我国城市商业银行价值创造能力研究——基于经济增加值（EVA）绩效考核视角［J］．财经问题研究，2015（2）：52-58．

[31] 方长丰，刘淑莲．商业银行绩效影响因素：产业结构、治理结构与宏观经济环境［J］．金融论坛，2011（6）：9-17．

[32] 方长丰．关于商业银行绩效评价体系的实证研究［J］．税务与经济，2011（4）：33-38．

[33] 冯波，等．非利息收入对商业银行绩效影响的实证研究——基于我国上市商业银行的面板数据分析［J］．金融理论与实践，2016（4）：110-115．

[34] 赴淮南分行实习小组课题组，徐青乔．商业银行对大型优质客户个性化服务及创新研究——以淮南矿业（集团）公司为例［J］．金融论坛，2008（5）：33-37．

[35] 顾海峰，李丹．我国上市商业银行全面经营绩效评价的实证研究——基于现金流生成路径的视角［J］．金融理论与实践，2012（3）：10-14．

[36] 关新红．构建合理的商业银行绩效评价体系［J］．中央财经大学学报，2003（7）：17-21．

[37] 郭玉冰．国有控股商业银行山西省分行操作风险影响因素分析——基于合规文化与领导力视角［J］．经济问题，2013（5）：49-52．

[38] 韩明，谢赤．我国商业银行绩效考评体系研究［J］．金融研究，2009（3）：106-118．

[39] 黄文青．我国股份制商业银行公司治理绩效的实证研究［J］．上海经济研究，2009（1）：104-110．

[40] 黄勋敬，程秋虎，赵曙明．商业银行理财经理胜任力模型研究［J］．金融论坛，2012（9）：45-52．

[41] 黄勋敬，李光远，张敏强．商业银行行长胜任力模型研究［J］．金融论坛，2007（7）：3-12．

[42] 黄勋敬，张敏强．商业银行行长胜任力模型追踪研究［J］．金融论坛，2008（7）：16-22.

[43] 黄勋敬，赵曙明．商业银行行长胜任力模型与绩效关系研究［J］．金融论坛，2011（3）：16-22.

[44] 黄勋敬．商业银行行长胜任力测评量表的编制及应用研究［J］．金融论坛，2009（5）：38-44.

[45] 黄泽勇．多元化经营与商业银行绩效的门槛效应［J］．金融论坛，2013（2）：42-49.

[46] 纪建悦，于富洋，王翠．利益相关者关系与商业银行财务绩效——基于中国上市银行面板数据的经验分析［J］．金融论坛，2012（12）：64-72.

[47] 江小华．我国商业银行绩效考核机制现状及改革策略［J］．上海金融，2008（10）：32-34.

[48] 姜再勇．商业银行的内部资金转移定价机制［J］．中国金融，2012（15）：47-48.

[49] 蒋海，朱滔，李东辉．监管、多重代理与商业银行治理的最优激励契约设计［J］．经济研究，2010（4）：40-53.

[50] 蒋明康，李皎．四大国有商业银行上海市分行人力资源管理机制创新研究［J］．上海金融，2002（3）：23-24.

[51] 金晖．试论我国大型商业银行岗位管理体系改革［J］．金融论坛，2008（3）：37-41.

[52] 居尔宁，朱颖，刘之一，等．我国上市商业银行财务绩效综合评价结果分析［J］．会计之友，2015（23）．

[53] 孔春丽，刘涛，张同建．四大商业银行差异化战略实施机制［J］．技术经济与管理研究，2015（1）：103-107.

[54] 孔宁宁，唐杰．中国上市银行的经济增加值及其驱动因素［J］．广东金融学院学报，2010（4）：79-88.

[55] 李建军．国有商业银行公共性绩效评价体系的设计与比较［J］．金融论坛，2004（5）：17-22，62.

[56] 李建军．商业银行绩效国际比较评价体系的设计及其实证［J］．金融论坛，2004（9）：34-39，63.

[57] 李建军．我国商业银行企业性绩效评价体系的设计和比较［J］．金融论坛，2004（1）：37-43，63.

[58] 李江涛，秦玉霞，纪建悦．我国商业银行员工薪酬激励有效性的实证研究——基于上市商业银行2005—2013年的经验数据［J］．金融理论与实践，2016（5）：83-86.

[59] 李杰善，朝克．城市商业银行发展外汇业务研究［J］．中国流通经济，2011（9）：118-123.

[60] 李洁，严太华．我国商业银行高管薪酬与综合绩效关系的实证分析——基于沪深两市上市商业银行的数据［J］．上海金融，2009（6）：76-79.
[61] 李金，黄雯．我国上市商业银行股权结构与绩效的关系研究［J］．西南民族大学学报：人文社会科学版，2013（8）：102-106.
[62] 李堪．商业银行公司治理与经营绩效的实证分析［J］．金融论坛，2013（5）：28-34.
[63] 李克文，郑录军．高管人员激励机制与商业银行经营绩效［J］．南开学报，2005（1）：71-76.
[64] 李莉．经济资本管理下我国商业银行绩效考核体系的转型［J］．生产力研究，2009（10）：59-60.
[65] 李美娟，陈国宏．数据包络分析法（DEA）的研究与应用［J］．中国工程科学，2003（6）：88-94.
[66] 李梦雨．综合经营有助于提升商业银行绩效吗——国际经验与我国实证［J］．当代经济科学，2014（2）：43-51，125-126.
[67] 李双杰，刘冬．北京地区商业银行绩效因子分析［J］．北京社会科学，2007（1）：25-29.
[68] 李宋岚，刘嫦娥．基于平衡计分卡的商业银行绩效考核分析［J］．财经问题研究，2010（4）：76-79.

[69] 李尧．商业银行员工绩效考核满意度影响因素研究［J］．现代管理科学，2013（12）：52-55.
[70] 李耘．商业银行股权结构与绩效关系的实证分析——从绩效的视角看国有商业银行的股份制改造［J］．经济问题探索，2008（7）：139-143.
[71] 李志辉，李梦雨．我国商业银行多元化经营与绩效的关系——基于50家商业银行2005—2012年的面板数据分析［J］．南开经济研究，2014（1）：74-86.
[72] 刘斌，罗明慧，陈国辉．商业银行中间业务全面业绩评价模型构建与检验——来自L银行的经验证据［J］．技术经济与管理研究，2015（3）：79-85.
[73] 刘孟飞，张晓岚，张超．我国商业银行业务多元化、经营绩效与风险相关性研究［J］．国际金融研究，2012（8）：59-69.
[74] 刘琼瑜，朱松华．中资商业银行绩效考核机制的缺陷及其改革建议［J］．上海金融，2005（9）：54-56.
[75] 刘晟东，支青．农商行绩效考核缺陷［J］．中国金融，2016（12）：103.
[76] 刘信群，刘江涛．杠杆率、流动性与经营绩效——中国上市商业银行2004—2011年面板数据分析［J］．国际金融研究，2013（3）：88-95.
[77] 刘艳妮，张航，邝凯．商业银行股权结构与经营绩效的关系——基于上市银行的实证分析［J］．金融论坛，2011（7）：37-43.
[78] 刘元庆．资本约束、金融脱媒、利率市场化与商业银行战略转型［J］．金融

论坛，2006（7）：11-16.
[79] 刘运国，陈国菲．BSC与EVA相结合的企业绩效评价研究——基于GP企业集团的案例分析［J］．会计研究，2007（9）：50-59，96.
[80] 娄迎春．基于4P营销变量的商业银行经营绩效研究［J］．国际金融研究，2008（6）：27-33.
[81] 卢李，袁静雅，李虹含．我国商业银行EVA绩效评价及影响因子分析［J］．统计与决策，2016（5）.
[82] 满媛媛，杨印生，孙巍．商业银行：效率、市场结构与绩效的关系研究［J］．数理统计与管理，2015（1）：125-141.
[83] 满媛媛．收入多元化、金融自由化对商业银行绩效和风险的影响［J］．宏观经济研究，2016（1）：130-143.
[84] 毛艺林．基于绩效三棱镜的商业银行绩效评价——以A商业银行为例［J］．财会通讯，2015（32）.
[85] 牛彦秀．完善银行基层员工绩效考核办法的设想——以F银行为例［J］．财务与会计，2012（11）：28-30.
[86] 潘敏，李义鹏．商业银行董事会治理：特征与绩效——基于美国银行业的实证研究［J］．金融研究，2008，（7）：133-144.
[87] 齐芯，吴佳龙．我国商业银行中间业务的现状、问题及对策——以交通银行为例［J］．中国外资，2013（4）：29，31.
[88] 乔海曙，孙涛．互联网条件下的商业银行“微创新”［J］．理论探索，2016（5）：89-94.
[89] 上官永清，牟卿．商业银行公司业务考核指标设计研究［J］．经济与管理研究，2013（3）：88-93.
[90] 尚妍，等．多元化经营对商业银行绩效影响的实证研究——基于国内商业银行与国外商业银行对比的视角［J］．管理评论，2016（5）：3-12.
[91] 邵建荣，关长春，贾丽博．大型国有控股商业银行绩效管理的现状、问题与改革［J］．金融论坛，2011（9）：65-70.
[92] 沈艺峰，陈旋．无绩效考核下外部独立董事薪酬的决定［J］．南开管理评论，2016（2）：4-18.
[93] 宋清华，曲良波．高管薪酬、风险承担与银行绩效：中国的经验证据［J］．国际金融研究，2011（12）：69-79.
[94] 孙涤．银行管理的平衡计分卡［J］．银行家，2002（2）：86-90.
[95] 谈伟宪，董红蕾．试论新兴商业银行激励约束机制的改进与完善［J］．上海金融，2005（5）：58-59.
[96] 王崇敏．我国商业银行内部税务管理的现状及改进建议［J］．金融论坛，2003（9）：51-55.
[97] 王海军．商业银行不良贷款的内生机制与周期性研究——基于政府、银行与

国有企业博弈的视角 [J]. 当代财经，2017 (1)：50-59.
[98] 王家华，张维，刘志友. 基于RAROC技术的商业银行绩效审计研究 [J]. 财贸经济，2011 (5)：58-64.
[99] 王江涛，周泓，邱月. 层次分析法在商业银行部门绩效考核的应用 [J]. 北京航空航天大学学报：社会科学版，2010 (2)：76-78.
[100] 王江涛，周泓. 层次分析法在商业银行信息化绩效评价的应用 [J]. 北京航空航天大学学报：社会科学版，2009 (1)：14-18.
[101] 王满四. 商业银行对借款企业的事后监控——以C银行H分行为例 [J]. 中国流通经济，2013 (12)：117-122.
[102] 王平，肖军. 利率市场化对银行内部资金转移价格机制设计的影响 [J]. 金融论坛，2012 (5)：11-18.
[103] 王文胜. 对西部基层商业银行提高经济增加值的思考 [J]. 金融论坛，2006 (8)：34-39.
[104] 王治. 商业银行基层行行长绩效评价体系研究 [J]. 现代管理科学，2009 (2)：42-43.
[105] 文鹏，廖建桥. 不同类型绩效考核对员工考核反应的差异性影响——考核目的视角下的研究 [J]. 南开管理评论，2010 (2)：142-150，158.
[106] 文忠平，周圣，史本山. 中国商业银行信贷经营的内部市场化管理研究 [J]. 西南交通大学学报：社会科学版，2011 (6)：74-77.
[107] 吴文. 商业银行的绩效管理 [J]. 经济管理，2004 (19)：78-80.
[108] 吴晓云，王峰. 银行战略群组的新业务战略对绩效影响因素的实证研究——基于中国银行业16家上市银行的面板数据 [J]. 金融研究，2012 (9)：48-61.
[109] 夏秋. 商业银行财务绩效评价指标体系研究 [J]. 经济问题，2007 (8)：111-113.
[110] 肖文东，华猛. 商业银行分支机构激励约束机制研究：基于预算的分析 [J]. 财经论丛，2011 (6)：45-50.
[111] 许莉，等. 分层次商业银行绩效评价体系构建——兼论《金融企业绩效评价办法》[J]. 财会通讯，2015 (1).
[112] 许文，朱天星，徐明圣. 商业银行信用风险评级理论及相关模型研究 [J]. 金融论坛，2013 (7)：82.
[113] 许一览. 商业银行营销人员绩效评价系统的开发与实现 [J]. 上海金融，2009 (5)：81-84.
[114] 薛超，李政. 多元化经营能否改善我国城市商业银行经营绩效——基于资产和资金来源的视角 [J]. 当代经济科学，2014 (1)：12-22，124.
[115] 闫泽涛，张根文. 现代商业银行业绩评价方法设计——基于主成分赋权的多层次递级集成思想 [J]. 中国管理科学，2008 (S1)：298-301.

[116] 严太华，王磊．商业银行金融产品创新的机制分析与对策［J］．现代管理科学，2008（2）：64-66.
[117] 杨宝臣，刘铮，高春阳．商业银行有效性评价方法［J］．管理工程学报，1999（1）：19-24，3.
[118] 杨继国，张诗奕．我国商业银行内部治理结构及绩效的实证研究［J］．贵州财经学院学报，2009（6）：49-55.
[119] 杨雁．上市商业银行高管薪酬与经营绩效关系研究——基于9家上市商业银行2008—2012年的面板数据［J］．当代经济科学，2013（6）：62-66，124.
[120] 杨毓．国有商业银行战略转型的思考［J］．投资研究，2009（2）：46-50.
[121] 尹凌青．战略绩效考核国有资产经营［J］．管理世界，2006（11）：158-159.
[122] 用友银行客户事业部．银行全面绩效管理——中国式世界级的银行管理解决方案［M］．北京：企业管理出版社，2011.
[123] 郁炯彦．探索国有商业银行渐进式的绩效考核及分配模式［J］．金融论坛，2004（4）：39-44，63.
[124] 袁云峰，张波．商业银行经营绩效综合评价体系研究［J］．国际金融研究，2004（12）：28-32.
[125] 张川，杨玉龙，高苗苗．中国企业非财务绩效考核的实践问题和研究挑战——基于文献研究的探讨［J］．会计研究，2012（12）：55-60，95.
[126] 张建斌．商业银行治理、业务创新与绩效评价体系研究［D］．重庆：重庆大学，2012.
[127] 张鹏，周莹．关于商业银行薪酬激励水平的实证研究——基于社会比较理论视角［J］．经济问题，2011（12）：96-100.
[128] 张强，陶江，吴敏．中国商业银行网点布局绩效研究——基于主要商业银行的比较［J］．金融研究，2012（5）：123-135.
[129] 张同健．基于平衡计分卡的国有商业银行绩效测评体系研究［J］．河南金融管理干部学院学报，2009（2）：63-66.
[130] 张兴胜，何崇阳．商业银行机构扁平化管理改革案例研究——以工商银行山东省莱芜市分行为例［J］．金融论坛，2006（1）：20-27.
[131] 张中朝，华军锋，甘茂智．商业银行绩效考核体系构建——一个现实框架［J］．中央财经大学学报，2006（9）：24-29.
[132] 张忠永，陈亮．对我国商业银行资本管理问题的分析及建议——兼论新巴塞尔协议实施中的准备问题［J］．生产力研究，2009（14）：39-41.
[133] 赵琛徽，王妤扬．国有商业银行员工考核中平衡计分卡的应用研究——基于湖北MH支行的分析［J］．中国人力资源开发，2009（10）：68-71.
[134] 赵尚梅，杜华东，车亚斌．城市商业银行股权结构与绩效关系及作用机制研

究［J］．财贸经济，2012（7）：39-48.
［135］ 赵书松．绩效考核政治性对个体知识共享行为影响的实证研究［J］．南开管理评论，2012（3）：150-160.
［136］ 赵翔．银行分支机构效率测度及影响因素分析——基于超效率DEA与Tobit模型的实证研究［J］．经济科学，2010（1）：85-96.
［137］ 赵颖，刘鑫然．银行绩效与企业社会责任有关系吗?——基于中国上市商业银行的经验证据［J］．上海金融，2015（4）：70-76.
［138］ 支春红．商业银行会计结算业务操作风险的防范和控制［J］．山西财经大学学报，2010（S2）：204.
［139］ 中国工商银行福建省分行计划财务部课题组．经济增加值在商业银行绩效考评中的应用研究［J］．金融论坛，2005（3）：15-20，62.
［140］ 中国工商银行江苏省分行课题组，万辉，等．商业银行机制转型中员工激励问题研究［J］．金融论坛，2007（1）：18-23.
［141］ 中国工商银行江苏省分行课题组，万辉，周良坤，等．国有控股商业银行合规文化建设研究［J］．金融论坛，2007（6）：46-53.
［142］ 仲理峰，时勘．绩效管理的几个基本问题［J］．南开管理评论，2002（3）：15-19.

［143］ 周春喜．商业银行经营绩效综合评价研究［J］．数量经济技术经济研究，2003（12）：98-101.
［144］ 周立，赵玮．委托-代理、薪酬激励与商业银行治理［J］．金融评论，2012（1）：57-70，124-125.
［145］ 周玮．商业银行绩效管理与风险管理的协调［J］．经济理论与经济管理，2003（10）：19-22.
［146］ 周毓萍，陈中飞．基于内部利益相关方博弈的商业银行竞争力研究［J］．金融理论与实践，2012（3）：75-80.
［147］ 朱宏泉，张凌雪，汪娜．国内商业银行绩效的外部影响因素分析［J］．管理评论，2014（10）：3-12.
［148］ 朱子云．国有商业银行客户经理绩效管理机制的构建［J］．金融论坛，2004（12）：29-33，57-62.
［149］ 祝继高，饶品贵，鲍明明．股权结构、信贷行为与银行绩效——基于我国城市商业银行数据的实证研究［J］．金融研究，2012（7）：48-62.
［150］ 左晓慧，户国栋．我国上市商业银行绩效评价的灰关联实证研究［J］．经济问题，2010（5）：76-80.

索引

后记

本书缘起于作者刘斌和王恩山在大连银行和大连理工大学从事博士后科研期间的研究，与作者之一王恩山的博士后出站报告《大连银行三维绩效考核模型研究》一脉相承。本书主要创作和完善于作者之一刘斌在海南大学经济与管理学院任教，以及作者之一王恩山于青岛有住投资控股有限公司担任财务总监期间。本书与我们在硕士、博士、博士后期间发表的中文和英文论文相吻合，是我们在商业银行绩效考核研究领域的诸多积累和心得。

本书论及的商业银行多维绩效评价与应用研究课题，是在大连理工大学管理与经济学部李延喜教授、成力为教授和其他关心我们成长的导师，以及大连银行原董事长陈占维、常务副行长许文等工作单位领导，大连市相关企业、机关领导的教导下，不断进步取得的阶段性成果。

对于作者之一刘斌而言，本书的编写和完善，是在海南大学傅国华副校长领导下，在经济与管理学院胡国柳院长、冯广波书记、张德生副院长、王华伟院长助理关怀下，在吴锡皓副教授、付景涛副处长等同事帮助下编纂完成的。感谢海南大学领导、同事们的关怀和帮助！

对于作者之一王恩山而言，本书的出版，与青岛有住投资控股有限公司的董事会、高级管理层和其他同事的帮助密不可分，与青岛巴龙集团的同事密不可分，同样，与辽阳银行的同事密不可分，特别予以感谢。感谢领导、同事们的热心帮助！

我们还要感谢我们攻读博士学位期间的导师——东北财经大学会计学院陈国辉、刘明辉教授。感谢东北财经大学会计学院陈艳教授、方红星教授、刘淑莲教授、万寿义教授、刘永泽教授等会计学专家的无私帮助。感谢大连理工大学戴大双教授、秦学志教授等导师的无私帮助。感谢大连理工大学管理与经济学部陈阵老师、马庆魁老师、姚宏老师、刘艳萍老师、南晓莉老师、徐学柳老师、尚勤老师、安辉老师、兆文军老师、艾婧元老师等老师和同事的帮助。

感谢大连融达投资有限公司刘明龙总经理，感谢大连市财政局、人民银行和银监会的领导、老师，感谢吴继儒、李昕玮、程燕芸等海南省税务局、财政厅、人社厅、教育厅的领导，你们的关怀和指导使我们更有动力。同时，感谢有缘相识的其他领导、老师、同事、同学、师兄、师姐、师弟、师妹，这里就不再一一表述。

特别感谢我们的家人、父母以及其他长辈对我们事业无私的支持和付出，谢谢你们！

刘斌　王恩山

于海南大学经济与管理学院、青岛有住投资控股有限公司

2018年8月